1권

KB084685

제1회
하나은행 필기전형

제1영역 NCS 직업기초능력
제2영역 디지털상식

⟨문항 수 및 시험시간⟩

영역	문항 수	시험시간	모바일 OMR 답안채점 / 성적분석 서비스
NCS 직업기초능력	70문항	90분	
디지털상식	10문항		

※ 문항 수 및 시험시간은 해당 채용 공고문을 참고하여 구성하였습니다.
※ 제한시간이 종료되고 OMR 답안카드에 마킹하거나 시험지를 넘기는 행동은 부정행위로 간주합니다.

제1회 모의고사

문항 수 : 80문항
시험시간 : 90분

제1영역 NCS 직업기초능력

01 다음 중 밑줄 친 부분의 맞춤법이 옳지 않은 것은?

① 점심을 먹은 뒤 바로 <u>설겆이</u>를 했다.
② 어제는 <u>왠지</u> 피곤한 하루였다.
③ 용감한 시민의 제보로 진실이 <u>드러났다</u>.
④ 바리스타<u>로서</u> 자부심을 가지고 커피를 내렸다.

02 다음 중 밑줄 친 부분의 띄어쓰기가 적절한 것은?

① 이 가방은 매장에 <u>하나 밖에</u> 남지 않은 마지막 상품입니다.
② 이번 휴가에는 올해 <u>열살이</u> 된 조카와 놀이공원에 가려고 한다.
③ 실제로 본 백두산의 모습은 사진에서 <u>본 바와</u> 같이 아름다웠다.
④ 화가 머리끝까지 차오른 주인은 손님을 <u>쫓아내버렸다</u>.

03 다음 글의 밑줄 친 ㉠~㉣ 중 한글 맞춤법상 옳지 않은 것은?

우리나라를 넘어서 세계적인 겨울축제로 ㉠ <u>자리매김한</u> '화천산천어축제'가 올해도 어김없이 첫날부터 ㉡ <u>북적였다</u>. 축제가 열리는 장소인 강원도 화천군 화천읍 화천천 얼음벌판은 축제 시작일 이른 아침부터 두둑한 복장으로 중무장한 사람들로 ㉢ <u>북새통</u>을 이루기 시작했고, 이곳저곳에서 산천어를 낚는 사람들의 환호성이 끊이질 않고 있다. 또 세계적인 축제답게 많은 외국인 관광객들도 잇달아 ㉣ <u>낚시대</u>를 늘어뜨리고 있다.

① ㉠   ② ㉡
③ ㉢   ④ ㉣

04 다음 한자어의 뜻을 가진 속담으로 옳은 것은?

凍足放尿

① 밑 빠진 독에 물 붓기   ② 언 발에 오줌 누기

③ 가재는 게 편이다   ④ 백지장도 맞들면 낫다

05 다음 빈칸에 들어갈 단어로 적절하지 않은 것은?

- _____ 다진 고기를 지단으로 뭉친 것과 향초를 얹은 국수가 나왔다.
- 그녀는 작은 일까지 _____ 통제하는 오빠가 싫었다.
- 체가 너무 _____ 아무것도 거를 수가 없었다.

① 잘다   ② 소소하다

③ 성기다   ④ 세세하다

06 다음 글에 대한 반론으로 가장 적절한 것은?

현대인은 타인의 고통을 주로 뉴스나 영화 등의 매체를 통해 경험한다. 타인의 고통을 직접 대면하는 경우와 비교할 때 그와 같은 간접 경험으로부터 연민을 갖기는 쉽지 않다. 더구나 현대 사회는 사적 영역을 침범하지 않도록 주문한다. 이런 존중의 문화는 타인의 고통에 대한 지나친 무관심으로 변질될 수 있다. 그래서인지 현대 사회는 소박한 연민조차 느끼지 못하는 불감증 환자들의 안락하지만 황량한 요양소가 되어 가고 있는 듯하다.

연민에 대한 정의는 시대와 문화, 지역에 따라 가지각색이지만, 다수의 학자들에 따르면 연민은 두 가지 조건이 충족될 때 생긴다. 먼저 타인의 고통이 그 자신의 잘못에서 비롯된 것이 아니라 우연히 닥친 비극이어야 한다. 다음으로 그 비극이 언제든 나를 엄습할 수도 있다고 생각해야 한다. 이런 조건에 비추어 볼 때 현대 사회에서 연민의 감정은 무뎌질 가능성이 높다. 현대인은 타인의 고통을 대부분 그 사람의 잘못된 행위에서 비롯된 필연적 결과로 보며, 자신은 그러한 불행을 예방할 수 있다고 생각하기 때문이다.

① 현대인들은 자신의 사적 영역을 존중받길 원한다.

② 직접적인 경험이 간접적인 경험보다 연민의 감정이 쉽게 생긴다.

③ 연민이 충족되기 위해선 타인의 고통이 자신의 잘못에서 비롯된 것이어야 한다.

④ 교통과 통신이 발달하면서 현대인들은 이전에 몰랐던 사람들의 불행까지도 의식할 수 있게 되었다.

07 다음 글에서 〈보기〉의 내용이 들어갈 위치로 가장 적절한 곳은?

오늘날 인류가 왼손보다 오른손을 선호하는 경향은 어디서 비롯되었을까? 오른손을 귀하게 여기고 왼손을 천대하는 현상은 어쩌면 산업화 이전 사회에서 배변 후 사용할 휴지가 없었다는 사실과 관련이 있을 법하다. (가)

맨손으로 배변 뒤처리를 하는 것은 불쾌할 뿐더러 병균을 옮길 위험을 수반하는 일이었다. 이런 위험의 가능성을 낮추는 간단한 방법은 음식을 먹거나 인사할 때 다른 손을 사용하는 것이었다. 기술 발달 이전의 사회는 대개 왼손을 배변 뒤처리에, 오른손을 먹고 인사하는 일에 사용했다. (나)

나는 이런 배경이 인간 사회에 널리 나타나는 '오른쪽'에 대한 긍정과 '왼쪽'에 대한 반감을 어느 정도 설명해 줄 수 있으리라고 생각한다. 그러나 이 설명은 왜 애초에 오른손이 먹는 일에, 그리고 왼손이 배변 처리에 사용되었는지 설명해주지 못한다. 동서양을 막론하고, 왼손잡이 사회는 확인된 바 없다. (다)

한쪽 손을 주로 쓰는 경향은 뇌의 좌우반구의 기능 분화와 관련되어 있는 것으로 보인다. 보고된 증거에 따르면, 왼손잡이는 읽기와 쓰기, 개념적·논리적 사고 같은 좌반구 기능에서 오른손잡이보다 상대적으로 미약한 대신 상상력, 패턴 인식, 창의력 등 전형적인 우반구 기능에서는 상대적으로 기민한 경우가 많다. (라)

나는 이성 대 직관의 힘겨루기, 뇌의 두 반구 사이의 힘겨루기가 오른손과 왼손의 힘겨루기로 표면화된 것이 아닐까 생각한다. 즉, 오른손이 원래 왼손보다 더 능숙했기 때문이 아니라 뇌의 좌반구가 인간의 행동을 지배하는 권력을 갖게 되었기 때문에 오른손 선호에 이르렀다는 생각이다.

─────〈보기〉─────

따라서 근본적인 설명은 다른 곳에서 찾아야 할 것 같다.

① (가)　　　　　　　　　　　　　② (나)
③ (다)　　　　　　　　　　　　　④ (라)

※ 다음 글을 논리적 순서대로 바르게 나열한 것을 고르시오. [8~9]

08

(가) 최초로 입지를 선정하는 업체는 시장의 어디든 입지할 수 있으나 소비자의 이동 거리를 최소화하기 위하여 시장의 중심에 입지한다.

(나) 최대수요입지론은 산업 입지와 상관없이 비용은 고정되어 있다고 가정한다. 이 이론에서는 경쟁 업체와 가격 변동을 고려하여 수요가 극대화되는 입지를 선정한다.

(다) 그 다음 입지를 선정해야 하는 경쟁 업체는 가격 변화에 따른 수요 변화의 정도가 크지 않은 경우, 시장의 중심에서 멀어질수록 시장을 뺏기게 되므로 경쟁 업체가 있더라도 가능한 한 중심에 가깝게 입지하려고 한다.

(라) 하지만 가격 변화에 따라 수요가 크게 변하는 경우에 두 경쟁자는 서로 적절히 떨어져 입지하여, 보다 낮은 가격으로 제품을 공급하려고 한다.

① (가) – (라) – (나) – (다)　　　　② (가) – (라) – (다) – (나)
③ (나) – (가) – (다) – (라)　　　　④ (나) – (라) – (다) – (가)

09

(가) 그렇다면 어떻게 블록체인 기술은 시스템 해킹 및 변조를 막을 수 있을까? 그 답은 블록체인의 이름에 있다. 블록체인 방식으로 거래를 하기 위해서는 먼저 네트워크에 포함된 모든 사람들이 똑같은 데이터를 가진 블록을 가지고 있어야 한다. 새로운 거래가 생길 경우 네트워크에 포함된 모든 사람들은 블록을 서로 비교하여 현재의 정보에 변조가 없는지 확인하게 된다. 무결성이 확인되었다면 새로운 거래가 담긴 블록을 기존의 블록과 연결하여 서로 체인을 이루게 된다. 이후 다른 거래가 생길 때마다 동일한 방식으로 네트워크 구성원 간 데이터를 비교하고, 새로운 블록을 쌓는 방식으로 진행된다.

(나) 이처럼 블록체인 기술은 거래를 할 때, 중앙은행의 중계 없이 사용자 간 직접 거래하면서 해킹이나 변조에서 비교적 안전하고, 거래자의 개인정보도 보호할 수 있어 다양한 장점을 지닌 기술이다. 하지만 탈중앙화라는 특징으로 인해 범죄와 연관될 가능성이 높으며, 금융사고로 인한 손실을 복구하기도 어렵다. 또한 해싱으로 인해 개인정보를 보호할 수 있지만, 로그 등의 데이터 자체는 여전히 모든 이용자에게 공개되므로 지나친 투명성에 의한 단점도 생길 수 있다.

(다) 데이터의 집합체인 블록에는 정보들이 해싱(Hashing)되어 저장된다. 해싱은 다양한 길이를 가진 데이터를 고정된 길이를 가진 데이터로 매핑하는 것으로 블록에 저장되는 데이터는 16진수 숫자(1 ~ F)로 암호화된다. 해싱 이전의 데이터가 조금이라도 바뀔 경우 해싱 이후의 데이터가 크게 변하는 특징이 있으므로, 블록 간 데이터의 무결성을 비교할 때 해시 데이터(Hash Data)를 비교하여 쉽게 판독할 수 있다. 또한 해시값을 기존의 데이터로 복구하는 것이 불가능하다는 특징이 있어 투명하면서 개인정보 또한 보호할 수 있다.

(라) 블록체인(Block Chain) 기술은 비트코인, 이더리움 등 암호화폐나 대체 불가능 토큰(NFT; Non Fungible Token)의 핵심 기술이다. 블록체인이란 P2P(Peer to Peer) 네트워크를 통해서 관리되는 분산 데이터베이스로 거래 정보를 중앙 서버 한 곳에 저장하는 것이 아니라 블록체인 네트워크에 연결된 여러 컴퓨터에 저장 및 보관하는 기술로, 시스템을 해킹하거나 변조하는 것을 사실상 불가능하게 만드는 탈중앙화 방식으로 정보를 기록하는 디지털 장부이다.

① (다) - (나) - (가) - (라)　　　　② (다) - (라) - (가) - (나)
③ (라) - (가) - (나) - (다)　　　　④ (라) - (가) - (다) - (나)

10 다음 글의 논지를 강화하기 위한 내용으로 적절하지 않은 것은?

> 뉴턴은 이렇게 말했다. "플라톤은 내 친구이다. 아리스토텔레스는 내 친구이다. 하지만 진리야말로 누구보다 소중한 내 친구이다." 케임브리지에서 뉴턴에게 새로운 전환점을 준 사람이 있다. 수학자이며 당대 최고의 교수였던 아이작 배로우(Isaac Barrow)였다. 배로우는 뉴턴에게 수학과 기하학을 가르치고 그의 탁월함을 발견하여 후원자가 됐다. 이처럼 뉴턴은 타고난 천재가 아니라, 자신의 피나는 노력과 위대한 스승들의 도움을 통해 후천적으로 키워진 것이다.
>
> 뉴턴이 시대를 관통하는 천재로 여겨진 것은 "사과는 왜 땅에 수직으로 떨어질까?"라는 질문에서 시작했다. 이 질문을 던진 지 20여 년이 지나고 마침내 모든 물체가 땅으로 떨어지는 것은 지구 중력에 의한 만유인력이라는 개념을 발견한 것이 계기가 되었다. 사과가 떨어지는 것을 관찰하여 온갖 질문을 던지고, 새로운 가설을 만든 후에 그것을 증명하기 위해 오랜 시간 연구하고 실험을 한 결과가 위대한 발견으로 이어진 것이다. 위대한 발명이나 발견은 어느 한 순간 섬광처럼 오는 것이 아니다. 시작 단계의 작은 아이디어가 질문과 논쟁을 통해 점차 다른 아이디어들과 충돌하고 합쳐지면서 숙성의 시간을 갖고, 그런 후에야 세상에 유익한 발명이나 발견이 나오는 것이다.
>
> 이전부터 천재가 선천적인 것인지, 후천적인 것인지에 관한 논란은 계속되어 왔다. 과거에는 천재가 신적인 영감을 받아 선천적으로 탄생한다는 주장이 힘을 얻었다. 플라톤의 저서 『이온』에도 음유 시인이 기술이나 지식이 아닌 신적인 힘과 영감을 받는 존재임이 언급된다. 그러나 아리스토텔레스의 『시학』은 『이온』과 조금 다른 관점을 취하고 있다. 기본적으로 시가 모방미학이라는 입장은 같지만, 아리스토텔레스는 이것이 신적인 힘을 모방한 것이 아닌 인간의 모방이라고 믿었다.
>
> 최근 연구에 의하면 천재라 불리는 모든 사람들이 선천적으로 타고난 것이 아니고 후천적인 학습을 통해 수준을 점차 더 높은 단계로 발전시켰다고 한다. 선천적 재능과 후천적 학습을 모두 거친 절충적 천재가 각광받는 것이다. 이것이 우리에게 주는 시사점은 비록 지금은 창의적이지 않더라도 꾸준히 포기하지 말고 창의성을 개발하고 실현하는 방법을 배워서 실천한다면 모두가 창의적인 사람이 될 수 있다는 교훈이다. 타고난 천재가 아니고 훈련과 노력으로 새롭게 태어나는 창재(창의적인 인재)로 거듭나야 한다.

① 칸트는 천재가 선천적인 것이라고 하였다.
② 세계적인 발레리나 K씨는 고된 연습으로 발이 기형적으로 변해버렸다.
③ 1만 시간의 법칙은 한 분야에서 전문가가 되기 위해서는 최소 1만 시간의 훈련이 필요하다는 것이다.
④ 뉴턴뿐만 아니라 아인슈타인 역시 끊임없는 연구와 노력을 통해 천재로 인정받았다.

11 다음 글의 제목으로 가장 적절한 것은?

20세기 한국 사회는 내부 노동시장에 의존한 평생직장 개념을 가지고 있었으나, 1997년 외환 위기 이후 인력 관리의 유연성이 향상되면서 그 개념은 사라지기 시작하였다. 기업은 필요한 우수 인력을 외부 노동시장에서 적기에 채용하고, 저숙련 인력은 주변화하여 비정규직을 계속 늘려간다는 전략을 구사하고 있다. 이러한 기업의 인력 관리 방식에 따라서 실업률은 계속 하락하는 동시에 주당 18시간 미만으로 일하는 불완전 취업자가 많이 증가하고 있다.

이러한 현상은 우리나라의 경제가 지식 기반 산업 위주로 점차 바뀌고 있음을 말해 준다. 지식 기반 산업이 주도하는 경제 체제에서는 고급 지식을 갖거나 숙련된 노동자는 더욱 높은 임금을 받게 된다. 다시 말해, 지식 기반 경제로의 이행은 지식 격차에 의한 소득 불평등의 심화를 의미한다. 우수한 기술과 능력을 갖춘 핵심 인력은 능력 개발 기회를 얻게 되어 '고급 기술 → 높은 임금 → 양질의 능력 개발 기회'의 선순환 구조를 갖지만, 비정규직·장기 실업자 등 주변 인력은 악순환을 겪을 수밖에 없다. 이러한 '양극화' 현상을 국가가 적절히 통제하지 못할 경우, 사회 계급 간의 간극은 더욱 확대될 것이다. 결국 고도 기술 사회가 온다고 해도 자본주의 사회 체제가 지속되는 한, 사회 불평등 현상은 여전히 계급 간 균열선을 따라 존재하게 될 것이다. 국가가 포괄적 범위에서 강력하게 사회 정책적 개입을 추진하면 계급 간 차이를 현재보다는 축소시킬 수 있 겠지만 아주 없어지는 못할 것이다.

사회 불평등 현상은 나라들 사이에서도 발견된다. 각국 간 발전 격차가 지속 확대되면서 전 지구적 생산의 재배치는 이미 20세기 중엽부터 진행됐다. 정보통신 기술은 지구의 자전 주기와 공간적 거리를 '장애물'에서 '이점'으로 변모시켰다. 그 결과, 전 지구적 노동시장이 탄생하였다. 기업을 비롯한 각 사회 조직은 국경을 넘어 인력을 충원하고, 재화와 용역을 구매하고 있다. 개인들도 인터넷을 통해 이러한 흐름에 동참하고 있다. 생산 기능은 저개발국으로 이전되고, 연구·개발·마케팅 기능은 선진국으로 모여드는 경향이 지속·강화되어, 나라 간 정보 격차가 확대되고 있다. 유비쿼터스 컴퓨팅 기술에 의거하여 전 지구 사회를 잇는 지역 간 분업은 앞으로 더욱 활발해질 것이다. 나라 간의 경제적 불평등 현상은 국제 자본 이동과 국제 노동 이동으로 표출되고 있다. 노동 집약적 부문의 국내 기업이 해외로 생산 기지를 옮기는 현상에서 나아가, 초국적 기업화 현상이 본격적으로 대두되고 있다. 전 지구에 걸친 외부 용역 대치가 이루어지고, 콜센터를 외국으로 옮기는 현상도 보편화될 것이다.

① 국가 간 노동 인력의 이동이 가져오는 폐해
② 사회 계급 간 불평등 심화 현상의 해소 방안
③ 지식 기반 산업 사회에서의 노동시장의 변화
④ 선진국과 저개발국 간의 격차 축소 정책의 필요성

12 다음 글의 빈칸에 들어갈 내용으로 가장 적절한 것은?

태양은 지구의 생명체가 살아가는 데 필요한 빛과 열을 공급해 준다. 이런 막대한 에너지를 태양은 어떻게 계속 내놓을 수 있을까?

16세기 이전까지 사람들은 태양을 포함한 별들이 지구상의 물질을 이루는 네 가지 원소와 다른 불변의 '제5원소'로 이루어졌다고 생각했다. 하지만 밝기가 변하는 신성(新星)이 별 가운데 하나라는 사실이 알려지면서 별이 불변이라는 통념은 무너지게 되었다. 또한 태양의 흑점 활동이 관측되면서 태양 역시 불덩어리일지도 모른다고 생각하기 시작했다. 그 후 섭씨 5,500℃로 가열된 물체에서 노랗게 보이는 빛이 나오는 것을 알게 되면서 유사한 빛을 내는 태양의 온도도 비슷할 것이라고 추측하게 되었다.

19세기에는 에너지 보존 법칙이 확립되면서 새로운 에너지 공급이 없다면 태양의 온도가 점차 낮아져야 한다는 결론이 내려졌다. 그렇다면 과거에는 태양의 온도가 훨씬 높았어야 했고, 지구의 바다가 펄펄 끓어야 했을 것이다. 하지만 실제로는 그렇지 않았고, 사람들은 태양의 온도를 일정하게 유지해 주는 에너지원이 무엇인지에 대해 생각하게 되었다.

20세기 초 방사능이 발견되면서 방사능 물질의 붕괴에서 나오는 핵분열 에너지를 태양의 에너지원으로 생각하였다. 그러나 태양빛의 스펙트럼을 분석한 결과 태양에는 우라늄 등의 방사능 물질 대신 수소와 헬륨이 있다는 것을 알게 되었다. 즉, 방사능 물질의 붕괴에서 나오는 핵분열 에너지가 태양의 에너지원이 아니었던 것이다.

현재 태양의 에너지원은 수소 원자핵 네 개가 헬륨 원자핵 하나로 융합하는 과정의 질량 결손으로 인해 생기는 핵융합 에너지로 알려져 있다. 태양은 엄청난 양의 수소 기체가 중력에 의해 뭉쳐진 것으로, 그 중심으로 갈수록 밀도와 압력, 온도가 증가한다. 태양에서의 핵융합은 10,000,000℃ 이상의 온도를 유지하는 중심부에서만 일어난다. 높은 온도에서만 원자핵들은 높은 운동 에너지를 가지게 되며, 그 결과로 원자핵들 사이의 반발력을 극복하고 융합되기에 충분히 가까운 거리로 근접할 수 있기 때문이다. 태양빛이 핵융합을 통해 나온다는 사실은 태양으로부터 온 중성미자가 관측됨으로써 더 확실해졌다.

중심부의 온도가 올라가 핵융합 에너지가 늘어나면 그 에너지로 인한 압력으로 수소를 밖으로 밀어내어 중심부의 밀도와 온도를 낮추게 된다. 이렇게 온도가 낮아지면 방출되는 핵융합 에너지가 줄어들며, 그 결과 압력이 낮아져서 수소가 중심부로 들어오게 되어 중심부의 밀도와 온도를 다시 높인다. 이렇듯 태양 내부에서 중력과 핵융합 반응의 평형 상태가 유지되기 때문에 _____ 태양은 이미 50억 년간 빛을 냈고, 앞으로도 50억 년 이상 더 빛날 것이다.

① 태양의 핵융합 에너지가 폭발적으로 증가할 수 있게 된다.
② 태양 외부의 밝기가 내부 상태에 따라 변할 수 있게 된다.
③ 태양이 오랫동안 안정적으로 빛을 낼 수 있게 된다.
④ 태양이 일정한 크기를 유지할 수 있었다.

금빛 은빛 강모래와 더불어 사는 사람과 자연

- ㉠ -

(가) 팔공산 자락에서 발원한 섬진강은 곡성군 오곡면 압록리에서 보성강을 만나 광양만으로 흘러간다. 섬진강은 금빛과 은빛이라는 수식어가 아깝지 않은 고운 강모래로 유명하다. 전라도와 경상남도 200km 이상을 거쳐 남해와 맞닿는 동안 수많은 생명을 품고 흐른다. 재첩, 은어, 참게 등은 섬진강의 자연 생태가 주는 별미로 사랑받아 왔다.

(나) 예를 들자면, 섬진강은 잔잔히 흐르는 모습이 특히 아름답지만, 수량이 풍부하여 다른 유역의 물이 부족할 경우 기댈 수 있는 든든한 수자원을 가지고 있다. 그러나 최근 주변 토지이용현황에서 공장면적의 증가율이 높아지고, 하구인 광양만에는 광양제철소와 여수·광양만 국가산업단지가 있어 물의 쓰임이 많아졌다. 이에 다른 유역에 공급하는 데 쓰여 하천이 마르는 등 섬진강의 수량 부족에 따른 민원이 계속되고 있다.

(다) 하지만 이러한 자연환경도 물의 양이 부족하면 흐름이 원활하지 못해 수질 악화로 이어진다. 수질이 나빠지면 아무리 자연 요건이 좋은 강이라도 건강한 생태계를 유지하기 어렵다. 즉, 수생태는 수량과 수질이라는 두 가지 요건을 갖춰야만 이루어지는 통합물관리의 최종적인 단계라고 볼 수 있다.

(라) 따라서 섬진강 수계 통합물관리가 꿈꾸는 미래는 다양한 곳에서 물을 확보하여 지역 간의 물 공급 불균형을 해소하고 누구나 필요한 만큼의 물을 사용하는 것이다. 섬진강은 사람과 자연을 길러왔던 힘을 여전히 간직하고 있다. 통합물관리를 통해 물길을 되살리고 수질을 개선하여 사람과 자연이 두루 기대어 사는 섬진강의 내일을 생생하게 그려야 한다.

13 윗글을 논리적 순서대로 바르게 나열한 것은?

① (가) – (나) – (다) – (라)
② (가) – (나) – (라) – (다)
③ (가) – (다) – (나) – (라)
④ (가) – (라) – (다) – (나)

14 다음 중 ㉠에 들어갈 소제목으로 가장 적절한 것은?

① 물이 많아도 수질이 문제
② 물이 부족하면 생태계도 불안
③ 심각한 물 부족, 물 부족 국가의 아픔
④ 불안한 생태계, 지구온난화가 원인

※ 다음 글을 읽고 이어지는 질문에 답하시오. [15~16]

문장의 동의성이란 형식이 다른 둘 이상의 문장이 동일한 의미 값을 갖는 것을 말하며 이러한 문장들을 '동의문'이라고 한다. 여기서 동의문의 의미 값이 같다는 것은 진리 조건적 측면에 국한된 것일 뿐, 형식이 다른 만큼 의미가 완전히 같을 수는 없다. 이러한 점을 바탕으로 네 가지 측면에서 문장의 동의성 여부를 살펴볼 수 있다.

첫째, 능동문과 피동문의 동의성 여부이다.

㉠ 사냥꾼이 사슴을 쫓았다.

㉡ 사슴이 사냥꾼에게 쫓겼다.

능동문과 피동문의 의미 값은 진리 조건적 측면에서 볼 때 동일한데, 한쪽이 참이라면 다른 쪽도 참이며, 한쪽이 거짓이면 다른 쪽도 거짓이 된다. 따라서 '사냥꾼이 사슴을 쫓았지만, 사슴은 사냥꾼에게 쫓기지 않았다.'는 성립되지 않는다. 그러나 능동문과 피동문의 진리 조건적 의미가 반드시 동일하다고 볼 수는 없다. 예를 들어 '영희가 욕을 먹었다.'와 '욕이 영희에게 먹혔다.'가 동의문이 되지 않는다는 점을 들 수 있다. 또한 능동문과 피동문은 각각의 주어에 의미의 초점이 놓인다. 따라서 문장에 부사어를 넣으면 그 의미 차이가 드러나게 된다.

둘째, 반의 관계에 있는 단어 쌍의 어순 변형에 의한 동의성 여부이다.

㉢ 갑이 을에게 집을 샀다.

㉣ 을이 갑에게 집을 팔았다.

㉢, ㉣은 'X가 Y에게 Z를 ~ 하다.'라는 틀 속에서 X, Y의 선택이 '사다 / 팔다'의 반의어 선택과 상관성을 지님으로써 진리 조건적 의미가 동일하다. 그런데 이 경우 역시 능동문과 피동문에서처럼 주어에 의미의 초점이 놓인다. 이러한 사실은 각각의 문장에 '좋은 값으로'와 같은 부사어를 넣으면 그 의미 차이가 확연히 드러나는 것에서 알 수 있다.

㉤ 좋은 값으로, 갑이 을에게 집을 샀다.

㉥ 좋은 값으로, 을이 갑에게 집을 팔았다.

셋째, 언어적 거리의 차이에 대한 동의성 여부이다.

㉦ 영수가 그 새를 죽였다.

㉧ 영수가 그 새를 죽게 했다.

두 문장은 부분적인 동의성이 인정되지만, 언어적 거리의 차이가 의미 차이를 반영하고 있다. ㉦은 파생 접사 '-이-'에 의한 단형 사동문이며, ㉧은 '-게 하다'에 의한 장형 사동문인데, 전자는 그 행위가 직접적으로, 후자는 간접적으로 해석된다.

넷째, 참조점과 목표 선택의 동의성 여부이다.

㉨ 회사가 우체국 뒤에 있다.

㉩ 우체국이 회사 앞에 있다.

두 문장은 '회사'와 '우체국'의 위치에 대한 기술로, 진리 조건적 의미는 동일하다. 그러나 참조점과 목표의 선택에서는 차이가 나는데, ㉨에서는 '우체국'을 참조점으로 하여 목표인 '회사'를 파악하는 반면, ㉩에서는 '회사'를 참조점으로 하여 목표인 '우체국'을 파악한다. 이 경우 참조점은 화자와 청자가 공유하고 있는 배경 요소로서, ㉨은 '회사가 어디 있니?'라는 물음에 대한 답이 되며, ㉩은 '우체국이 어디 있니?'라는 물음의 답이 된다.

15 윗글을 읽고 이해한 내용으로 적절하지 않은 것은?

① 장형 사동문은 간접적으로 해석될 수 있다.

② 동의문은 동일한 의미를 갖는 문장들을 말한다.

③ 참조점과 목표 선택에 차이가 나게 되면 동일한 물음의 답이 된다.

④ 능동문과 피동문의 진리 조건적 의미는 반드시 동일하다고 볼 수 없다.

16 윗글을 읽고 〈보기〉의 ㉠ ~ ㉣을 이해한 내용으로 적절하지 않은 것은?

---〈보기〉---

㉠ 철수가 영희를 가르친다.
㉡ 분식집은 문방구 맞은편에 있다.
㉢ 호랑이가 토끼를 잡아먹었다.
㉣ 춘향이가 밥을 먹게 했다.

---

① ㉠은 '영희가 철수에게 배운다.'와 진리 조건적 의미가 동일하나, 부사어를 통해 의미 차이가 날 수 있다.
② ㉡의 참조점은 '분식집'으로 볼 수 있다.
③ ㉢은 '토끼가 호랑이에게 잡아먹혔다.'와 진리 조건적 의미가 동일하다.
④ ㉣은 장형 사동문의 사례로 볼 수 있다.

17 다음 글의 빈칸에 들어갈 접속어로 가장 적절한 것은?

얼마 전 신문에서 충격적인 사진을 보았다. 계속된 가뭄으로 산정호수의 바닥이 드러나 쩍쩍 갈라져 있는 장면이었다. 그 사진 한 장에 나에게 힘을 주었던 기억 하나도 쩍쩍 갈라지는 느낌이었다. 일견 낭만적일 수 있는 국회 정원의 스프링클러도 이젠 그냥 그렇게 바라볼 수가 없다. 대기업 임원으로 일하면서 업무상 골프장을 찾을 때 흔히 보던 스프링클러는 나에게 별다른 감흥을 준 적이 없었다. _____ 이젠 아침저녁으로 정신없이 돌고 있는 스프링클러를 보면 가뭄이 심각하구나 하는 생각이 먼저 들고, 지역 가뭄 피해 상황부터 확인하게 된다. 정성들여 가꾼 농작물이 타들어 가는데 농민들의 마음은 오죽할까 싶다.

① 하지만   ② 비록
③ 과연   ④ 그래서

※ 다음 글을 읽고 이어지는 질문에 답하시오. [18~20]

'인문적'이라는 말은 '인간다운(Humane)'이라는 뜻으로 해석할 수 있는데, 유교 문화는 이런 관점에서 인문적이다. 유교의 핵심적 본질은 '인간다운' 삶의 탐구이며, 인간을 인간답게 만드는 덕목을 제시하는 데 있다. 인간다운 것은 인간을 다른 모든 동물과 차별할 수 있는, 그래서 오직 인간에게서만 발견할 수 있는 이상적 본질과 속성을 말한다. 이러한 의도와 노력은 서양에서도 있었다. 그러나 그 본질과 속성을 규정하는 동서의 관점은 다르다. 그 속성은 그리스적 서양에서는 '이성(理性)'으로, 유교적 동양에서는 '인(仁)'으로 각기 달리 규정된다. 이성이 지적 속성인 데 비해서 인은 도덕적 속성이다. 인은 인간으로서 가장 중요한 덕목이며 근본적 가치이다.

'인(仁)'이라는 말은 다양하게 정의되며, 그런 정의에 대한 여러 논의가 있을 수 있기는 하다. 하지만 '인(仁)'의 핵심적 의미는 어쩌면 놀랄 만큼 단순하고 명료하다. 그것은 '사람다운 심성'을 가리키고, 사람다운 심성이란 '남을 측은히 여기고 그의 인격을 존중하여 자신의 욕망과 충동을 자연스럽게 억제하는 착한 마음씨'이다. 이때 '남'은 인간만이 아닌 자연의 모든 생명체로 확대된다. 그러므로 '인'이라는 심성은 곧 ⊙ "낚시질은 하되 그물질은 안 하고, 주살을 쏘되 잠든 새는 잡지 않는다(釣而不網, 弋不射宿)."에서 그 분명한 예를 찾을 수 있다.

유교 문화가 이런 뜻에서 '인문적'이라는 것은 유교 문화가 가치관의 측면에서 외형적이고 물질적이기에 앞서 내면적이고 정신적이며, 태도의 시각에서 자연 정복적이 아니라 자연 친화적이며, 윤리적인 시각에서 인간 중심적이 아니라 생태 중심적임을 말해준다.

여기서 질문이 나올 수 있다. 근대화 이전이라면 어떨지 몰라도 현재의 동양 문화를 위와 같은 뜻에서 정말 '인문적'이라 할 수 있는가?

나의 대답은 부정적이다. 적어도 지난 한 세기 동양의 역사는 스스로 선택한 서양화(西洋化)라는 혼란스러운 격동의 역사였다. 서양화는 그리스적 철학, 기독교적 종교, 근대 민주주의적 정치이념 등으로 나타난 이질적 서양 문화, 특히 너무나 경이로운 근대 과학 기술 문명의 도입과 소화를 의미했다. 이러한 서양화가 전통 문화, 즉 자신의 정체성의 포기 내지는 변모를 뜻하는 만큼 심리적으로 고통스러운 것이었음에도 불구하고, 동양은 서양화가 '발전적·진보적'이라는 것을 의심하지 않았다. 모든 것이 급속히 세계화되어 가고 있는 오늘의 동양은 문명과 문화의 면에서 많은 점이 서양과 구별할 수 없을 만큼 서양화되었다. 어느 점에서 오늘의 동양은 서양보다도 더 물질적 가치에 빠져 있으며, 경제적·기술적 문제에 관심을 쏟고 있다.

하지만 그런 가운데에서도 동양인의 감성과 사고의 가장 심층에 깔려 있는 것은 역시 동양적·유교적, 즉 '인문적'이라고 볼 수 있다. 그만큼 유교는 동양 문화가 한 세기는 물론 몇 세기 그리고 밀레니엄의 거센 비바람으로 변모를 하면서도, 근본적으로 바뀌지 않고 쉽게 흔들리지 않을 만큼 깊고 넓게 그 뿌리를 박고 있는 토양이다. 지난 한 세기 이상 '근대화', '발전'이라는 이름으로 서양의 과학 문화를 어느 정도 성공적으로 추진해 온 동양이 그런 서양화에 어딘가 불편과 갈등을 느끼는 중요한 이유 중 하나는 바로 이러한 사실에서 찾을 수 있다.

18 윗글의 내용으로 적절하지 않은 것은?

① 동양 문화는 서양화를 통해 성공적으로 발전했다.
② 유교 문화는 내면적이고 정신적이며 자연친화적이다.
③ 유교는 동양인의 감성과 사고의 밑바탕에 깔려 있다.
④ '인'은 사람다운 심성으로, 그 대상이 모든 생명체로 확대된다.

19 윗글의 서술 방법에 대한 설명으로 적절한 것을 〈보기〉에서 모두 고르면?

〈보기〉

ㄱ 개념을 밝혀 논점을 드러낸다.
ㄴ 주장을 유사한 이론들과 비교한다.
ㄷ 문제점을 지적한 후 견해를 제시한다.
ㄹ 여러 각도에서 문제를 분석하여 논지를 강화한다.

① ㄱ, ㄴ ② ㄱ, ㄷ
③ ㄴ, ㄷ ④ ㄴ, ㄹ

20 윗글의 밑줄 친 ㉠을 토대로 '인(仁)의 심성'을 이해한 독자들의 반응으로 적절하지 않은 것은?

① 민수 – 몸보신을 위해 낚시하는 사람도 있어.
② 재우 – 산란기에는 물고기를 잡지 않는다고 해.
③ 영희 – 진짜 낚시꾼은 두 치 이하의 새끼를 살려줘.
④ 철수 – 그물눈이나 망의 크기로 치어(稚魚)를 보호한다지.

※ 다음 글을 읽고 이어지는 질문에 답하시오. [21~22]

저작권은 저자의 권익을 보호함으로써 활발한 저작 활동을 촉진하여 인류의 문화 발전에 기여하기 위한 것이다. 그러나 이렇게 공적 이익을 추구하기 위한 저작권이 현실에서는 일반적으로 지나치게 사적 재산권을 행사하는 도구로 인식되고 있다. 저작물 이용자들의 권리를 보호하기 위해 마련한 공익적 성격의 법 조항도 법적 분쟁에서는 항상 사적 재산권의 논리에 밀려 왔다.

저작권 소유자 중심의 저작권 논리는 실제로 저작권이 담당해야 할 사회적 공유를 통한 문화 발전을 방해한다. 몇 해 전의 '애국가 저작권'에 대한 논란은 이러한 문제를 단적으로 보여준다. 저자 사후 50년 동안 적용되는 국내 저작권법에 따라 애국가가 포함된 「한국 환상곡」의 저작권이 작곡가 안익태의 유족들에게 2015년까지 주어진다는 사실이 언론을 통해 알려진 것이다. 누구나 자유롭게 이용할 수 있는 국가(國歌)마저 공공재가 아닌 개인 소유라는 사실에 많은 사람들이 놀랐다.

창작은 백지 상태에서 완전히 새로운 것을 만드는 것이 아니라 저작자와 인류가 쌓은 지식 간의 상호 작용을 통해 이루어진다. '내가 남들보다 조금 더 멀리보고 있다면, 이는 내가 거인의 어깨 위에 올라서 있는 난쟁이이기 때문이다.'라는 뉴턴의 겸손은 바로 이를 말한다. 이렇듯 창작자의 저작물은 인류의 지적 자원에서 영감을 얻은 결과이다. 그러한 저작물을 다시 인류에게 되돌려주는 데 저작권의 의의가 있다. 이러한 생각은 이미 1960년대 프랑스 철학자들에 의해 형성되었다. 예컨대 기호학자인 바르트는 저자의 죽음을 거론하면서 저자가 만들어 내는 텍스트는 단지 인용의 조합일 뿐 어디에도 '오리지널'은 존재하지 않는다고 단언한다.

전자 복제 기술의 발전과 디지털 혁명은 정보나 자료의 공유가 지니는 의의를 잘 보여주고 있다. 인터넷과 같은 매체 환경의 변화는 원본을 무한히 복제하고 자유롭게 이용함으로써 누구나 창작의 주체로서 새로운 문화 창조에 기여할 수 있도록 돕는다. 인터넷 환경에서 이용자는 저작물을 자유롭게 교환할 뿐 아니라 수많은 사람들과 생각을 나눔으로써 새로운 창작물을 생산하고 있다. 이러한 상황은 저작권을 사적 재산권의 측면에서보다는 공익적 측면에서 바라볼 필요가 있음을 보여준다.

21 윗글의 내용으로 적절하지 않은 것은?

① 저작권 보호기간인 사후 50년이 지난 저작물은 누구나 자유롭게 이용할 수 있다.

② 공적 이익 추구를 위한 저작권이 사적 재산권 보호를 위한 도구로 전락하였다.

③ 창작은 이미 존재하는 지적 자원의 영향을 받아 이루어진다.

④ 저작권의 의의는 완전히 새로운 문화를 창작한다는 데 있다.

22 윗글의 전개 방식에 대한 설명으로 가장 적절한 것은?

① 문제점을 나열한 후 그 해결 방안을 제시하고 있다.

② 현상의 발생, 전개, 결과를 순차적으로 제시하고 있다.

③ 기존의 이론들이 지닌 장점과 단점을 차례로 제시하고 있다.

④ 기존 통념의 문제를 지적한 후 이와 다른 견해를 제시하고 있다.

23 이달 초 가격이 60만 원인 스마트폰을 할부로 구입하고 이달 말부터 매달 일정한 금액을 36개월에 걸쳐 갚는다면 매달 얼마씩 갚아야 하는가?(단, $1.01^{36} = 1.4$, 월이율은 1%, 1개월마다 복리로 계산한다)

① 21,000원   ② 22,000원

③ 23,000원   ④ 24,000원

24 H은행은 신입사원들을 대상으로 3개월 동안 의무적으로 사내 교육을 듣게 하였다. 교육은 월요일과 수요일에 1회씩 열리고 금요일에는 격주로 1회씩 열린다고 할 때, 8월 1일 월요일에 처음 교육을 들은 신입사원이 13번째 교육을 듣는 날은 언제인가?(단, 8월 첫째 주 금요일 교육은 진행되지 않았다)

① 8월 31일   ② 9월 2일

③ 9월 5일   ④ 9월 7일

25 설탕물 200g이 들어있는 비커에서 물 50g을 증발시킨 후 설탕 5g을 더 녹였더니 처음 농도의 3배가 되었다. 처음 설탕물의 농도는?

① 약 0.5%   ② 약 1.2%

③ 약 1.9%   ④ 약 2.6%

26 다음 〈조건〉에 따라 신입사원을 뽑을 때, 남자일 확률은?(단, 신입사원일 사건과 남자일 사건은 독립사건이다)

〈조건〉
- 전체 사원 중 1명을 뽑을 때, 신입사원일 확률은 0.8이다.
- 전체 사원 중 1명을 뽑을 때, 남자일 확률은 0.4이다.
---

① 20%   ② 30%

③ 40%   ④ 50%

27 H은행 김사원은 이틀간 일하고 하루 쉬기를 반복하고, 박사원은 월 ~ 금요일 닷새간 일하고 토 ~ 일요일 이틀간 쉬기를 반복한다. 김사원이 7월에 일한 날이 총 20일이라면, 김사원과 박사원이 7월에 함께 일한 날은 총 며칠인가?(단, 7월 1일은 월요일이다)

① 15일　　　　　　　　　　　　　　　　② 16일
③ 17일　　　　　　　　　　　　　　　　④ 18일

28 H은행에 근무하는 K씨는 오전 9시까지 출근해야 한다. 집에서 오전 8시 30분에 출발하여 분속 60m로 걷다가 늦을 것 같아 도중에 분속 150m로 달렸더니 늦지 않고 H은행에 도착하였다. K씨의 집과 H은행 사이의 거리가 2.1km일 때, K씨가 걸은 거리는?

① 1km　　　　　　　　　　　　　　　　② 1.2km
③ 1.4km　　　　　　　　　　　　　　　④ 1.6km

29 서진이와 민진이를 포함한 5명이 일렬로 배치된 영화관의 좌석에 앉으려고 한다. 서진이와 민진이 사이에 적어도 1명이 앉게 될 확률은?

① $\dfrac{1}{5}$　　　　　　　　　　　　　　② $\dfrac{3}{5}$
③ $\dfrac{7}{15}$　　　　　　　　　　　　　　④ $\dfrac{8}{15}$

30 영업부 5명의 직원이 지방으로 1박 2일 출장을 갔다. 이때 1, 2, 3인실 방에 배정되는 수는 총 몇 가지인가? (단, 각 방은 하나씩 있으며 1인실이 꼭 채워질 필요는 없다)

① 50가지　　　　　　　　　　　　　　　② 60가지
③ 70가지　　　　　　　　　　　　　　　④ 80가지

31 H은행의 함께 적금에 납입 중인 A고객은 H은행으로부터 만기환급금 안내를 받았다. A고객이 가입한 상품의 정보가 다음과 같을 때, A고객이 안내받은 만기환급금은?

〈가입자 정보〉

- 가입자 : A
- 가입기간 : 40개월
- 가입금액 : 매월 초 300,000원 납입
- 적용금리 : 연 3.0%
- 이자지급방식 : 만기일시지급, 단리식

① 1,374.5만 원 ② 1,261.5만 원
③ 1,168만 원 ④ 1,125만 원

32 10%의 소금물 500g을 끓여 물을 증발시킨 후 2%의 소금물 250g을 더 넣었더니 8%의 소금물이 만들어졌다. 증발시킨 물의 양은?

① 55g ② 57.5g
③ 60g ④ 62.5g

33 유속이 15km/h인 강물 위에 속력이 일정한 배가 강물이 흐르는 방향과 같은 방향으로 운행하고 있다. 이 배가 200km를 이동하는 데 걸린 시간이 4시간이라면, 흐르지 않는 물에서 배의 속력은?

① 15km/h ② 25km/h
③ 35km/h ④ 45km/h

※ 다음은 외화별 매매기준율 및 환전수수료에 대한 자료이다. 이어지는 질문에 답하시오(단, 환전수수료를 적용하며, 우대환율은 적용하지 않는다). **[34~35]**

<각 국가 외화의 매매기준율 및 환전수수료>

구분	미국	영국	베트남
매매기준율	1,310원/달러	1,670원/파운드	6원/100동
환전수수료	1.75%	2%	10%

※ 환전수수료는 외화를 사고 팔 때 모두 같은 비율로 적용된다.

34 대한민국 원화 600,000원으로 영국 파운드를 살 때, 최대 얼마를 구매할 수 있는가?

① 약 203파운드

② 약 259파운드

③ 약 301파운드

④ 약 352파운드

35 H환전소에서 미국 달러를 베트남 동으로 환전하고자 한다. H환전소에서는 외화를 다른 외화로 환전하려면 먼저 외화를 원화로 환전한 후 그 원화를 다른 외화로 환전해야 한다고 할 때, H환전소에서 500달러를 동으로 환전하면 얼마인가?

① 약 6,335,776동

② 약 7,756,287동

③ 약 8,266,098동

④ 약 9,750,568동

36 자산 운용가 갑돌이는 원금 4,000,000원으로 작년에 수익률 200%를 달성하였으나, 올해 재투자에 실패하여 수익률이 −60%가 되었다. 2년간의 누적 수익률은 얼마인가?(단, 재투자의 경우 작년 원금과 투자수익 모두 투자하였다)

① 5%   ② 10%
③ 20%   ④ 25%

37 한결이가 연이율 1.8%인 1년 만기 월복리 적금 상품에 매월 초 60만 원씩 납입할 때, 만기 시 받는 이자는? (단, $1.0015^2 = 1.018$로 계산하며, 이자 소득에 대한 세금은 고려하지 않는다)

① 10,400원   ② 10,600원
③ 10,800원   ④ 11,000원

38 다음은 H금융기관의 신용등급이 변화될 가능성을 정리한 표이다. 2023년에 C등급을 받은 H금융기관이 2025년에도 C등급을 유지할 가능성은?

<H금융기관 신용등급 변화 비율>

구분		$n+1$년		
		A등급	B등급	C등급
n년	A등급	0.6	0.3	0.1
	B등급	0.2	0.47	0.33
	C등급	0.1	0.22	0.68

• 신용등급 변화 비율은 매년 동일하다.
• 신용등급은 매년 1월 1일 0시에 산정된다.
• 'A등급 − B등급 − C등급' 순으로 높은 등급이다.

① 0.545   ② 0.580
③ 0.584   ④ 0.622

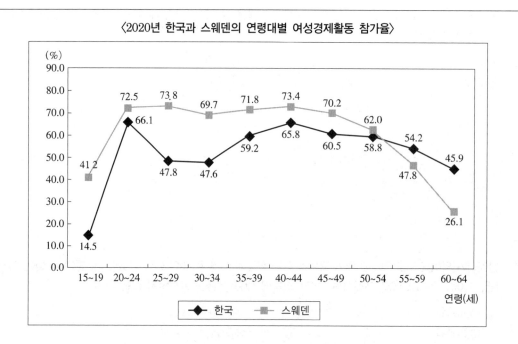

〈2020년 한국과 스웨덴의 연령대별 여성경제활동 참가율〉

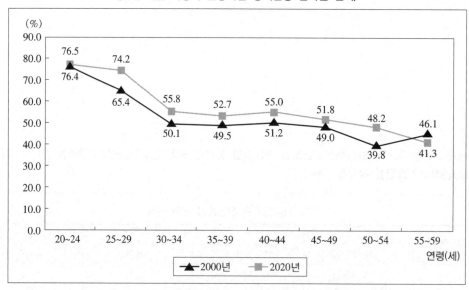

〈한국 대졸 여성의 연령대별 경제활동 참가율 변화〉

※ 여성경제활동 참가율은 15세 이상 여성인구에 대한 여성경제활동인구의 비율을 의미한다.

39 다음 중 자료에 대한 설명으로 옳지 않은 것은?

① 2020년 55세 미만의 여성경제활동 참가율은 한국이 스웨덴보다 낮다.

② 2000년 한국 대졸 여성 중 35세 미만은 경제활동 참가율이 50%를 넘는다.

③ 2020년 25 ~ 29세 여성경제활동 참가율에서 한국과 스웨덴의 차이는 26%p이다.

④ 2000년과 2020년 한국 대졸 여성의 경제활동 참가율이 가장 큰 격차를 보이는 연령은 50 ~ 54세이다.

40 2020년 한국과 스웨덴의 20 ~ 24세 대비 25 ~ 29세의 여성경제활동 참가율의 증감률로 옳은 것은?(단, 소수점 둘째 자리에서 반올림한다)

	한국	스웨덴
①	− 17.7%	+ 1.8%
②	− 17.7%	+ 2.4%
③	− 27.7%	+ 1.8%
④	− 27.7%	+ 2.4%

41 다음은 2015 ~ 2023년 매체별 광고비 현황에 대한 자료이다. 이 자료를 변형한 그래프로 옳은 것은?

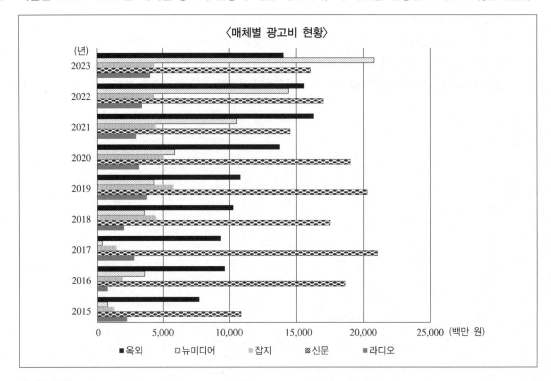

〈매체별 광고비 현황〉

①
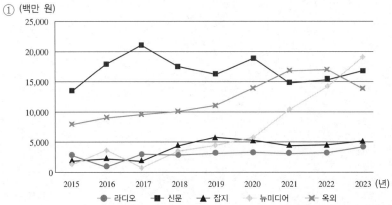

②
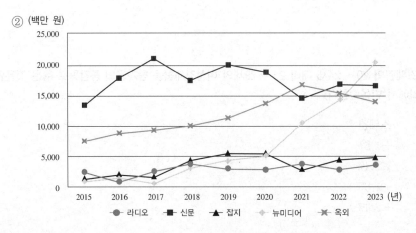

③ (백만 원)

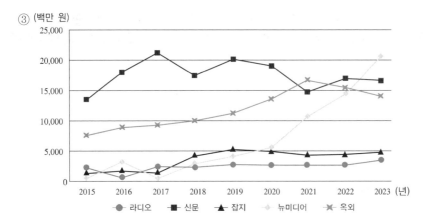

④ (백만 원)

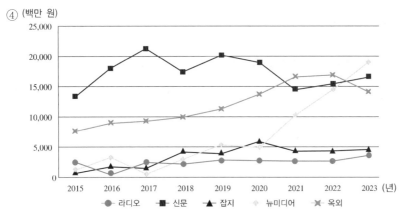

42 경현이는 반려동물로 고슴도치와 거북이를 한 마리씩 키우고 있다. 주말을 맞아 집에 놀러온 영수하고 고슴도치와 거북이를 경주시켜 결승점에 들어오는 시간을 맞히는 내기를 하였다. 영수는 거북이, 경현이는 고슴도치의 완주시간을 맞혔다고 할 때, 반려동물들이 경주한 거리는 몇 m인가?

〈반려동물 완주 예상시간〉

구분	고슴도치	거북이
경현	30초	2분
영수	25초	2.5분

※ 고슴도치의 속력은 3m/분이고, 거북이는 고슴도치 속력의 $\frac{1}{5}$ 이다.

① 1.5m ② 1.7m

③ 1.9m ④ 2.1m

※ 다음 표는 H사 직원들을 대상으로 주4일 근무제 시행에 따른 소득 및 소비 변화 예측에 대한 설문조사 결과를, 그래프는 실제 주4일 근무제 시범시행 이후 소득 변화가 있었는지에 대한 설문조사 결과를 나타낸 것이다. 이어지는 질문에 답하시오. **[43~44]**

〈주4일 근무제 시행에 따른 소득과 소비 변화 예측〉

(단위 : 명)

항목	전혀 그렇지 않다	대체로 그렇지 않다	보통	대체로 그렇다	매우 그렇다
주4일 근무제가 시행되어서 소득이 줄어들 것 같다.	8	21	70	56	12
주4일 근무제가 시행된 후 부족한 소득 보충을 위해 다른 일을 찾아야 할 것이다.	40	65	33	23	6
소득이 줄더라도 주4일 근무제의 실시를 찬성한다.	8	7	22	56	74
주4일 근무제가 시행되어서 소비가 늘어날 것이다.	2	9	27	114	15

〈실제 주4일 근무제 시범시행 이후 소득 변화〉

(단위 : 명)

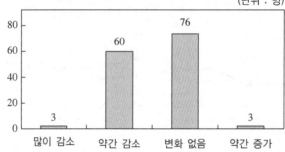

43 주4일 근무제 시행에 따라 소득이 줄어들 것이라고 생각하는 직원들은 몇 %인가?

① 약 35% ② 약 41%
③ 약 45% ④ 약 50%

44 주4일 근무제 시범시행 이후 소득의 변화가 없다고 대답한 직원들은 몇 %인가?

① 약 46% ② 약 49%
③ 약 54% ④ 약 58%

45 다음은 헌혈인구 및 개인헌혈 비율에 대한 자료이다. 이에 대한 〈보기〉의 설명 중 옳은 것을 모두 고르면?

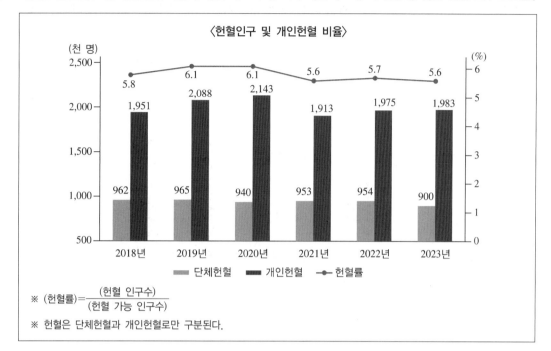

$$\text{(헌혈률)} = \frac{\text{(헌혈 인구수)}}{\text{(헌혈 가능 인구수)}}$$

※ 헌혈은 단체헌혈과 개인헌혈로만 구분된다.

〈보기〉

㉠ 전체헌혈 중 단체헌혈이 차지하는 비율은 조사기간 동안 매년 20%를 초과한다.

㉡ 2019년부터 2022년 중 전년 대비 단체헌혈 증감률의 절댓값이 가장 큰 해는 2020년이다.

㉢ 2020년 대비 2021년 개인헌혈의 감소율은 25% 이상이다.

㉣ 2021년부터 2023년까지 개인헌혈과 헌혈률은 전년 대비 증감 추이가 동일하다.

① ㉠, ㉡
② ㉠, ㉢
③ ㉡, ㉢
④ ㉡, ㉣

※ H회사는 이번 달부터 직원들에게 자기개발 프로그램 보조금을 지원해 주기로 하였다. 다음은 이번 달 부서별 프로그램 신청자 수 현황과 프로그램별 세부사항에 대한 자료이다. 이어지는 질문에 답하시오. **[46~48]**

〈부서별 신청자 수 현황〉

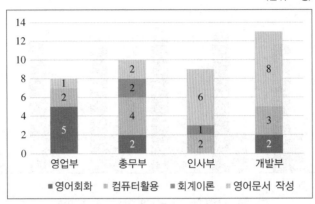

〈프로그램별 한 달 수강료〉

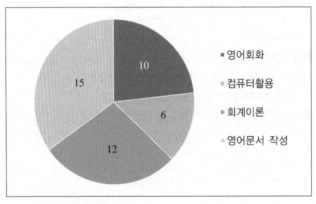

※ 수강료는 1인당 금액이다.

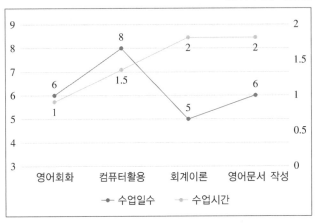

〈한 달 수업일수 및 하루 수업시간〉

(단위 : 일, 시간/일)

46 H회사에서 '컴퓨터활용'을 신청한 직원은 전체 부서 직원에서 몇 %를 차지하는가?

① 25%
② 27.5%
③ 30%
④ 32.5%

47 H회사에서 자기개발 프로그램 신청 시 수강료 전액을 지원해 준다고 할 때, 이번 달 '영어회화'와 '회계이론'에 지원해 주는 금액은 총 얼마인가?

① 120만 원
② 122만 원
③ 124만 원
④ 126만 원

48 자기개발 프로그램 중 한 달에 가장 적은 시간을 수업해 주는 프로그램과 그 프로그램의 한 달 수강료를 바르게 나열한 것은?

① 영어문서 작성, 15만 원
② 컴퓨터활용, 6만 원
③ 영어회화, 10만 원
④ 회계이론, 12만 원

49 다음 명제가 모두 참일 때 반드시 참인 것은?

> • 달리기를 잘하는 모든 사람은 영어를 잘한다.
> • 영어를 잘하는 모든 사람은 부자이다.
> • 나는 달리기를 잘한다.

① 나는 부자이다.
② 부자는 반드시 영어를 잘한다.
③ 부자는 반드시 달리기를 잘한다.
④ 영어를 잘하는 사람은 반드시 달리기를 잘한다.

50 다음 명제가 모두 참일 때 옳지 않은 것은?

> • 정리정돈을 잘하는 사람은 집중력이 좋다.
> • 주변이 조용할수록 집중력이 좋다
> • 깔끔한 사람은 정리정돈을 잘한다.
> • 집중력이 좋으면 성과 효율이 높다.

① 깔끔한 사람은 집중력이 좋다.
② 주변이 조용할수록 성과 효율이 높다.
③ 깔끔한 사람은 성과 효율이 높다.
④ 깔끔한 사람은 주변이 조용하다.

51 다음 명제가 모두 참일 때 빈칸에 들어갈 명제로 옳은 것은?

> • 회계팀의 팀원은 모두 회계 관련 자격증을 가지고 있다.
> • _____
> • 돈 계산이 빠르지 않은 사람은 회계팀이 아니다.

① 돈 계산이 빠른 사람은 회계 관련 자격증을 가지고 있다.
② 회계팀이 아닌 사람은 회계 관련 자격증을 가지고 있지 않다.
③ 돈 계산이 빠르지 않은 사람은 회계 관련 자격증을 가지고 있다.
④ 돈 계산이 빠르지 않은 사람은 회계 관련 자격증을 가지고 있지 않다.

52 H사의 기획팀에서 근무하고 있는 직원 A ~ D는 서로의 프로젝트 참여 여부에 관하여 다음과 같이 진술하였고, 단 1명만이 진실을 말하였다. 이들 중 반드시 프로젝트에 참여하는 사람은 누구인가?

> • A : 나는 프로젝트에 참여하고, B는 프로젝트에 참여하지 않는다.
> • B : A와 C 중 적어도 1명은 프로젝트에 참여한다.
> • C : 나와 B 중 적어도 1명은 프로젝트에 참여하지 않는다.
> • D : B와 C 중 1명이라도 프로젝트에 참여한다면, 나도 프로젝트에 참여한다.

① A   ② B
③ C   ④ D

53 H기업은 직원 A~F 여섯 명 중에서 임의로 선발하여 출장을 보내려고 한다. 다음 〈조건〉에 따라 출장 갈 인원을 결정할 때, A가 출장을 간다면 출장을 가는 인원은 최소 몇 명인가?

〈조건〉

- A가 출장을 가면 B와 C 둘 중 한 명은 출장을 가지 않는다.
- C가 출장을 가면 D와 E 둘 중 적어도 한 명은 출장을 가지 않는다.
- B가 출장을 가지 않으면 F는 출장을 간다.

① 1명   ② 2명

③ 3명   ④ 4명

54 H은행 직원 A~F 여섯 명은 연휴 전날 고객이 많을 것을 고려해 점심을 12시, 1시 두 팀으로 나눠 먹기로 하였다. 다음 〈조건〉이 모두 참일 때, 반드시 참인 것은?

〈조건〉

- A는 B보다 늦게 가지는 않는다.
- A와 C는 같이 먹는다.
- C와 D는 따로 먹는다.
- E는 F보다 먼저 먹는다.

① A와 B는 다른 시간에 먹는다.

② B와 C는 같은 시간에 먹는다.

③ 12시와 1시에 식사하는 인원수는 다르다.

④ A가 1시에 먹는다면 1시 팀의 인원이 더 많다.

55 A사원은 경제자유구역사업에 대한 SWOT 분석 결과 자료를 토대로 〈보기〉와 같이 판단하였다. 다음 중 A사원이 판단한 SWOT 분석에 의한 경영전략의 내용으로 적절하지 않은 것을 모두 고르면?

〈경제자유구역사업에 대한 SWOT 분석 결과〉

구분	분석 결과
강점(Strength)	– 성공적인 경제자유구역 조성 및 육성 경험 – 다양한 분야의 경제자유구역 입주희망 국내기업 확보
약점(Weakness)	– 과다하게 높은 외자금액 비율 – 외국계 기업과 국내기업 간의 구조 및 운영상 이질감
기회(Opportunity)	– 국제경제 호황으로 인하여 타국 사업지구 입주를 희망하는 해외시장 부문의 지속적 증가 – 국내진출 해외기업 증가로 인한 동형화 및 협업 사례 급증
위협(Threat)	– 국내거주 외국인 근로자에 대한 사회적 포용심 부족 – 대대적 교통망 정비로 인한 기성 대도시의 흡수효과 확대

─────〈보기〉─────

㉠ 성공적인 경제자유구역 조성 노하우를 활용하여 타국 사업지구로의 진출을 희망하는 해외기업을 유인 및 유치하는 전략은 SO전략에 해당한다.
㉡ 다수의 풍부한 경제자유구역 성공 사례를 바탕으로 외국인 근로자를 국내주민과 문화적으로 동화시킴으로써 원활한 지역발전의 토대를 조성하는 전략은 ST전략에 해당한다.
㉢ 기존에 국내에 입주한 해외기업의 동형화 사례를 활용하여 국내기업과 외국계 기업의 운영상 이질감을 해소하여 생산성을 증대시키는 전략은 WO전략에 해당한다.
㉣ 경제자유구역 인근 대도시와의 연계를 활성화하여 경제자유구역 내 국내·외 기업 간의 이질감을 해소하는 전략은 WT전략에 해당한다.

① ㉠, ㉡　　　　　　　　　　　② ㉠, ㉢

③ ㉡, ㉢　　　　　　　　　　　④ ㉡, ㉣

〈H은행 월복리 적금〉

청년고객의 취업·창업을 응원하며 금융거래에 따라 높은 우대금리를 제공하는 월복리 적금

• 가입대상 : 만 19 ~ 34세 개인 및 개인사업자(1인 1계좌)
• 가입기간 : 6 ~ 24개월
• 가입금액 : 매월 1 ~ 50만 원 이내 자유적립
• 기본금리 : 계약기간별 금리를 적용

계약기간	6개월 이상	12개월 이상
금리	연 1.45%	연 1.50%

• 우대금리 : 아래 우대조건을 만족하는 경우 가입일 현재 기본금리에 가산하여 만기해지 시 적용

우대조건		우대금리
급여 실적	만기 전전월 말 기준 가입기간에 따른 급여 실적이 있는 경우 – 가입기간 12개월 이하 : 급여 실적 3개월 – 가입기간 24개월 이하 : 급여 실적 12개월	연 1.0%p
개인사업자 계좌 실적	만기 전전월 말 기준 H은행 개인사업자계좌를 보유하고 3개월 평균 잔액이 50만 원 이상인 경우	
비대면 채널 이체 실적	만기 전전월 말 기준 비대면 채널(인터넷 / 스마트 뱅킹)에서 월평균 2건 이상 이체 시(오픈뱅킹 이체 포함)	연 0.3%p
마케팅 동의	신규 시점에 개인(신용)정보 수집·이용·제공 동의(상품서비스 안내 등)에 전체 동의한 경우	연 0.2%p

※ 급여 실적과 개인사업자계좌 실적 우대금리는 중복 적용 불가

---

56 다음 중 월복리 적금에 대한 설명으로 옳지 않은 것은?

① 연령에 따른 제한이 있는 상품이므로 퇴직을 앞두고 창업을 계획 중인 장년층은 가입이 불가능하다.

② 월초에 10만 원을 입금하였더라도 한 달 내 40만 원 이하의 금액을 추가로 자유롭게 입금할 수 있다.

③ 이자는 매월 입금하는 금액마다 입금일부터 만기일 전까지의 기간에 대하여 약정금리에 따라 월복리로 계산하여 지급된다.

④ 가입기간이 길수록 더 높은 기본금리가 적용될 수 있으나, 24개월을 초과하여 계약할 경우 가장 낮은 기본금리가 적용된다.

57 다음은 H은행 고객과 직원의 대화이다. 빈칸에 들어갈 금리로 옳은 것은?

> 고객 : 안녕하세요. 적금 만기일이 다가와서 문의드릴 게 있습니다. 저는 현재 월복리 적금을 23회차까지 입금한 상태인데요. 가입할 때 기본금리 외에도 우대조건을 만족하면 우대금리가 적용될 수 있다고 설명을 들었던 것 같은데, 정확히 적용되는 금리가 얼마인지 알 수 있을까요?
>
> 직원 : 네, 고객님. 확인해보도록 하겠습니다. 먼저 고객님께서 24개월의 기간으로 가입하셔서 기간에 따른 기본금리가 적용됩니다. 그리고 고객님께서 현재 저희 은행의 개인사업자계좌를 보유하고 있는 것으로 확인되어서 평균 잔액을 조회해봐야 할 것 같습니다.
>
> 고객 : 그 계좌는 작년에 처음 500만 원으로 개설한 뒤로 지금까지 단 한 번도 출금하지 않았어요.
>
> 직원 : 그런데 저희 은행의 인터넷 뱅킹이나 스마트 뱅킹은 사용한 적이 없으신가요? 거래 내역이 조회되지 않아 말씀드립니다.
>
> 고객 : 네. 제가 은행 업무는 꼭 영업점을 방문해서 하는 편이라 그렇습니다.
>
> 직원 : 네. 그러면 다른 정보도 확인해보겠습니다. 처음 상품에 가입하실 때 개인정보 수집 및 이용 동의에 전체 동의해주신 것도 확인되었습니다. 그러면 고객님께서 적용받으실 수 있는 금리는 총 _____가 됩니다.

① 1.5%

② 2.7%

③ 3.8%

④ 4.7%

※ 사회초년생 K씨는 가계부를 작성하던 중 신용카드 혜택을 받는 것이 유리하다는 판단을 내렸다. 다음은 K씨의 생활부문별 월 지출내역 및 신용카드별 혜택을 정리한 자료이다. 이어지는 질문에 답하시오. **[58~59]**

〈K씨의 생활부문별 월 지출내역〉

생활부문	월 지출내역	비고
교통비	• 대중교통요금 : 60,000원 • 주유비 : 80,000원	–
공과금	• 수도세 : 20,000원 • 전기세 : 30,000원 • 도시가스비 : 20,000원 • 기타 공과금 : 30,000원	• H은행 계좌에서 자동이체
통신요금	• 60,000원	• R통신사 이용 • W은행 계좌에서 자동이체
보험료	• 손해보험료 : 100,000원 • 자동차보험료 : 80,000원	• H은행 계좌에서 자동이체
외식비	• 술 : 50,000원 • 커피 : 20,000원 • 식사 : 50,000원	• S커피 이용

〈신용카드별 혜택〉

신용카드	카드혜택	연회비
Q카드	• H은행 계좌에서 R통신사 통신요금 자동이체 시 통신요금 10% 청구할인 • 대중교통요금 월 5% 청구할인 • H은행 계좌에서 도시가스비 자동이체 시 10% 청구할인 • H은행 계좌에서 손해보험료 자동이체 시 15% 청구할인	월 1,000원
L카드	• H은행 계좌에서 R통신사 통신요금 자동이체 시 통신요금 5% 청구할인 • H은행 계좌에서 수도세 자동이체 시 20% 청구할인 • S커피 이용요금 3,000원 정액할인 • 외식비 20,000원 정액할인	월 6,000원
U카드	• H은행 계좌에서 자동차보험료 자동이체 시 5% 청구할인 • 주유비 10% 청구할인 • H은행 계좌에서 손해보험료 자동이체 시 10% 청구할인 • H은행 계좌에서 기타 공과금 자동이체 시 10% 청구할인	월 13,000원

58 K씨는 연회비를 고려하지 않은 월 순수 할인 금액을 기준으로 카드를 선정하려고 한다. 할인 금액이 가장 많은 카드와 그 할인된 금액이 바르게 짝지어진 것은?(단, 전월 실적이나 기타 비용은 생략한다)

① Q카드, 23,000원

② U카드, 25,000원

③ L카드, 25,000원

④ L카드, 27,000원

59 K씨는 W은행 계좌에서 자동이체하던 통신요금을 H은행 계좌에서 자동이체하는 것으로 바꾸려고 한다. 이 경우 연회비까지 고려할 때 카드와 월 혜택 금액이 바르게 짝지어진 것은?(단, 전월 실적이나 기타 비용은 생략한다)

① Q카드, 25,000원

② Q카드, 21,000원

③ U카드, 21,000원

④ L카드, 20,000원

60 김대리는 회사의 새로운 사무실을 임대계약하기 위해 H지역의 지리를 파악하고 있다. 〈조건〉에 따라 건물이 배치되어 있을 때, 다음 중 학교와 병원의 위치가 바르게 연결된 것은?

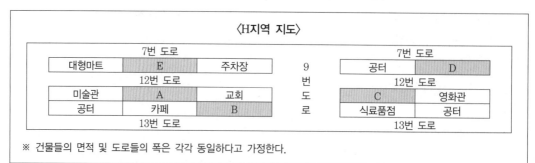

〈H지역 지도〉

7번 도로				9	7번 도로	
대형마트	E	주차장		번	공터	D
12번 도로				도	12번 도로	
미술관	A	교회		로	C	영화관
공터	카페	B			식료품점	공터
13번 도로					13번 도로	

※ 건물들의 면적 및 도로들의 폭은 각각 동일하다고 가정한다.

─〈조건〉─

• 두 건물 사이에 도로나 다른 건물이 없을 때, '두 건물이 이웃한다'라고 표현한다. 도로와 건물 간의 이웃 여부도 동일한 기준에 따라 표현한다.
• A ~ E는 각각 학교, 놀이터, 병원, 학원, 공원 중 서로 다른 하나에 해당한다.
• 학교는 병원보다 주차장으로부터의 직선거리가 더 가까운 곳에 있다.
• 학원은 공터와 이웃하고 있다.
• 13번 도로와 이웃하고 있는 곳은 공원뿐이다.
• 놀이터와 학원은 모두 동일한 두 개의 도로에 이웃하고 있다.

	학교	병원		학교	병원
①	A	B	②	A	C
③	B	C	④	B	D

61 귀하는 사내 워크숍 준비를 위해 직원 A ~ E의 참석 여부를 조사하고 있다. C가 워크숍에 참석한다고 할 때, 〈조건〉에 따라 워크숍에 참석하는 직원을 바르게 추론한 것은?

─〈조건〉─

• B가 워크숍에 참석하면 E는 참석하지 않는다.
• D는 B와 E가 워크숍에 참석하지 않을 때 참석한다.
• A가 워크숍에 참석하면 B 또는 D 중 한 명이 함께 참석한다.
• C가 워크숍에 참석하면 D는 참석하지 않는다.
• C가 워크숍에 참석하면 A도 참석한다.

① A, B, C
② A, C, D
③ A, B, C, D
④ A, C, D, E

62 최근 스마트폰 보급과 모바일 쇼핑의 활성화를 바탕으로 모바일 결제시장이 급성장하고 있다. 이에 H금융기관은 모바일 뱅킹 서비스와 관련하여 분석한 결과를 토대로 다음과 같은 전략 과제를 수립하였다. 이를 근거로 실행 방안을 구상할 때, 적절하지 않은 것은?

단계	전략 과제
정보 취득 및 설치 단계	1. 최초 접근 채널 다양화 2. 모바일 뱅킹 서비스 친숙도 증대 3. 모바일 뱅킹 이용방법 이해도 증진 4. 앱 / 인증서 설치 등 편의성 증대 5. 시스템 안전성 어필 및 고객의 이체 실수 두려움 제거
이용 단계	6. 직관적이고 심플한 UI 구성 7. 이용단계 간소화 및 오류 제거 8. 대면 – 비대면 채널 간 연계 강화 9. 다양한 채널로 언제 어디서든 도움 제공

① 스마트 체험존 구축
② 직원을 통한 모바일 결제서비스 안내 강화
③ 서비스 단계 축소로 간편함 어필
④ 안전한 금융거래를 위한 스마트 OTP 도입 추진

63 H은행은 직원들의 복리 증진을 위해 다음과 같은 복지제도를 검토한 후 도입하고자 한다. 제시된 〈조건〉이 모두 참일 때, 반드시 참이 되는 것은?

H은행은 다음 중 최대 2개의 복지제도를 도입하고자 한다.
• 동호회행사비 지원
• 출퇴근교통비 지원
• 연차 추가제공
• 주택마련자금 지원

─〈조건〉─
• 연차를 추가제공하지 않거나 출퇴근교통비를 지원한다면, 주택마련자금 지원을 도입한다.
• 동호회행사비 지원을 도입할 때에만 연차 추가제공을 도입한다.
• 출퇴근교통비 지원을 도입하지 않는다면, 동호회행사비 지원을 도입한다.
• 출퇴근교통비 지원을 도입하거나 연차 추가제공을 도입하지 않으면, 동호회행사비 지원을 도입하지 않는다.
• 주택마련자금 지원을 도입한다면 다른 복지제도는 도입할 수 없다.

① 동호회행사비 지원은 도입되지 않는다.
② H은행은 1개의 복지제도만 새로 도입한다.
③ 연차 추가제공은 도입되지 않는다.
④ 출퇴근교통비 지원과 연차 추가제공 중 1개만 도입된다.

※ H은행은 승진 기준표에 따라 해당 요건을 모두 충족하는 사람을 승진 대상자에 포함시켜 2024년 1월 1일부터 승진시키고자 한다. 이어지는 질문에 답하시오. [64~66]

〈승진 기준표〉

직급 \ 조건	직급 임기	인사고과 점수	보직	보직 기간
2급	5년	95점 이상	부장	5년
3급	4년	93점 이상	과장	4년
4급	4년	90점 이상	대리	4년
5급	3년	90점 이상	주임	3년

※ 2024년 1월 1일 승진 기준

〈승진 대기자〉

구분	현재 직급	직급 임기 시작일	인사고과 점수	보직	보직 기간
A부장	3급	2021. 01. 01. ~	96점	부장	5년
B과장	4급	2017. 04. 03. ~	92점	과장	4년
C대리	5급	2020. 01. 01. ~	93점	대리	4년

※ 작성일자 : 2023년 12월 31일

64 B과장이 승진하기 위해서 추가로 충족해야 할 요건은?

① 없음
② 직급 임기
③ 인사고과 점수
④ 보직 기간

65 C대리가 승진하기 위해서 추가로 충족해야 할 요건은?

① 없음
② 직급 임기
③ 인사고과 점수
④ 보직 기간

66 A부장이 2급으로 승진하는 해는 몇 년인가?

① 2026년
② 2027년
③ 2028년
④ 2029년

※ H은행은 별관 신축을 위한 건설업체를 선정하고자 입찰공고를 올렸으며, 이를 보고 A∼F업체가 입찰에 참여하였다. 다음은 입찰기준에 따라 업체별로 점수화한 자료와 업체별 비용을 나타낸 자료이다. 이어지는 질문에 답하시오. **[67~68]**

〈업체별 입찰기준 점수〉

(척도 : 20점)

구분	경영평가 점수	시공실적 점수	친환경소재 점수
A업체	18점	11점	15점
B업체	14점	15점	17점
C업체	17점	13점	13점
D업체	16점	12점	14점
E업체	13점	10점	17점
F업체	16점	14점	16점

〈업체별 비용〉

(단위 : 억 원)

구분	A업체	B업체	C업체	D업체	E업체	F업체
비용	16.9	17.4	17.1	12.9	14.5	15.2

67 H은행은 비용이 17억 원 이하인 업체 중 경영평가 점수와 시공실적 점수의 반영비율을 1 : 2의 가중치로 합산한 값이 가장 높은 3개 업체를 1차로 선정할 예정이다. 그리고 1차 선정업체 중 친환경소재 점수가 가장 높은 곳을 최종 선정한다고 할 때, 최종 선정될 업체는?

① A업체   ② B업체
③ D업체   ④ F업체

68 H은행이 외부 권고로 인해 선정방식을 변경하였다. 새로운 방식에 따르면 비용이 17억 2천만 원 이하인 업체 중 시공실적 점수와 친환경소재 점수의 반영비율을 3 : 2의 가중치로 합산한 값이 가장 높은 2개 업체를 1차로 선정한다. 1차 선정업체 중 비용이 가장 낮은 곳을 최종 선정한다고 할 때, 최종 선정될 업체는?

① A업체   ② C업체
③ E업체   ④ F업체

69 A ~ F 여섯 명이 6층짜리 빌딩에 입주하려고 한다. 다음 〈조건〉을 만족할 때, 여섯 명이 빌딩에 입주하는 방법은 몇 가지인가?

〈조건〉
- A와 C는 고소공포증이 있어서 3층 위에서는 살 수 없다.
- B는 높은 경치를 좋아하기 때문에 6층에 살려고 한다.
- F는 D보다, D는 E보다 높은 곳에 살려고 한다.
- A, B, C, D, E, F는 같은 층에 거주하지 않는다.

① 2가지　　　　　　　　　　　② 4가지
③ 6가지　　　　　　　　　　　④ 8가지

70 어떤 요리를 만들기 위해서는 준비된 재료 (가) ~ (사) 7가지를 정해진 순서대로 넣어야 한다. 마지막에 넣는 재료가 (가)일 때, 다음 〈조건〉에 따라 두 번째로 넣어야 할 재료를 고르면?

〈조건〉
- 모든 재료는 차례대로 한 번씩만 넣는다.
- (가) 바로 앞에 넣는 재료는 (라)이다.
- (사)는 (라)보다 먼저 넣지만, (나)보다는 늦게 넣는다.
- (마)는 (다)와 (나) 사이에 넣는 재료이다.
- (다)는 (마)보다 먼저 들어간다.
- (바)는 (다)보다 먼저 들어간다.

① (나)　　　　　　　　　　　② (다)
③ (마)　　　　　　　　　　　④ (바)

71 다음 중 어떤 문제를 해결하기 위한 절차, 방법, 명령어들의 집합을 뜻하는 용어는?

① 프로세스 ② 프로그래밍

③ 코딩 ④ 알고리즘

72 다음 중 데이터를 인공지능이 스스로 학습할 수 있도록 재가공하는 것은?

① 브로드 데이터 ② 데이터 버스

③ 데이터 마이닝 ④ 데이터 라벨링

73 프라이빗 블록체인은 퍼블릭 블록체인과 다르게 기업이나 특정 개인들만 참여할 수 있도록 시스템 되어있는 폐쇄형의 블록체인의 네트워크를 뜻한다. 프라이빗 블록체인은 운영과 참여의 주체가 분명하기 때문에 인센티브 제도인 코인을 사용하지 않아도 된다는 점이 특징이다. 이러한 프라이빗 블록체인의 특징으로 옳지 않은 것은?

① 허가성 ② 개방성

③ 프라이버시 ④ 그룹화

74 다음과 같은 특징을 가진 보안방식은 무엇인가?

> • 매번 패스워드가 바뀐다.
> • 1차적으로 노출되어도 악용될 염려가 덜하다.

① OTP ② 블록체인

③ 방화벽 ④ 핵티비즘

75 다음 중 디지털 신기술에 대한 설명으로 옳지 않은 것은?

① 사물인터넷 – 무선 통신을 통해 사물과 연결하여 정보를 주고받는 기술이다.

② 블록체인 – 거래 정보를 중앙 서버가 단독으로 기록하고 관리한다.

③ NFC – 근거리 무선 통신으로 전자기 유도 현상을 이용하여 정보를 주고받는다.

④ 클라우드 – 인터넷을 통해 액세스할 수 있는 서버 및 이를 통해 작동하는 소프트웨어 혹은 데이터베이스를 일컫는다.

76 다음 중 클라우드 컴퓨팅의 장점이 아닌 것은?

① 유연성과 확장성　　　　　　　　② 안전성과 보안성

③ 접근성과 이용성　　　　　　　　④ 개방성과 융합성

77 다음 중 머신러닝에 대한 설명으로 옳지 않은 것은?

① 학습 데이터를 분석하여 일반화된 모델을 만든다.

② 패턴인식, 자연어 처리 등 다양한 분야에서 활용된다.

③ 컴퓨터 프로그램이 데이터를 분석하고 스스로 학습하여 문제를 해결하는 능력을 갖도록 하는 기술이다.

④ 모델의 학습을 위해서는 입력 데이터와 이에 상응하는 정답 데이터(출력 데이터)가 반드시 제공되어야 한다.

78 다음 중 빅데이터 기술을 이용한 분석의 장점이 아닌 것은?

① 데이터의 트렌드와 패턴을 파악할 수 있다.

② 산출 데이터의 무결성을 보장한다.

③ 기업의 의사 결정에 필요한 정보를 신속하게 제공한다.

④ 많은 양의 데이터 속에 담겨진 의미를 파악하는 데 도움이 된다.

79 다음 중 임베디드 금융(Embedded Finance)과 관련된 설명으로 적절하지 않은 것을 〈보기〉에서 모두 고르면?

─────〈보기〉─────

㉠ 임베디드 금융의 참가자 중에 가장 중요한 역할을 하는 주체는 전통적인 금융 서비스 기능을 제공하는 금융회사이다.

㉡ 임베디드 금융 시장의 구조는 금융회사, 비금융회사, 핀테크회사 등이 참가하여 수익을 나눠 갖는 방식으로 이루어져 있다.

㉢ 비대면 금융 서비스에 대한 수요의 급증, 금융기관의 디지털 전환 가속화, IT·디지털 기술의 발달, 금융규제의 완화 등은 임베디드 금융 성장을 촉진한다.

㉣ 임베디드 금융은 금융회사가 비금융회사와 제휴를 맺고 자사의 금융 서비스 중 필요한 일부만을 비금융회사에 제공하는 일종의 플랫폼 렌털 사업으로 볼 수 있다.

① ㉠, ㉡　　　　　　　　　　　　　　② ㉠, ㉣

③ ㉡, ㉢　　　　　　　　　　　　　　④ ㉢, ㉣

80 다음 중 마이데이터(Mydata)와 관련된 설명으로 적절하지 않은 것을 〈보기〉에서 모두 고르면?

─────〈보기〉─────

㉠ 마이데이터는 은행 등의 금융기관들에 산재된 개인의 신용정보·금융정보를 하나의 플랫폼에서 통합해 관리하는 것이다.

㉡ 우리나라는 개인정보 보호법 등 흔히 '데이터 3법'이라 부르는 법률을 통해 마이데이터 산업을 법적·제도적으로 관리하고 있다.

㉢ 은행은 소비자 개인의 허락이 없어도 해당 소비자의 분산된 개인정보에 접근해 이를 한데 모아 맞춤 컨설팅 제공을 제안할 수 있다.

㉣ 마이데이터 생태계에 참여하는 주요 당사자 중에 정보주체(개인)의 요구에 따라 개인의 신용정보를 전송할 의무가 있는 주체는 중계기관이다.

① ㉠, ㉡　　　　　　　　　　　　　　② ㉠, ㉣

③ ㉡, ㉢　　　　　　　　　　　　　　④ ㉢, ㉣

2권

제2회
하나은행 필기전형

제1영역 NCS 직업기초능력

제2영역 디지털상식

www.sdedu.co.kr

〈문항 수 및 시험시간〉

영역	문항 수	시험시간	모바일 OMR 답안채점 / 성적분석 서비스
NCS 직업기초능력	70문항	90분	
디지털상식	10문항		

※ 문항 수 및 시험시간은 해당 채용 공고문을 참고하여 구성하였습니다.

※ 제한시간이 종료되고 OMR 답안카드에 마킹하거나 시험지를 넘기는 행동은 부정행위로 간주합니다.

제2회 모의고사

문항 수 : 80문항
시험시간 : 90분

제1영역 NCS 직업기초능력

01 다음 중 밑줄 친 부분의 맞춤법이 옳지 않은 것은?

① 감염병의 <u>발생률</u>을 낮추기 위해 노력해야 한다.
② 상금을 두고 세기의 대결이 <u>펼쳐졌다</u>.
③ 퇴사를 앞두고 책상을 <u>깨끗이</u> 치웠다.
④ 새로운 시대에 <u>걸맞는</u> 인재를 양성해야 한다.

02 다음 중 밑줄 친 어휘의 표기가 옳지 않은 것은?

① 저 아줌마는 <u>가납사니</u>처럼 참견한다.
② 지난날의 따스한 추억은 생각만 해도 <u>느껍다</u>.
③ 할아버지는 <u>무람없이</u> 구는 손자에게 호통을 쳤다.
④ 사건에 대한 논란이 <u>가열차게</u> 오가고 있다.

03 다음과 같은 의미를 지닌 한자성어는?

고생 끝에 낙이 온다.

① 脣亡齒寒   ② 堂狗風月
③ 苦盡甘來   ④ 朝三暮四

04 다음 ㉠～㉢에 들어갈 단어의 표기가 적절한 것끼리 바르게 연결한 것은?

> • 성준이는 수업 시간에 ㉠ 딴생각 / 딴 생각을 많이 하는 편이다.
> • 그는 내가 ㉡ 사사받은 / 사사한 교수님이다.
> • 궂은 날씨로 인해 기대했던 약속이 ㉢ 파토 / 파투 났다.

	㉠	㉡	㉢
①	딴생각	사사받은	파토
②	딴생각	사사한	파투
③	딴 생각	사사한	파토
④	딴 생각	사사받은	파투

05 다음 글의 주장에 대한 반박으로 가장 적절한 것은?

> 현금 없는 사회로의 이행은 바람직하다. 현금 없는 사회에서는 카드나 휴대전화 등을 이용한 비현금 결제 방식을 통해 모든 거래가 이루어질 것이다. 현금 없는 사회에서 사람들은 불편하게 현금을 들고 다니지 않아도 되고 잔돈을 주고받기 위해 기다릴 필요가 없다. 그리고 언제 어디서든 편리하게 거래를 할 수 있다. 또한 매년 새로운 화폐를 제조하기 위해 1,000억 원 이상의 많은 비용이 소요되는데, 현금 없는 사회에서는 이 비용을 절약할 수 있어 경제적이다. 마지막으로 현금 없는 사회에서는 자금의 흐름을 보다 정확하게 파악할 수 있다. 이를 통해 경제 흐름을 예측하고 실질적인 정책들을 수립할 수 있어 공공의 이익에도 기여할 수 있다.

① 다양한 비현금 결제 방식을 상황에 맞게 선택한다면 거래에 제약은 없을 것이다.

② 비현금 결제 방식에 필요한 시스템을 구축하는 데 필요한 비용은 우리나라에 이미 구축되어 있는 정보통신 기반시설을 활용한다면 상당 부분 절감할 수 있다.

③ 비현금 결제 방식에 필요한 시스템을 구축하는 데 많은 비용이 소요될 수 있으므로 경제적이라고 할 수 없다.

④ 개인의 선택의 자유가 확대될 수 있으므로 비현금 결제는 공공의 이익에 부정적 영향을 미칠 수 있다.

06 다음 글의 빈칸에 들어갈 내용으로 가장 적절한 것은?

최근 경제·시사분야에서 빈번하게 등장하는 단어인 탄소배출권(CER; Certified Emission Reduction)에 대한 개념을 이해하기 위해서는 먼저 교토메커니즘(Kyoto Mechanism)과 탄소배출권거래제(Emission Trading)를 알아둘 필요가 있다.

교토메커니즘은 지구 온난화의 규제 및 방지를 위한 국제 협약인 기후변화협약의 수정안인 교토 의정서에서 온실가스를 보다 효과적이고 경제적으로 줄이기 위해 도입한 세 유연성체제인 '공동이행제도', '청정개발체제', '탄소배출권거래제'를 묶어 부르는 것이다.

이 중 탄소배출권거래제는 교토의정서 6대 온실가스인 이산화탄소, 메테인, 아산화질소, 과불화탄소, 수소불화탄소, 육불화황의 배출량을 줄여야 하는 감축의무국가가 의무감축량을 초과 달성하였을 경우에 그 초과분을 다른 국가와 거래할 수 있는 제도로, _____

결국 탄소배출권이란 현금화가 가능한 일종의 자산이자 가시적인 자연보호성과인 셈이며, 이에 따라 많은 국가 및 기업에서 탄소배출을 줄임과 동시에 탄소감축활동을 통해 탄소배출권을 획득하기 위해 동분서주하고 있다. 특히 기업들은 탄소배출권을 확보하는 주요 수단인 청정개발체제 사업을 확대하는 추세인데, 청정개발체제 사업은 개발도상국에 기술과 자본을 투자해 탄소배출량을 줄였을 경우에 이를 탄소배출량 감축목표달성에 활용할 수 있도록 한 제도이다.

① 다른 국가를 도왔을 때, 그로 인해 줄어든 탄소배출량을 감축목표량에 더할 수 있는 것이 특징이다.

② 교토메커니즘의 세 유연성체제 중에서도 가장 핵심이 되는 제도라고 할 수 있다.

③ 다른 감축의무국가를 도움으로써 획득한 탄소배출권이 사용되는 배경이 되는 제도이다.

④ 의무감축량을 준수하지 못한 경우에도 다른 국가로부터 감축량을 구입할 수 있는 것이 특징이다.

07 다음 글의 제목으로 가장 적절한 것은?

중세 유럽에서는 토지나 자원을 왕실이 소유하고 있었다. 사람들은 이러한 토지나 자원을 이용하려면 일정한 비용을 지불해야 했다. 예를 들어 광산을 개발하거나 수산물을 얻는 사람들은 해당 자원의 이용에 대한 비용을 왕실에 지불하였고 이는 왕실의 권력과 부의 유지를 돕는 동시에 국가의 재정을 보충하는 역할을 하였는데, 이때 지불한 비용이 바로 로열티이다.

로열티의 개념은 산업 혁명과 함께 발전하였다. 산업 혁명을 통해 특허, 상표 등의 지적 재산권이 보호되기 시작하면서 기업들은 이러한 권리를 보유한 개인이나 조직에게 사용에 대한 보상을 지불하게 되었다. 지적 재산권은 기업이 특정한 기술, 디자인, 상표 등을 보유하고 있을 때 그들에게 독점적인 권리를 제공하고 이러한 권리의 보호와 보상을 위해 로열티 제도가 도입되었다.

로열티는 기업과 지적 재산권 소유자 간의 계약에 의해 설정되는 형태로 발전하였다. 기업이 특정 제품을 판매하거나 특정 기술을 이용하는 경우 지적 재산권 소유자에게 계약에 따라 정해진 로열티를 지불하게 된다. 이로써 지적 재산권을 보유한 개인이나 조직은 자신들의 창작물이나 기술의 사용에 대한 보상을 받을 수 있으며, 기업들은 이러한 지적 재산권의 이용을 허가받아 경쟁 우위를 확보할 수 있게 되었다.

현재 로열티는 제품 판매나 라이선스, 저작물의 이용 등 다양한 형태로 나타나며 지적 재산권의 보호와 경제적 가치를 확보하는 중요한 수단으로 작용하고 있다. 로열티는 지식과 창조성의 보상으로서의 역할을 수행하며 기업들의 연구 개발을 촉진하고 혁신을 격려한다. 이처럼 로열티 제도는 기업과 지적 재산권 소유자 간의 상호 협력과 혁신적인 경제 발전에 기여하는 중요한 구조적 요소이다.

① 지적 재산권을 보호하는 방법
② 로열티 지급 시 유의사항
③ 지적 재산권의 정의
④ 로열티 제도의 유래와 발전

08 다음 글을 읽고 추론한 내용으로 적절하지 않은 것은?

비체계적 위험이란 종업원의 파업, 경영 실패, 판매의 부진 등 개별 기업의 특수한 상황과 관련이 있는 것으로 '기업 고유 위험'이라고도 한다. 기업의 특수 사정으로 인한 위험은 예측하기 어려운 상황에서 돌발적으로 일어날 수 있는 것들로, 여러 주식에 분산투자함으로써 제거할 수 있다. 즉, 어느 회사의 판매 부진에 의한 투자 위험은 다른 회사의 판매 신장으로 인한 투자 수익으로 상쇄할 수가 있으므로, 서로 상관관계가 없는 종목이나 분야에 나누어 투자해야 한다. 따라서 여러 종목의 주식으로 이루어진 포트폴리오*를 구성하는 경우, 그 종목 수가 증가함에 따라 비체계적 위험은 점차 감소하게 된다.

반면에 체계적 위험은 시장의 전반적인 상황과 관련한 것으로, 예를 들면 경기 변동, 인플레이션, 이자율의 변화, 정치 사회적 환경 등 여러 기업들에게 공통적으로 영향을 주는 요인들에서 기인한다. 체계적 위험은 주식 시장 전반에 관한 위험이기 때문에 비체계적 위험에 대응하는 분산투자의 방법으로도 감소시킬 수 없으므로 '분산 불능 위험'이라고도 한다.

* 포트폴리오 : 개개의 금융 기관이나 개인이 보유하는 각종 금융 자산의 집합

① 체계적 위험은 예측하기 어렵고 돌발적으로 일어난다.
② 비체계적 위험은 분산투자를 통해 제거 가능하다.
③ 포트폴리오를 구성하는 종목 수가 많아질수록 비체계적 위험은 감소한다.
④ 체계적 위험을 줄이기 위해서는 상관관계가 없는 종목에 나누어 투자해야 한다.

09 다음 글에서 〈보기〉의 내용이 들어갈 위치로 가장 적절한 곳은?

유럽, 특히 영국에서 가장 사랑받는 음료인 홍차의 기원은 16세기 중엽 중국에서 시작된 것으로 전해지고 있다. 본래 홍차보다 덜 발효된 우롱차가 중국에서 만들어져 유럽으로 수출되기 시작했고, 그중에서도 강하게 발효된 우롱차가 환영을 받으면서 홍차가 탄생하게 되었다는 것이다. 이때 중국인들이 녹차와 우롱차의 차이를 설명하는 과정에서 쓴 영어 'Black Tea'가 홍차의 어원이 되었다는 것이 가장 강력한 가설로 꼽히고 있다. (가)

홍차는 1662년 찰스 2세가 포르투갈 출신의 캐서린 왕비와 결혼하면서 영국에 전해지게 되었는데, 18세기 초에 영국은 홍차의 최대 소비국가가 된다. (나) 영국에서의 홍차 수요가 급증함과 동시에 홍차의 가격이 치솟아 무역적자가 심화되자, 영국 정부는 자국 내에서 직접 차를 키울 수는 없을까 고민했지만 별다른 방법을 찾지 못했고, 홍차의 고급화는 점점 가속화됐다. (다)

하지만 영국의 탐험가인 로버트 브루스 소령이 아삼 지방에서 차나무의 존재를 발견하면서 홍차 산업의 혁명이 도래하는데, 아삼 지방에서 발견한 차는 찻잎의 크기가 중국종의 3배쯤이며 열대 기후에 강하고, 홍차로 가공했을 때 중국 차보다 뛰어난 맛을 냈다.

그러나 아이러니하게도 아삼 홍차는 3대 홍차에 꼽히지 않는데, 이는 19세기 영국인들이 지닌 차에 대한 인식 때문이다. (라) 당시 중국 차에 대한 동경과 환상을 지녔던 영국인들은 식민지에서 자생한 차나무가 중국의 차나무보다 우월할 것이라고 믿지 못했기에 아삼차를 서민적인 차로 취급한 것이었다.

〈보기〉

이처럼 홍차가 귀한 취급을 받았던 이유는 중국이 차의 수출국이란 유리한 입지를 지키기 위하여 차의 종자, 묘목의 수출 등을 엄중하게 통제함과 동시에 차의 기술이나 제조법을 극단적으로 지켰기 때문이다.

① (가)   ② (나)

③ (다)   ④ (라)

10 다음 글의 수정 방안으로 적절하지 않은 것은?

집을 나서니 차가운 바람에 옷깃이 절로 여며졌다. 길을 걷다 보니 나무 한 그루가 눈에 띄었다. 지난 여름 무성했던 나뭇잎들이 다 떨어진 (가) 왕성한 나뭇가지를 보니 '이 겨울에 얼마나 추울까?'하는 안타까움이 들었다. 그런데 자세히 보니 나뭇가지에서 새로운 움이 나고 있었다. 봄이 오면 나무는 움에서 싹을 틔울 것이다. 아마도 움은 봄이 올 것이라는 꿈을 꾸며 추위를 견디고 있지 않을까? (나) 우리의 삶도 마찬가지이다. 무엇인가를 꿈꾸어야 현재의 어려움을 견뎌 내고 꿈을 이룰 수 있을 것이다.

하지만 꿈이 있다고 해서 모든 것이 해결되는 것은 아니다. 꿈이 목표라면 그것을 이룰 수 있는 힘이 필요한 것이다. (다) 그리고 움이 싹을 낼 수 있는 힘은 어디에서 나온 것일까? 아마도 나무에 양분을 주는 흙과 그 속에 굳건히 내린 뿌리에 있지 않을까 싶다. (라) 흙과 뿌리가 튼실하지 못하다면 나무는 이 겨울을 나지 못할 것이다. 삶도 마찬가지이다. 삶에 있어서 흙은 무엇일까? 아마도 나의 삶을 풍요롭게 해주는 주변 사람들일 것이다. 그렇다면 뿌리를 내린다는 것은 무엇일까? 그것은 아마도 주변 사람들과 잘 어울려 함께 살아가는 것을 의미할 것이다.

이제 겨울이 지나 여름이 되면 나무는 다시 무성한 잎들을 거느릴 것이다. 그리고 사람들에게 시원한 그늘을 제공할 것이다. 나도 나무처럼 누군가에게 꿈과 희망을 주는 사람으로 성장하고 싶다.

① 의미를 분명히 하기 위해 (가)의 '왕성한'을 '앙상한'으로 고친다.
② (나)는 글의 전개상 불필요한 내용이므로 삭제한다.
③ 자연스러운 연결을 위해 (다)의 '그리고'를 '그렇다면'으로 고친다.
④ 호응 관계를 고려하여 (라)는 '흙이 없거나'로 고친다.

11

> (가) 르네상스와 종교개혁을 거치면서 성립된 근대 계몽주의는 중세를 지배했던 신(神) 중심의 사고에서 벗어나 합리적 사유에 근거한 인간 해방을 추구하였다.
>
> (나) 하지만 이 같은 문명의 이면에는 환경 파괴와 물질만능주의, 인간소외와 같은 근대화의 병폐가 숨어 있었다.
>
> (다) 또한 계몽주의의 합리적 사고는 자연과학의 성립으로 이어졌으며, 우주와 자연에서 신비로운 요소를 걷어낸 과학 기술의 발전은 인류에게 그 어느 때보다 풍요로운 물질적 부를 가져왔다.
>
> (라) 인간의 무지로부터 비롯된 자연에 대한 공포가 종교적 세계관을 낳았지만, 계몽주의는 이성과 합리성을 통해 이를 극복하였다.

① (가) – (나) – (다) – (라) 　　② (가) – (다) – (나) – (라)
③ (라) – (가) – (나) – (다) 　　④ (라) – (가) – (다) – (나)

12

> (가) 공공재원 효율적 활용을 지향하기 위해 사회 생산성 기여를 위한 공간정책이 마련되어야 함과 동시에 주민복지의 거점으로서 기능을 해야 한다. 또한 도시체계에서 다양한 목적의 흐름을 발생, 집중시키는 노드로서 다기능·복합화를 실현하여 범위의 경제를 창출하여 이용자 편의성을 증대시키고, 공공재원의 효율적 활용에도 기여해야 한다.
>
> (나) 우리나라도 인구감소 시대에 본격적으로 진입할 가능성이 높아지고 있다. 이미 비수도권의 대다수 시·군에서는 인구가 급속하게 줄어왔으며, 수도권 내 상당수의 시·군에서도 인구정체가 나타나고 있다. 인구감소 시대에 접어들게 되면, 줄어드는 인구로 인해 고령화 및 과소화가 급속히 진전된 상태가 될 것이고, 그 결과 취약계층, 교통약자 등 주민의 복지수요가 늘어날 것이다.
>
> (다) 앞으로 공공재원의 효율적 활용, 주민복지의 최소 보장, 자원배분의 정의, 공유재의 사회적 가치 및 생산에 대해 관심을 기울여야 할 것이다. 또한 인구감소 시대에 대비하여 창조적 축소, 거점 간 또는 거점과 주변 간 네트워크화 등에 관한 논의, 그와 관련되는 국가와 지자체의 역할 분담 그리고 이해관계 주체의 연대, 참여, 결속에 관한 논의가 계속적으로 다루어져야 할 것이다.
>
> (라) 이러한 상황에서는 공공재원을 확보, 확충하기가 어렵게 되므로 재원의 효율적 활용 요구가 높아질 것이다. 실제로 현재 인구 감소에 따른 과소화, 고령화가 빠르게 전개되어온 지역에서 공공서비스 공급에 제약을 받고 있으며, 비용 효율성을 높여야 한다는 과제에 직면해 있다.

① (가) – (다) – (나) – (라) 　　② (가) – (라) – (나) – (다)
③ (나) – (가) – (라) – (다) 　　④ (나) – (라) – (가) – (다)

『서경』의 「홍범(洪範)」 편에 "치우침이 없고 사사로움이 없으면 왕도가 넓고 평평할 것이며, 어긋남이 없고 기울어
짐이 없으면 왕도가 정직할 것이니, 그렇게 되면 모든 정사가 중앙으로 모여 공명정대한 데로 돌아가리라."라고 하였
다. 이처럼 극(極)을 세운 도는 마침내 탕평(蕩平)으로 돌아가게 되는데, 탕평의 요점은 한쪽으로의 치우침과 사사로
운 마음을 막는 것보다 더 좋은 것이 없다는 것이다. 그러므로 치우치고 사사롭게 하면 어긋나고 기울어지게 되며,
넓고 공평하게 하면 바르고 곧게 될 것이다.

중등 이상의 사람은 말로써 그 잘못을 깨우칠 수 있으나, 중등 이하의 사람은 그 잘못을 고치기 위해서 말이 아니라
이로움으로 인도하는 것이 중요하다. 그렇게 하지 않으면 끝내 그 말을 듣고 기뻐하기만 하고 그 뜻을 되새기지 않을
것이며, 그 말을 따르기만 하고 정작 자신의 잘못을 고치지 않을 것이다.

이로운 것을 좇고 해로운 것을 피하는 것은 사람들의 똑같은 마음이다. 연(燕)나라 사람과 월(越)나라 사람이 배를
함께 탔을 때, 성품도 다르고 기질도 다르지만 풍랑을 막는 데에서는 지혜와 힘을 기울임이 한결같으니, 이는 이해
(利害)가 같기 때문이다. 부부가 한집에 사는데 씨족도 다르고 습속도 다르지만 살림을 하는 데에서는 다른 마음이
나 생각을 갖지 않으니, 이 또한 이해가 같기 때문이다. 조정에 있는 대소의 관원들이 한마음 한뜻으로 단결하여,
연나라 사람과 월나라 사람이 배를 함께 타고, 부부가 한집에서 살림하는 것처럼 한다면 탕평이 이룩될 것이다. 그러
나 한쪽은 총애하고 한쪽은 소홀히 하여 한쪽은 즐겁고 한쪽은 괴로우며, 부귀와 빈천의 간격을 고르게 하지 못하고
서 한갓 빈말로 타이르고 실상이 없는 꾸지람을 하는 데 구구하게 힘을 허비하면서, 자기 몸에 절실한 이해를 버리고
남의 권유를 따르라고만 한다면 탕평이 어려울 것이다. 이로 보아 「홍범」에서 ㉠"임금이 극(極)을 세운다."라고 말
한 의미를 짐작할 수 있다.

당나라·송나라 때에는 과거 시험을 널리 베풀어 인재 선발이 빈번하였다. 따라서 영화와 총애를 바라는 데 급급해
하는 것이 그 시대의 도도한 흐름이었다. 이로운 데로 나아가는 구멍은 하나뿐인데 백 사람이 뚫고 들어가려 하니,
어떻게 은혜를 널리 베풀어 원망을 없게 할 수 있겠는가? 등용하고 물리침에 극(極)이 바로 서지 못하면 왕도(王道)
는 이루어지지 않는다.

당쟁의 화는 대체로 과거 시험을 자주 베풀어 사람을 너무 많이 뽑았기 때문이다. 그러한 줄 알았으면 오늘부터라도
사람 뽑는 것을 점차 줄여야 한다. 국가에 경사(慶事)가 자주 있는데, 그럴 때마다 반드시 과거 시험을 실시한다.
과거(科擧)와 경사가 무슨 상관이 있단 말인가? 과거 시험에 합격하는 자는 몇 사람일 뿐 수많은 사람이 눈물을 흘리
는데, 어찌 경사를 함께한다고 하겠는가? 더구나 과거 시험에 합격한 자는 모두 귀족이나 세도가의 자제들뿐, 사방
에서 모여든 한미(寒微)한 사람은 그 속에 들지 못하는 데 있어서랴?

— 이익, 『탕평(蕩平)』

13 윗글의 전개 방식으로 가장 적절한 것은?

① 구체적인 사례를 들어 독자의 이해를 돕는다.

② 특수한 현상에 대한 다양한 이론을 소개한다.

③ 제재를 하위 항목으로 나누어 체계적으로 전개한다.

④ 현상의 원인을 설명하고, 그것이 초래할 결과를 예측한다.

14 윗글의 핵심 논지를 고려할 때, ㉠의 의미를 가장 잘 이해한 것은?

① 절제하지 않으면 찻잔의 물이 흘러넘치듯이, 나라가 강성해지려면 임금이 지나친 욕심을 버리고 자제해야 한다는 의미라고 할 수 있다.

② 배를 풍랑에서 보호하려면 지혜를 모아야 하듯이, 나라를 내우외환으로부터 보호하려면 임금이 학문에 정진해야 한다는 의미라고 할 수 있다.

③ 기둥이 한쪽으로 기울어져 있으면 건물이 무너지듯이, 임금이 정사를 펼칠 때 치우침이 없어야 왕도가 바로 설 수 있다는 의미라고 할 수 있다.

④ 일정한 기준이 있어야 그림 조각을 짜 맞출 수 있듯이, 흩어진 왕도를 바로잡으려면 임금이 국가의 예법을 다시 세워야 한다는 의미라고 할 수 있다.

15

> 한 사회의 소득 분배가 얼마나 불평등한지는 일반적으로 '10분위 분배율'과 '로렌츠 곡선' 등의 척도로 측정된다. 10분위 분배율이란 하위 소득 계층 40%의 소득 점유율을 상위 소득 계층 20%의 소득 점유율로 나눈 비율을 말한다. 이 값은 한 사회의 소득 분배가 얼마나 불평등한지를 나타내는 지표가 되는데, 10분위 분배율의 값이 낮을수록 분배가 불평등함을 의미한다.
>
> 계층별 소득 분배를 측정하는 다른 지표로는 로렌츠 곡선을 들 수 있다. 로렌츠 곡선은 정사각형의 상자 안에 가로축에는 저소득 계층부터 고소득 계층까지를 차례대로 누적한 인구 비율을, 세로축에는 해당 계층 소득의 누적 점유율을 나타낸 그림이다. 만약 모든 사람들이 똑같은 소득을 얻고 있다면 로렌츠 곡선은 대각선과 일치하게 된다. 그러나 대부분의 경우 로렌츠 곡선은 대각선보다 오른쪽 아래에 있는 것이 보통이다. 일반적으로 로렌츠 곡선이 평평하여 대각선에 가까울수록 평등한 소득 분배를, 그리고 많이 구부러져 직각에 가까울수록 불평등한 소득 분배를 나타낸다.

① 10분위 분배율은 하위 소득 계층 40%와 상위 소득 계층 20%의 소득 점유율을 알아야 계산할 수 있다.

② 로렌츠 곡선과 대각선의 관계를 통해 소득 분배를 알 수 있다.

③ 로렌츠 곡선의 가로축을 보면 소득 누적 점유율을, 세로축을 보면 누적 인구 비율을 알 수 있다.

④ 하위 소득 계층 40%의 소득 점유율이 작고, 상위 소득 계층 20%의 소득 점유율이 클수록 분배가 불평등하다.

16

아무리 튤립이 귀하다 한들 알뿌리 하나의 값이 요즈음 돈으로 쳐서 45만 원이 넘는 수준까지 치솟을 수 있을까? 엄지손가락만한 크기의 메추리알 하나의 값이 달걀 한 꾸러미 값보다도 더 비싸질 수 있을까? 이 두 물음에 대한 대답은 모두 '그렇다.'이다.

역사책을 보면 1636년 네덜란드에서는 튤립 알뿌리 하나의 값이 정말로 그 수준으로 뛰어오른 적이 있었다. 그리고 그때를 기억하는 사람은 알겠지만, 실제로 1950년대 말 우리나라에서 한때 메추리알 값이 그렇게까지 비쌌던 적이 있었다.

어떤 상품의 가격은 기본적으로 수요와 공급의 힘에 의해 결정된다. 시장에 참여하고 있는 경제 주체들은 자신이 갖고 있는 정보를 기초로 하여 수요와 공급을 결정한다. 이들이 똑같은 정보를 함께 갖고 있으며 이 정보가 아주 틀린 것이 아닌 한, 상품의 가격은 어떤 기본적인 수준에서 크게 벗어나지 않을 것이라고 예상할 수 있다. 예를 들어 튤립 알뿌리 하나의 값은 수선화 알뿌리 하나의 값과 비슷하고, 메추리알 하나는 달걀 하나보다 더 쌀 것으로 짐작해도 무방하다는 말이다.

그러나 현실에서는 사람들이 서로 다른 정보를 갖고 시장에 참여하는 경우가 많다. 어떤 사람은 특정한 정보를 갖고 있는데 거래 상대방은 그 정보를 갖고 있지 못한 경우도 있다. 뿐만 아니라 거래에 참여하는 목적이나 재산 등의 측면에서 큰 차이가 존재하는 것이 보통이다. 이런 경우에는 어떤 상품의 가격이 우리의 상식으로는 도저히 이해하기 힘든 수준까지 일시적으로 뛰어오르는 현상이 나타날 가능성이 있다. 이런 현상은 특히 투기의 대상이 되는 자산의 경우에 자주 목격되는데, 우리는 이를 '거품(Bubbles)'이라고 부른다.

일반적으로 거품은 어떤 상품(특히 자산)의 가격이 지속적으로 급격히 상승하는 현상을 가리킨다. 이와 같은 지속적인 가격 상승이 일어나는 이유는 애초에 생긴 가격 상승이 추가적인 가격 상승의 기대로 이어져 투기 바람이 형성되기 때문이다. 어떤 상품의 가격이 올라 그것을 미리 사둔 사람이 재미를 보았다는 소문이 돌면 너도나도 사려고 달려들기 때문에 가격이 천정부지로 뛰어오르게 된다. 물론 이 같은 거품이 무한정 커질 수는 없고 언젠가는 터져 정상적인 상태로 돌아올 수밖에 없다. 이때 거품이 터지는 충격으로 인해 경제에 심각한 위기가 닥칠 수도 있다.

① 거품은 투기의 대상이 되는 자산에서 자주 일어난다.
② 거품이 터지면 경제에 심각한 위기를 초래할 수 있다.
③ 거래에 참여하는 사람의 목적이나 재산에 큰 차이가 없다면 거품이 일어날 수 있다.
④ 상품의 가격이 일반적인 상식으로는 이해되지 않는 수준까지 일시적으로 상승할 수도 있다.

2024년도 H은행 수시채용 최종합격자 안내사항

1. 채용일정

대상	등록일시	장소	주요 내용
최종합격자 등록	2024.08.22.(목) ~ 23.(금) 14:00 ~ 18:00	○○교육원 3층 회의실	• 최종합격자 등록 - 등록서류 확인
배치부서 통보 및 근로계약서 작성	2024.08.26.(월) 14:00 ~ 17:00(예정)	미정	• 구체적 일정은 미정 - 추후 문자 통보 예정

2. 유의사항

- 채용신체검사서(원본)는 추후 제출 가능
  - 발급일 당일 사본을 채용 담당자에게 제출할 것
  - 채용신체검사서는 합격, 불합격 등으로 판정이 있어야 함
- 보건증(사본)은 추후 제출 가능
  - 등록 마감일로부터 3주 이내에 보건증 사본 1부를 채용 담당자에게 제출(원본지참 필)
  - 미소지자는 즉시 보건증 발급 검사를 받기 바람
- 2024.08.26.(월) 배치부서 통보 및 근로계약서 작성 예정
  - 지정된 시간 내에 근로계약서 작성을 위해 채용 담당부서를 방문하여야 함
  - 위 일정은 예정이며, 정확한 일시 및 장소는 추후 문자 통보 예정

17 윗글을 확인한 지원자가 문의할 수 있는 내용으로 적절하지 않은 것은?

① 채용신체검사서 원본을 우편으로 발송해도 되나요?

② 근로계약서 작성은 언제부터 하나요?

③ 예전에 발급받았던 보건증을 제출해도 되나요?

④ 근로계약서 작성 일자를 변경할 수 있나요?

18 다음 중 최종합격자가 해당 안내를 받은 후에 진행하는 절차로 적절하지 않은 것은?

① 보건증 제출 → 신체검사서 제출 → 최종합격자 등록

② 최종합격자 등록 → 보건증 제출 → 근로계약서 작성

③ 근로계약서 작성 → 최종합격자 등록 → 신체검사서 제출

④ 신체검사서 제출 → 보건증 제출 → 최종합격자 등록

19 다음 글의 제목으로 가장 적절한 것은?

사전적 정의에 의하면 재즈는 20세기 초반 미국 뉴올리언스의 흑인 문화 속에서 발아한 후 미국을 대표하는 음악 스타일이자 문화가 된 음악 장르이다. 서아프리카의 흑인 민속음악이 18세기 후반과 19세기 초반의 대중적이고 가벼운 유럽의 클래식 음악과 만나서 탄생한 것이 재즈이다. 그러나 이 정도의 정의로 재즈의 전모를 밝히기에는 역부족이다. 이미 재즈가 미국을 넘어 전 세계에서 즐겨 연주되고 있으며 그 기법 역시 트레이드 마크였던 스윙(Swing)에서 많이 벗어났기 때문이다.

한편 재즈 역사가들은 재즈를 음악을 넘어선 하나의 이상이라고 이야기한다. 그 이상이란 삶 속에서 우러나온 경험과 감정을 담고자 하는 인간의 열정적인 마음이다. 여기에서 영감을 얻은 재즈 작곡가나 연주자는 즉자적으로 곡을 작곡하고 연주해 왔으며, 그러한 그들의 의지가 바로 다사다난한 인생을 관통하여 재즈에 담겨 있다. 초기의 재즈가 미국 흑인들의 한과 고통을 담아낸 흔적이자 역사 그 자체인 점이 이를 증명한다. 억압된 자유를 되찾으려는 그들의 저항 의식은 아름답게 정제된 기존의 클래식 음악의 틀 안에서는 온전하게 표출될 수 없었다. 불규칙적으로 전개되는 과감한 불협화음, 줄곧 어긋나는 듯한 리듬, 정제되지 않은 멜로디, 이들의 총합으로 유발되는 긴장감과 카타르시스……. 당시 재즈 사운드는 충격 그 자체였다. 그렇지만 현 시점에서 이러한 기법과 형식을 담고 있는 장르는 넘쳐날 정도로 많아졌고, 클래식 역시 아방가르드(Avantgarde)라는 새로운 영역을 개척한 지 오래이다. 그러므로 앞에서 언급한 스타일과 이를 가능하게 했던 이상은 더 이상 재즈만의 전유물이라 할 수 없다.

켄 번스(Ken Burns)의 영화 '재즈(Jazz)'에서 윈튼 마살리스(Wynton Marsalis)는 "재즈의 진정한 힘은 사람들이 모여서 즉흥적인 예술을 만들고 자신들의 예술적 주장을 타협해 나가는 것에서 나온다. 이러한 과정 자체가 곧 재즈라는 예술 행위이다."라고 말한다. 그렇다면 우리의 일상을 곧 재즈 연주에 견줄 수 있다. 출생과 동시에 우리는 다른 사람들과 관계를 맺으며 살아간다. 물론 자신과 타인은 호불호나 삶의 가치관이 제각각일 수밖에 없다. 따라서 자신과 타인의 차이가 옳고 그름의 차원이 아닌 '다름'임을 알아가는 것 그리고 그러한 차이를 인정하고 그 속에서 서로 이해하고 배려하려는 노력이 필요하다. 이렇듯 자신과 다른 사람이 함께 '공통의 행복'을 만들어 간다면 우리 역시 바로 '재즈'라는 위대한 예술을 구현하고 있는 것이다.

① 재즈와 클래식의 차이
② 재즈의 기원과 본질
③ 재즈의 장르적 우월성
④ 재즈와 인생의 유사성과 차이점

20 다음 중 밑줄 친 ⊙의 논리적 전제로 볼 수 없는 것은?

새로이 탄생한 예술 장르는 대부분 선대(先代)의 유사 장르를 갖게 되기 마련이다. 회화는 프레스코와 모자이크 양식에서, 조각은 건축 양식의 한 형식에서 비롯되었으며, 영화는 연극의 연장된 형태로 시작되었다. 그렇다면 비디오아트(Video-Art)의 선대 양식은 어디서 찾을 수 있을까? ⊙ <u>비디오아트는 탄생 시기로 보아 아직 무어라 규정지을 수 없기 때문에 비디오아트의 물리적·미학적 특성을 살펴보는 것은 선대 예술 양식과의 관계를 이해하고 비디오아트의 예술적 독자성(獨自性)을 정립하는 데 유용한 준거를 마련할 수 있을 것이다.</u> 비디오아트의 대표적인 미학적 특징을 거론할 때 첫 번째로 언급되는 것은 '비디오아트는 나르시시즘의 예술'이라는 것이다. 비디오아트에 있어서 카메라의 위치는 정적(靜的)이다. 그 이유는 예술가가 행위자 역할을 동시에 해야 하기 때문에 설치물에 카메라를 고정시켜 놓는 것이 일반적이기 때문이다. 이때 카메라에 포착된 관람객이나 예술가 자신은 거의 동시에 TV 모니터에 나타나게 된다.

비디오 모니터를 '전자적 거울'이라고 부르는 이유도 바로 이런 이유 때문이다. 이때 관람객 혹은 예술가 자신은 감상의 주체이자 객체라는 독특한 위치에 놓이게 된다. 마치 미소년 나르시스가 물 위에 비친 자신의 모습을 신기한 듯이 넋 놓고 감상했던 것처럼 말이다. 이때의 관람객·예술가는 전자적 거울인 TV 모니터에 동시에 나타나는 자신의 모습을 보면서 관음증(觀淫症)과 자기 과시를 경험하게 되는 동시에 나르시스가 그랬던 것처럼 자신의 신체적 이미지에 대해 자기애인적인 동일시의 감정을 갖게 된다. 즉, 외부 물체나 다른 사람으로 향하는 주의를 억제하여 이를 자아 속에 투여하는 것으로, 프로이트의 표현을 빌리자면 '대상에 대한 애욕을 포기하여 대상적 애욕을 자기 애욕으로 전환시키는 상황'인 나르시시즘의 구체적 상황으로 나타나게 된다.

① 비디오아트도 다른 양식과 관계가 있을 수 있다.
② 비디오아트와 선대 양식의 영향 관계가 아직 밝혀지지 않았다.
③ 비디오아트의 예술적 독자성은 아직 정립되지 않았다.
④ 비디오아트의 미학적·물리적 특성은 말할 수 없다.

눈 뜨면 새롭게 등장하는 신기술, 철마다 다른 옷을 갈아 입어야 하는 패션, 트렌디한 라이프스타일에 대한 강박 등이 조금 오래되고 유행에 뒤처진 물건을, 생활을 못 견디게 만들고 있는 것이다. 버리기 열풍은 바로 이 지점을 건드린다. 삶을 홀가분하게 바꾸어준다는 철학으로 포장하여 너도 나도 낡고 오래되고 눈에 익지 않은 것들을 정리하게 한다. 본질은 버린 후에야 발견된다. 실컷 버리고 나면 다시 요요현상이 일어난다. 나도 모르게 슬그머니 숨어 있던 구매욕구가 재등장하게 되는 것이다. 이때는 가장 트렌디하고 나에게 꼭 필요한 것 같고 더 이상 방치해두지는 않을 것 같은 물건을 산다. 그러나 안타깝게도 모든 물건은 시간이 지나면 낡고 변색되고 더 이상 관심을 받지 못하게 된다. 트렌드 코리아에서 이런 현상을 바이바이 센세이션으로 명명했다. 갑작스럽게 이런 트렌드가 시작된 이유는 무엇일까? 태어나 한 번도 결핍을 경험해보지 못했던 세대의 특성 때문이다.

일단 쌓아두고 쓰지 않았던, 있는지도 모르고 공간만을 차지했던 물건들을 치우기 시작했다. 어차피 유행에도 뒤떨어진 물건들이었으니 버리기도 쉬웠으리라. 그 다음 행보는 사람마다 달랐다. 어떤 이는 빼낸 물건 자리를 아쉬워하며 새로운 구매 목록들을 찾았다. 대신 이번에는 쌓아두고 쓰지 않는 명품 말고 B급이라도 맛있게 쓰고 빨리 처리할 물건으로 구매했다. 이렇게 성장하게 된 것이 바로 인스턴트 소비 산업이다. 자라, H&M, 유니클로 등의 패스트패션, 이케아, 모던하우스, 자주 등의 패스트가구 및 생활용품들이 좋은 예이다. 또 한 무리는 공유 소비를 시작했다. 성공은 곧 소유였던 과거의 사고방식에서 벗어나 모든 것을 빌려 쓰고 나눠 쓰고 공유하는 쪽으로 소비 패턴을 바꾸었다. 동시에 시장에서는 공기청정기니 집이니 자동차니 하는 고가의 물건들을 렌탈, 리스, 공유해서 사용하는 서비스들도 늘었다. 혹자는 이것을 삶의 클라우드화로 말하기도 한다. 마지막으로 등장한 부류는 물건의 소비를 경험의 소비로 바꾼 사람들이다. 물건을 버리고 정신을 사는 사람들, 이들은 물건을 비워낸 공간에 경험과 정신, 추억을 쌓기 위해 노력한다. 추구하는 것은 역시 정신적 만족이다. 새로운 것을 배운다거나 여행을 떠난다든가 하면서 삶의 경험치를 늘려가는 것을 최고의 선으로 생각한다.

무엇이 옳다 말할 수는 없다. 버리고 또 사든, 공유해서 쓰든, 경험으로 대체하든, 공통점은 무엇보다 잘 버리는 것이 선제되어야 한다는 것이다. 일단 버리는 기준을 잘 만들어보자. 곤도 마리에는 버리는 순서를 옷 → 책 → 서류 → 소품 → 추억의 물건으로 소개했다. 버리기를 시작하기 전에는 내가 가지고 있는 물건이 얼마나 있는지 파악해야 한다. 그 후 품목별로 늘어놓고 적절한 선택을 하는 것이 좋다. 물건을 잘 비워냈다면 다음은 잘 채우는 것이다. 비워둔 공간에 채울 물건들은 숙고를 거친 후 다시 사야 한다. 힘들게 버림으로써 얻어진 여유와 여백을 너무 쉽게 포기해서는 안 된다. 이 시점에서는 공유 소비와 경험 소비를 한번쯤 고려해보기 바란다. BYE와 BUY의 기묘한 샅바싸움이 벌어지는 오늘날 삶의 여백을 확보하느냐, 새로운 물건의 바다에 다시 빠지느냐는 결국 나의 선택이다.

21 윗글의 전개 방식으로 적절하지 않은 것은?

① 질문을 던져 독자의 궁금증을 유발하였다.
② 행동별로 분류하여 각 집단의 특징을 설명하였다.
③ 한 집단을 기준으로 옳고 그름을 나누었다.
④ 동음이의어를 이용해 글의 핵심을 표현하였다.

22 윗글의 내용으로 적절하지 않은 것은?

① 바이바이 센세이션은 결핍을 경험해보지 못했던 세대의 특성으로 등장하였다.
② 물건의 소비를 경험의 소비로 바꾼 사람들은 육체적 만족을 통해 삶의 경험치를 늘리고자 한다.
③ 인스턴트 소비 산업은 적당한 질의 상품을 저렴한 가격으로 빠르게 판매하는 것이다.
④ 버린 후 새로운 물건을 구입하기 전에 공유 소비와 경험 소비를 고려해보는 것이 좋다.

23 현민이와 형빈이가 둘레의 길이가 1.5km인 공원 산책길을 걷고자 한다. 같은 출발점에서 동시에 출발하여 서로 반대 방향으로 걷기로 하였다. 현민이는 매분 60m, 형빈이는 매분 90m의 속력으로 걸을 때, 두 사람이 만나는 것은 출발한 지 몇 분 후인가?

① 10분 후   ② 9분 후

③ 7분 후   ④ 5분 후

24 A, B, C 세 사람이 가위바위보를 한 번 할 때, A만 이길 확률은?

① $\frac{1}{3}$ ② $\frac{1}{5}$

③ $\frac{1}{7}$ ④ $\frac{1}{9}$

25 A사원이 혼자서 작업을 하면 24일이 걸리는 업무가 있다. 이 업무를 B사원이 혼자서 작업하면 120일이 걸리며, C사원이 혼자서 작업하면 20일이 걸린다. 세 사람이 함께 업무를 진행할 때 소요되는 기간은?

① 6일   ② 10일

③ 12일   ④ 20일

26 기태는 H은행의 적금 상품에 가입하여 2022년 1월부터 2025년 4월까지 매월 초에 일정한 금액을 적립한 후 2025년 4월 말에 2,211만 원을 지급받기로 하였다. 적금은 월이율 0.5%의 복리 상품일 때, 기태가 매월 적립해야 하는 금액은 얼마인가?(단, $1.005^{40}=1.22$로 계산한다)

① 35만 원   ② 40만 원

③ 45만 원   ④ 50만 원

27 40%의 소금물 100g에 물 60g을 넣었을 때 농도는 몇 %인가?

① 20%   ② 21%

③ 23%   ④ 25%

28 소희와 예성이가 자전거로 하이킹을 하였다. 소희가 먼저 시속 30km의 속력으로 출발하고 12분 후 같은 경로로 예성이가 뒤따라 출발하였다고 한다. 예성이가 출발한 지 20분 후 소희를 만났다면 예성이의 분당 속력은?

① 680m/min   ② 720m/min

③ 760m/min   ④ 800m/min

29 H은행에 방문한 은경이는 목돈 5,000만 원을 정기 예금에 맡기려고 한다. 은경이가 고른 상품은 월단리 예금 상품으로 월이율 0.6%이며, 기간은 15개월이다. 은경이가 이 상품에 가입할 경우 만기 시 받는 이자는 얼마인가?(단, 정기 예금은 만기일시지급식이다)

① 4,500,000원

② 5,000,000원

③ 5,500,000원

④ 6,000,000원

30 농도가 14%로 오염된 물 50g이 있다. 깨끗한 물을 채워서 오염농도를 4%p 줄이려고 한다. 이때 깨끗한 물을 얼마나 넣어야 하는가?

① 5g

② 10g

③ 15g

④ 20g

31 핸드폰에 찍힌 지문을 통해 비밀번호를 유추하려고 한다. 핸드폰 화면의 1, 2, 5, 8, 9번 위치에 지문이 찍혀 있었으며 면밀히 조사한 결과 지움 버튼에서도 지문이 발견되었다. 핸드폰 비밀번호는 네 자릿수이며, 비밀번호 힌트로 가장 작은 수는 맨 앞이고, 가장 큰 수는 맨 뒤라는 것을 알았다. 최소 몇 번의 시도를 하면 비밀번호를 반드시 찾을 수 있는가?

① 8번

② 10번

③ 12번

④ 24번

32 H은행에 100만 원을 맡기면 다음 달에 104만 원을 받을 수 있다. 이번 달에 50만 원을 입금하여 다음 달에 30만 원을 출금했다면 그 다음 달에 찾을 수 있는 최대 금액은 얼마인가?

① 218,800원　　　　　　　　　　　　② 228,800원

③ 238,800원　　　　　　　　　　　　④ 248,800원

33 A씨는 기간제로 6년을 일하였고, 시간제로 6개월을 근무하였다. 다음과 같은 연차 계산법을 활용할 때 A씨의 연차는 며칠인가?(단, 모든 계산은 소수점 첫째 자리에서 올림한다)

〈연차 계산법〉
• 기간제 : [(근무 연수)×(연간 근무 일수)]÷365×15
• 시간제 : (근무 총시간)÷365
※ 단, 1개월 30일, 1년 365일, 1일 8시간 근무로 계산한다.

① 86일　　　　　　　　　　　　② 88일

③ 92일　　　　　　　　　　　　④ 94일

34 A씨는 H은행의 적금 상품에 가입하려고 한다. 가입 가능한 상품의 정보가 다음과 같을 때, 스타 적금과 부자 적금의 만기환급금의 차이는?(단, 큰 금액에서 작은 금액을 차한다)

〈상품 정보〉	
스타 적금	부자 적금
• 가입기간 : 40개월	• 가입기간 : 48개월
• 가입금액 : 매월 초 400,000원 납입	• 가입금액 : 매월 초 300,000원 납입
• 적용금리 : 연 3.0%	• 적용금리 : 연 3.0%
• 이자지급방식 : 만기일시지급, 단리식	• 이자지급방식 : 만기일시지급, 연복리식

※ $(1.03)^{\frac{1}{12}}=1.002$, $(1.03)^{\frac{49}{12}}=1.128$

① 2,080,000원　　　　　　　　　　　　② 2,100,000원

③ 2,162,000원　　　　　　　　　　　　④ 2,280,000원

※ 다음은 H은행 신용대출 상품에 대한 자료이다. 이어지는 질문에 답하시오. [35~36]

〈H은행 신용대출 상품〉

- 개요 : H은행 주거래 고객이면 소득서류 제출 없이 신청 가능한 신용대출 상품
- 특징 : 소득이 없는 가정주부도 H은행의 주거래 고객이면 신청 가능
- 대출한도금액 : 최소 3백만 원 ~ 최대 1천만 원
- 기간 : 2년
- 기본금리
  - 기준금리 : 3개월 KORIBOR 금리
  - 가산금리 : 영업점 취급 시 연 2.8%p, 비대면 취급 시 : 연 2.6%p
- 우대금리 : 최대 연 1%p
  - 신용카드 사용 : 연 0.4%p
  - 매월 납입하는 적립식 상품 : 연 0.3%p
  - 제세공과금 / 관리비 자동이체 : 연 0.5%p
- 상환방법 : 만기일시상환 / 원금균등상환
- 고객부담비용 : 없음
- 중도상환해약금
  - 대출취급 후 1년 초과 상환 시 : 면제
  - 대출취급 후 1년 이내 상환 시 : (중도상환금액)×0.7%×[(만기까지 남아있는 기간)÷(대출기간)]
  - ※ 단, 대출 만기일 1개월 이내에 상환할 경우 중도상환해약금 면제
- 유의사항 : 대출금의 상환 또는 이자납입일이 지연될 경우 연체이율이 적용되며, 신용정보관리대상 등재, 예금 등 채권과의 상계 및 법적절차 등 불이익을 받으실 수 있습니다.

---

35 A고객은 급하게 돈이 필요하여 H은행 신용대출 상품에 가입하고자 한다. A고객의 상황이 다음과 같을 때 대출이자는 총 얼마인가?(단, 3개월 KORIBOR 금리는 연 1.4%이며, 고객 A는 전화로 신청하고 있다)

> 저는 H은행이 주거래 은행이고 이 신용대출 상품을 신청하고 싶어요. 대출은 한도금액까지 할 거고요. H은행의 신용카드도 사용하고 있어요. 현재 H은행 적금 상품에 가입하여 매달 20만 원씩 넣고 있고, 아파트 관리비도 H은행 계좌에서 자동이체되고 있어요. 대출금은 만기 때 한 번에 상환하겠습니다.

① 250,000원
② 450,000원
③ 600,000원
④ 775,000원

36 35번의 A고객이 목돈이 생겨서 대출취급 후 1년이 되던 날 대출금을 모두 상환하고자 한다. 중도상환해약금은 얼마인가?

① 0원
② 17,500원
③ 25,000원
④ 35,000원

37 출장 준비를 하는 김과장은 출장지의 숙소를 선택하기 위해 선택지수를 사용하였다. 다음 숙소별 숙박일과 요금 자료를 기준으로 선택지수를 계산할 때, 비용이 가장 적은 곳은?(단, 선택지수는 2,500,000 이상이어야 한다)

<표: 숙소별 숙박일과 요금>

구분	유형	숙박일	요금/일
A숙소	고급호텔	4일	200,000원
B숙소	관광호텔	4일	80,000원
C숙소	일반모텔	3일	50,000원
D숙소	민박	4일	40,000원

※ (선택지수)=(숙박일)×1,000,000×0.7+(요금/일)×0.8

① A숙소   ② B숙소
③ C숙소   ④ D숙소

38 다음은 2014 ~ 2023년 주택전세가격 동향에 대한 자료이다. 이에 대한 해석으로 적절하지 않은 것은?

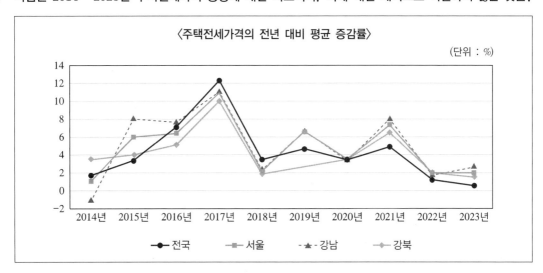

〈주택전세가격의 전년 대비 평균 증감률〉
(단위 : %)

① 전국 주택전세가격은 2014년부터 2023년까지 매년 증가하고 있다.
② 2017년 강북 지역의 주택전세가격은 2015년과 비교해 20% 이상 증가했다.
③ 2020년 이후 서울의 주택전세가격 증가율은 전국 평균 증가율보다 높다.
④ 강남 지역 주택전세가격의 전년 대비 증가율이 가장 높은 시기는 2017년이다.

39 경현이는 취업준비를 위해 6번의 영어 시험을 치렀다. 경현이의 영어 성적 분포가 다음과 같을 때, 전체 평균점수보다 높았던 적은 몇 번인가?

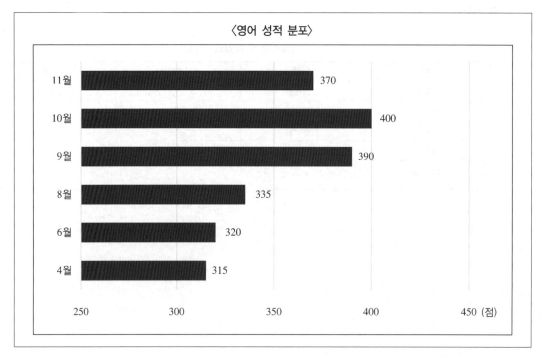

① 2번　　　　　　　　　　　② 3번
③ 4번　　　　　　　　　　　④ 5번

※ 다음은 2023년 온라인 쇼핑몰 상품별 거래액을 나타낸 자료이다. 이어지는 질문에 답하시오. **[40~42]**

〈2023년 온라인 쇼핑몰 상품별 거래액〉

(단위 : 백만 원)

구분		5월	6월	7월	8월
전자통신기기	인터넷 쇼핑	591,722	500,919	547,533	534,823
	모바일 쇼핑	726,711	705,056	720,752	710,497
생활용품	인터넷 쇼핑	288,386	260,158	274,893	278,781
	모바일 쇼핑	546,062	524,686	542,328	561,756
애완용품	인터넷 쇼핑	25,089	23,061	23,360	23,399
	모바일 쇼핑	54,457	56,766	55,663	55,267
여행 및 교통 서비스	인터넷 쇼핑	560,585	558,231	610,736	566,972
	모바일 쇼핑	855,011	848,815	967,871	1,017,259
음식 서비스	인터넷 쇼핑	47,926	49,389	52,054	56,282
	모바일 쇼핑	697,133	726,974	777,791	858,946

40 2023년 5 ~ 8월까지 생활용품의 인터넷 쇼핑 거래액의 총합은 얼마인가?(단, 억 원 단위 미만은 버림한다)

① 약 10,822억 원

② 약 10,922억 원

③ 약 11,002억 원

④ 약 11,022억 원

41 7월 중 모바일 쇼핑 거래액이 가장 높은 상품의 8월 인터넷 쇼핑과 모바일 쇼핑의 거래 차액은 얼마인가?

① 430,593백만 원

② 450,287백만 원

③ 470,782백만 원

④ 490,614백만 원

42 다음 중 자료에 대한 해석으로 옳은 것은?

① 5 ~ 8월 동안 모든 상품은 인터넷 쇼핑 거래액이 모바일 쇼핑 거래액보다 크다.

② 5 ~ 8월 동안 모바일 쇼핑 거래액이 가장 낮은 상품은 애완용품이다.

③ 6월부터 모든 상품의 전월 대비 인터넷 쇼핑 거래액은 증가하는 추세이다.

④ 5월 대비 7월 모바일 쇼핑 거래액이 증가한 상품은 두 가지이다.

〈종이책 독서 현황〉

(단위 : %)

구분		사례 수(명)	읽음	읽지 않음
전체		6,000	59.9	40.1
성별	남성	2,988	58.2	41.8
	여성	3,012	61.5	38.5
연령별	20대	1,070	73.5	26.5
	30대	1,071	68.9	31.1
	40대	1,218	61.9	38.1
	50대	1,190	52.2	47.8
	60대 이상	1,451	47.8	52.2

※ '읽음'과 '읽지 않음'의 비율은 소수점 둘째 자리에서 반올림한 값이다.

43 다음 중 자료에 대한 설명으로 옳지 않은 것은?(단, 인원은 소수점 첫째 자리에서 반올림한다)

① 모든 연령대에서 '읽음'의 비율이 '읽지 않음'의 비율보다 높다.

② 여성이 남성보다 종이책 독서를 하는 비율이 3%p 이상 높다.

③ 사례 수가 가장 적은 연령대의 '읽지 않음'을 선택한 인원은 250명 이상이다.

④ 40대의 '읽음'과 '읽지 않음'을 선택한 인원의 차이는 약 290명이다.

44 여성과 남성의 사례 수가 각각 3,000명이라면 '읽음'을 선택한 여성과 남성의 인원은 총 몇 명인가?

① 3,150명

② 3,377명

③ 3,591명

④ 3,782명

※ 다음은 2023년 국가별 교통서비스 수입 현황을 나타낸 자료이다. 이어지는 질문에 답하시오. **[45~46]**

〈국가별 교통서비스 수입 현황〉

(단위 : 백만 달러)

구분	합계	해상	항공	기타
한국	31,571	25,160	5,635	776
인도	77,256	63,835	13,163	258
터키	10,157	5,632	4,003	522
멕시코	14,686	8,550	6,136	–
미국	94,344	36,246	53,830	4,268
브라질	14,904	9,633	4,966	305
이탈리아	26,574	7,598	10,295	8,681

45 다음 중 해상 교통서비스 수입액이 많은 국가부터 차례대로 나열한 것은?

① 인도 – 미국 – 한국 – 브라질 – 멕시코 – 이탈리아 – 터키
② 인도 – 미국 – 한국 – 멕시코 – 브라질 – 터키 – 이탈리아
③ 인도 – 한국 – 미국 – 브라질 – 멕시코 – 이탈리아 – 터키
④ 인도 – 미국 – 한국 – 브라질 – 이탈리아 – 터키 – 멕시코

46 다음 중 자료에 대한 설명으로 옳지 않은 것은?

① 터키의 교통서비스 수입에서 항공 수입이 차지하는 비중은 45% 미만이다.
② 전체 교통서비스 수입액이 첫 번째와 두 번째로 높은 국가의 차이는 17,088백만 달러이다.
③ 해상 교통서비스 수입보다 항공 교통서비스 수입이 더 높은 국가는 미국과 터키이다.
④ 멕시코는 해상과 항공 교통서비스만 수입하였다.

〈차량기지 견학 안전체험 건수 및 인원 현황〉

(단위 : 건, 명)

구분	2019년		2020년		2021년		2022년		2023년		합계	
	건수	인원	건수	인원	건수	인원	건수	인원	건수	인원	건수	인원
고덕	24	611	36	897	33	633	21	436	17	321	131	2,898
도봉	30	644	31	761	24	432	28	566	25	336	138	2,739
방화	64	1,009	(나)	978	51	978	(라)	404	29	525	246	3,894
신내	49	692	49	512	31	388	17	180	25	385	171	2,157
천왕	68	(가)	25	603	32	642	30	566	29	529	184	3,206
모란	37	766	27	643	31	561	20	338	22	312	137	2,620
합계	272	4,588	241	4,394	(다)	3,634	145	2,490	147	2,408	1,007	17,514

47 다음 중 빈칸 안에 들어갈 수치가 바르게 연결된 것은?

① (가) – 846　　　　　　　　　② (나) – 75

③ (다) – 213　　　　　　　　　④ (라) – 29

48 다음 〈보기〉의 설명 중 옳은 것을 모두 고르면?

─────〈보기〉─────

㉠ 방화 차량기지의 안전체험 건수는 2020년부터 2023년까지 전년 대비 매년 감소하였다.

㉡ 2021년 고덕 차량기지의 안전체험 건수 대비 인원수는 도봉 차량기지의 안전체험 건수 대비 인원수보다 크다.

㉢ 2020년부터 2022년까지 고덕 차량기지의 전년 대비 안전체험 건수와 인원수의 증감 추이는 동일하다.

㉣ 신내 차량기지의 안전체험 인원수는 2023년에 2019년 대비 50% 이상 감소하였다.

① ㉠, ㉡　　　　　　　　　② ㉠, ㉢

③ ㉡, ㉢　　　　　　　　　④ ㉢, ㉣

49 다음 명제가 모두 참일 때 반드시 참인 것은?

> • 어떤 꽃은 향기롭다.
> • 향기로운 꽃은 주위에 나비가 많다.
> • 주위에 나비가 많은 모든 꽃은 아카시아이다.

① 주위에 나비가 없는 꽃은 아카시아이다.

② 어떤 꽃은 아카시아이다.

③ 주위에 나비가 많은 꽃은 향기롭다.

④ 어떤 꽃은 나비가 많지 않다.

50 다음 명제가 모두 참일 때 옳지 않은 것은?

> • 비가 많이 내리면 습도가 높아진다.
> • 겨울보다 여름에 비가 더 많이 내린다.
> • 습도가 높으면 먼지가 잘 나지 않는다.
> • 습도가 높으면 정전기가 잘 일어나지 않는다.

① 겨울은 여름보다 습도가 낮다.

② 먼지는 여름이 겨울보다 잘 난다.

③ 비가 많이 오면 정전기가 잘 일어나지 않는다.

④ 정전기가 잘 일어나면 비가 적게 온 것이다.

51 다음 명제가 모두 참일 때 빈칸에 들어갈 명제로 옳은 것은?

> • 낡은 것을 버려야 새로운 것을 채울 수 있다.
> • _____
> • 새로운 것을 채우지 않는다면 더 많은 세계를 경험할 수 없다.

① 새로운 것을 채운다면 낡은 것을 버릴 수 있다.
② 낡은 것을 버리지 않는다면 새로운 것을 채울 수 없다.
③ 새로운 것을 채운다면 더 많은 세계를 경험할 수 있다.
④ 낡은 것을 버리지 않는다면 더 많은 세계를 경험할 수 없다.

52 남학생 A, B, C, D와 여학생 W, X, Y, Z 총 8명이 있다. 입사 시험을 본 뒤 이 8명의 점수를 알아보았더니, 남녀 모두 1명씩 짝을 이루어 동점을 받았다. 다음 〈조건〉에 따라 도출할 수 있는 결론으로 적절한 것은?

〈조건〉
> • 여학생 X는 남학생 B 또는 C와 동점이다.
> • 여학생 Y는 남학생 A 또는 B와 동점이다.
> • 여학생 Z는 남학생 A 또는 C와 동점이다.
> • 남학생 B는 여학생 W 또는 Y와 동점이다.

① 남학생 D와 여학생 W는 동점이다.
② 여학생 X와 남학생 B가 동점이다.
③ 여학생 Z와 남학생 C는 동점이다.
④ 여학생 Y는 남학생 A와 동점이다.

53 A ~ E는 부산에 가기 위해 서울역에서 저녁 7시에 출발하여 대전역과 울산역을 차례로 정차하는 부산행 KTX 열차를 타기로 했다. 이들 중 2명은 서울역에서 승차하였고, 다른 2명은 대전역에서, 나머지 1명은 울산역에서 각각 승차하였다. 다음 대화 내용에 따를 때 항상 옳은 것은?(단, 같은 역에서 승차한 경우 서로의 탑승 순서는 알 수 없다)

> • A : 나는 B보다 먼저 탔지만, C보다 먼저 탔는지는 알 수 없어.
> • B : 나는 C보다 늦게 탔어.
> • C : 나는 가장 마지막에 타지 않았어.
> • D : 나는 대전역에서 탔어.
> • E : 나는 내가 몇 번째로 탔는지 알 수 있어.

① A는 대전역에서 승차하였다.
② B는 C와 같은 역에서 승차하였다.
③ C와 D는 같은 역에서 승차하였다.
④ E는 울산역에서 승차하였다.

54 A ~ D는 H아파트 10층에 살고 있다. 다음 〈조건〉에 따를 때 옳지 않은 것은?

〈조건〉

• 아파트 10층의 구조는 다음과 같다.

계단	1001호	1002호	1003호	1004호	엘리베이터

• A는 엘리베이터보다 계단이 더 가까운 곳에 살고 있다.
• C와 D는 계단보다 엘리베이터에 더 가까운 곳에 살고 있다.
• D는 A 바로 옆에 살고 있다.

① D는 1003호에 살고 있다.
② A보다 계단이 가까운 곳에 살고 있는 사람은 B이다.
③ B가 살고 있는 곳에서 엘리베이터 쪽으로는 2명이 살고 있다.
④ 본인이 살고 있는 곳과 가장 가까운 이동 수단을 이용한다면 C는 엘리베이터를 이용할 것이다.

55 다음은 졸업이 임박한 회계학과 대학생 A가 자기 자신에 대한 SWOT을 분석한 결과이다. 빈칸 ㉠ ~ ㉣에 들어갈 내용으로 적절하지 않은 것은?

<table>
<tr><td colspan="2" align="center">〈SWOT 분석 결과〉</td></tr>
<tr><td align="center">강점(Strength)</td><td align="center">약점(Weakness)</td></tr>
<tr>
<td>
• 숫자 계산이 정확·신속함
• 꼼꼼하면서도 인내심이 강한 성격
• 집중력이 높고, 긍정적인 사고방식
• 동적인 일보다는 정적인 일을 잘함
• _____ ㉠ _____
</td>
<td>
• 내향적이며, 때로는 지나치게 소심한 경향
• 망설이다가 적절한 시기를 놓칠 때가 있음
• 타인과 쉽게 마음을 터놓고 친밀한 관계를 맺지 못함
• _____ ㉡ _____
</td>
</tr>
<tr><td align="center">기회(Opportunity)</td><td align="center">위협(Threat)</td></tr>
<tr>
<td>
• 자격증 소지자에게 매우 유리한 회계 분야 취업 시장
• _____ ㉢ _____
• 회계 부문은 총무·인사 등 비(非)회계 부문보다 경쟁률이 낮은 편
</td>
<td>
• _____ ㉣ _____
• 졸업 이후의 긴 공백기는 취업에 불리하게 작용함
• 졸업 전에 취업에 성공하지 못하면 장기 취준생이 되어 후배들과의 경쟁 불가피
</td>
</tr>
</table>

① ㉠ : 시간이 걸리더라도 맡겨진 일을 완벽하게 마무리하려는 성향

② ㉡ : 회계 분야 취업을 원하지만, 관련 국가자격증을 취득하지 못했음

③ ㉢ : 취업을 원하는 기업체들에서 회계 분야 인력 채용이 활발함

④ ㉣ : 남들이 보기에 사소한 사건으로 속을 끓일 때가 많음

56 H은행에서는 직원들에게 다양한 혜택이 있는 복지카드를 제공한다. 복지카드의 혜택사항과 B사원의 일과가 다음과 같을 때, ㉠ ~ ㉤ 중에서 복지카드로 혜택을 받을 수 없는 것을 모두 고르면?

〈복지카드 혜택사항〉

구분	세부내용
교통	대중교통(지하철, 버스) 3 ~ 7% 할인
의료	병원 5% 할인(동물병원 포함, 약국 제외)
쇼핑	의류, 가구, 도서 구입 시 5% 할인
영화	영화관 최대 6천 원 할인

〈B사원의 일과〉

B사원은 오늘 친구와 백화점에서 만나 쇼핑을 하기로 약속을 했다. 집에서 ㉠ 지하철을 타고 약 20분이 걸려 백화점에 도착한 B는 어머니 생신 선물로 ㉡ 화장품과 옷을 산 후, 동생의 이사 선물로 줄 ㉢ 침구류도 구매하였다. 쇼핑이 끝난 후 B는 ㉣ 버스를 타고 집에 돌아와 자신이 키우는 반려견의 예방접종을 위해 ㉤ 병원에 가서 진료를 받았다.

① ㉠, ㉡
② ㉡, ㉢
③ ㉡, ㉢, ㉣
④ ㉢, ㉣, ㉤

57 H사는 신제품의 품번을 다음과 같은 규칙에 따라 정한다. 제품에 설정된 임의의 영단어가 'INTELLECTUAL'이라면 이 제품의 품번으로 옳은 것은?

〈규칙〉
- 1단계 : 알파벳 A ~ Z를 숫자 1, 2, 3, …으로 변환하여 계산한다.
- 2단계 : 제품에 설정된 임의의 영단어를 숫자로 변환한 값의 합을 구한다.
- 3단계 : 임의의 영단어 속 자음의 합에서 모음의 합을 뺀 값의 절댓값을 구한다.
- 4단계 : 2단계와 3단계의 값을 더한 다음 4로 나누어 2단계의 값에 더한다.
- 5단계 : 4단계의 값이 정수가 아닐 경우에는 소수점 첫째 자리에서 버림한다.

① 120
② 140
③ 160
④ 180

〈H적금〉

- 가입대상
  만 40세 이상 개인 및 개인사업자(1인 1계좌)
- 가입기간
  12개월
- 가입금액
  매월 1 ~ 30만 원(단, 초입금은 10만 원 이상)
- 기본금리
  연 0.7%, 단리식
- 우대금리
  최대 연 0.3%p

우대조건	우대금리
가입 월부터 만기 전전월 말까지 급여 또는 연금이 2개월 이상 당행 계좌로 입금 시	0.2%p
비대면 채널(인터넷 / 스마트뱅킹)에서 가입	0.1%p

- 우대금리는 만기해지 시 적용(중도해지 시 미적용)
- 연금 : 4대 연금(국민연금 / 공무원연금 / 사학연금 / 군인연금), H은행 연금 및 기타연금(타행에서 입금되는 기타연금은 '연금' 문구가 포함된 경우 연금으로 인정)
- 세제혜택안내
  비과세종합저축으로 가입 가능(전 금융기관 통합한도 범위 내)
- 이자지급방법
  만기일시지급식
- 가입 / 해지 안내
  - 가입 : 영업점, 인터넷 / 스마트뱅킹에서 가능
  - 해지 : 영업점, 인터넷 / 스마트뱅킹에서 가능
- 추가적립
  자유적립식 상품으로 가입금액 한도 내 추가입금 가능
- 양도 및 담보 제공
  은행의 승인을 받은 경우 양도 및 질권설정 가능
- 원금 또는 이자 지급 제한
  계좌에 질권설정 및 법적 지급 제한이 등록될 경우 원금 및 이자 지급 제한

58 다음 〈보기〉에서 H적금에 대한 설명으로 옳은 것을 모두 고르면?

───────────〈보기〉───────────
ㄱ. 해당 적금은 비대면 채널을 통하여 판매되고 있다.
ㄴ. 은행에 신고하는 경우 해당 상품에 대해 질권설정이 가능하다.
ㄷ. 타행의 연금에 가입한 경우에도 만기 전전월 말 이전의 가입 기간 중 2개월 이상 연금이 당행 계좌로 입금
된다면 우대금리를 적용받을 수 있다.
ㄹ. 중도에 해지하더라도 요건을 충족하는 항목에 대하여는 우대금리를 적용받을 수 있다.

① ㄱ, ㄴ   ② ㄱ, ㄷ
③ ㄴ, ㄷ   ④ ㄷ, ㄹ

59 최과장은 H적금에 가입하였다. 최과장에 대한 정보가 다음과 같을 때, 최과장이 만기에 수령할 원리금을 구하면?(단, 이자 소득에 대한 세금은 고려하지 않는다)

───────────〈정보〉───────────
• 최과장은 만 41세로, 2020년 11월부터 자신의 명의로 H은행의 적금 상품 중 하나에 가입하고자 하였다.
• 최과장은 2020년 12월 1일에 스마트뱅킹을 통하여 H은행의 H적금에 가입하였다.
• 최과장은 가입기간 동안 매월 1일마다 20만 원을 적립한다.
• 최과장은 2020년 1월부터 급여를 H은행 입출금계좌를 통하여 지급받고 있었으며, 만기해지일까지 지속된다.
• 해당 적금 계좌에 대하여 질권설정을 하지 않았으며, 지급제한 사항도 해당되지 않는다.

① 2,075,000원   ② 2,210,000원
③ 2,350,000원   ④ 2,413,000원

※ 다음은 H은행의 신용대출별 금리 현황 및 우대 안내 자료이다. 이어지는 질문에 답하시오. [60~61]

<H은행 신용대출별 금리 현황>

1. 신용등급별 금리

(단위 : 연이율, %)

구분		신용등급별 금리					
		1~3등급	4등급	5등급	6등급	7~10등급	평균금리
H은행	대출금리	3.74	4.14	5.19	7.38	8.44	6.17
	기준금리	1.74	1.79	1.77	1.78	1.72	1.74
	가산금리	2.00	2.35	3.42	5.60	6.72	4.43

※ 기준금리는 6개월마다 공시가 적용되며, 가산금리는 최초 계약기간 또는 6개월 중 짧은 기간에 해당하는 금리로 정한다.

2. 우대금리 : 최고 연 1.5%p 우대
   ① 당행 우량 고객 : 0.2%p
   ② 카드사용 우대(매월 H카드 사용액 30만 원 이상, 체크 / 신용카드 합산 가능) : 최대 0.3%
      – 최근 3개월간 30만 원 이상(연 0.1%p), 60만 원 이상(연 0.2%p), 90만 원 이상(연 0.3%p)의 이용실적이 있는 경우
   ③ 타행 대출상환 조건 : 0.3%p
   ④ 한도대출 사용률 40% 초과 : 0.3%p
   ⑤ 급여(연금)이체 실적 우대 : 100만 원 단위로 연 0.1%p 가산, 최대 0.3%p
   ⑥ 자동이체 거래실적 우대(3건 이상) : 연 0.1%p(아파트관리비 / 지로 / 금융결제원CMS / 펌뱅킹)

3. 최종금리 : 고객별 최종금리는 고객별 신용등급에 따라 산출된 기준금리와 가산금리, 우대금리에 따라 차등 적용
   ※ (최종금리)=(기준금리)+(가산금리)−(우대금리)=(대출금리)−(우대금리)

60 다음 A~D 중 H은행 신용대출 안내사항을 잘못 이해한 사람은 누구인가?

① A : 1년으로 계약기간을 잡았다면 적어도 1번 이상은 금리 조정이 있겠군.

② B : 다른 금리가 일정하여도 기준금리가 오른다면 최종 금리도 같이 상승하겠군.

③ C : 등급이 낮아질수록 대출금리와 가산금리 모두 반드시 증가하는군.

④ D : 각각의 평균금리는 해당 행의 5개 숫자를 모두 더하여 5로 나눈 것이겠군.

61 다음은 갑 ~ 무 5명의 신용등급 및 우대금리 적용사항에 대한 자료이다. 모두 대출금과 계약기간이 동일하고 같은 상환 방식으로 상환한다고 할 때, 지불해야 할 상환액이 가장 많은 순으로 바르게 나열한 것은?

〈신용등급 및 우대금리 적용사항〉

구분	신용등급	우대금리 적용사항
갑	2	- M카드 사용액이 30만 원이다.
을	6	- 급여 200만 원을 매달 H은행으로 이체하고 있다. - 최근 3개월간 H카드 사용액이 매월 40만 원이다. - H은행 우량 고객이다.
병	4	- 총대출액 한도의 40%를 초과한다. - H은행 우량 고객이다. - 최근 3개월간 H카드 사용액이 매월 60만 원이다.
정	7	- 최근 3개월간 H카드 사용액이 매월 100만 원이다. - 아파트관리비와 펌뱅킹을 자동이체로 내고 있다. - 타행 대출상환 조건을 만족한다.
무	5	- H은행 우량 고객이다. - 급여 300만 원을 매달 H은행으로 이체하고 있다 - 총대출액 한도의 40%를 초과한다. - 타행 대출상환 조건을 만족한다.

① 정> 갑> 을> 병> 무

② 정> 갑> 무> 을> 병

③ 정> 을> 무> 갑> 병

④ 정> 갑> 을> 무> 병

※ H은행은 고객의 편의를 위하여 지점 외부에 ATM기기를 추가로 설치할 계획을 수립하고 있다. 이어지는 질문에 답하시오. **[62~63]**

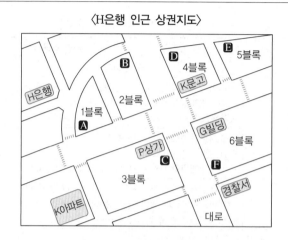

〈H은행 인근 상권지도〉

〈상권분석 결과〉

구분	용도	월평균 유동인구(명)	ATM기기 연평균 이용률(%)	월 임대료(원)
1블록	중심상업	73,600	10	1,500,000
2블록	중심상업	72,860	45	3,500,000
3블록	중심상업	92,100	35	3,000,000
4블록	중심상업	78,500	40	3,000,000
5블록	일반상업	62,000	45	800,000
6블록	중심상업	79,800	40	3,000,000

※ ATM기기를 이용하는 사람이 지불하는 수수료는 1인당 연평균 1,000원이다.
※ [ATM기기 순이익(연)]=[(연평균 유동인구)×(ATM기기 연평균 이용률)×(1인당 연평균 수수료)]-(연간 임대료)

62 H은행에서 근무 중인 귀하는 ATM기기를 설치할 위치를 선정하기 위하여 주변상권, 유동인구, ATM 이용률, 임대료 등 다양한 자료를 조사하였다. 조사 내용을 근거로 하여 지점장에게 11개 블록 중 ATM기기를 설치하였을 때 연 순이익이 가장 높은 3개 블록을 제안하려고 한다. 다음 중 귀하가 제안할 블록으로 적절한 것은?

① 1블록, 2블록, 6블록
② 1블록, 3블록, 5블록
③ 2블록, 3블록, 6블록
④ 2블록, 4블록, 5블록

63 귀하의 제안을 들은 지점장은 다음과 같이 말하며 재검토하기를 요청하였다. 지점장이 언급한 내용을 반영할 때, **62**번에서 귀하가 제안한 블록 중 ATM기기를 설치할 장소로 가장 적합한 곳은 어디인가?

> 지점장 : ◇◇씨, 대로와 인접한 위치의 임대료는 월 평균 임대료에 비해 50%가 더 비싸고, 그렇지 않은 지역은 20%나 더 저렴하다네. 다시 검토해 보는 것이 좋겠네.

① B
② C
③ D
④ E

64 다음 중 창고의 물품 내역에 대해 작성한 재고량 조사표의 수정 사항으로 옳은 것을 〈보기〉에서 모두 고르면?

〈창고의 물품 내역〉

• A열 : LCD 모니터 3대, 스캐너 2대, 마우스 2대
• B열 : 스피커 5대, USB 메모리 15개, 키보드 10대
• C열 : 레이저 프린터 3대, 광디스크 4개

〈재고량 조사표〉

구분	입력 장치	출력 장치	저장 장치
수량(개)	14	15	19

────〈보기〉────

ㄱ 입력 장치의 수량을 12개로 한다.
ㄴ 출력 장치의 수량을 11개로 한다.
ㄷ 저장 장치의 수량을 16개로 한다.

① ㄱ
② ㄴ
③ ㄱ, ㄷ
④ ㄴ, ㄷ

※ H은행은 보안을 위해 일정한 규칙으로 비밀번호를 만들었다. 이어지는 질문에 답하시오. **[65~66]**

〈규칙〉

• 한글 자음은 사전 순서에 따라 숫자 1, 2, 3 …으로 변환한다.
• 한글 모음은 사전 순서에 따라 알파벳 a, b, c …으로 변환한다. 단, 모음은 표준어 규정에 따라 21개로 한다.
• 받침의 경우 변환하지 않고, 그대로 사용한다.
• 겹받침 및 쌍자음은 사용하지 않는다.
• 순서는 예를 들어 '김'의 경우 ㄱ, ㅣ, ㅁ 순으로 적는다.

---

65 오늘 비밀번호는 '기다림'이다. 바르게 변환한 것은?

① 1u3a4u5   ② 1v3a4uㅁ
③ 1u3a4uㅁ   ④ 1u2a4uㅁ

66 다음 중 '11eㅁ13r12e'을 변환하기 전의 단어로 옳은 것은?

① 검수자   ② 컴퓨터
③ 임대리   ④ 함사요

※ A자동차 회사는 2023년까지 자동차 엔진마다 시리얼 번호를 부여할 계획이며, 부여방식은 다음과 같다. 이어지는 질문에 답하시오. **[67~68]**

첫째 자리 수)=(제조년)												
1998년	1999년	2000년	2001년	2002년	2003년	2004년	2005년	2006년	2007년	2008년	2009년	2010년
V	W	X	Y	1	2	3	4	5	6	7	8	9
2011년	2012년	2013년	2014년	2015년	2016년	2017년	2018년	2019년	2020년	2021년	2022년	2023년
A	B	C	D	E	F	G	H	J	K	L	M	N

둘째 자리 수)=(제조월)											
1월	2월	3월	4월	5월	6월	7월	8월	9월	10월	11월	12월
A	C	E	G	J	L	N	Q	S	U	W	Y
B	D	F	H	K	M	P	R	T	V	X	Z

※ 셋째 자리 수부터 여섯째 자리 수까지는 엔진이 생산된 순서의 번호이다.

67 다음 중 시리얼 번호가 옳게 표시된 것은?

① OQ3259
② LI2317
③ SU3217
④ GS1246

68 1998 ~ 2001년, 2015 ~ 2019년에 생산된 엔진을 분류하려 할 때 해당되지 않는 엔진의 시리얼 번호는?

① FN4569
② HH2315
③ WS2357
④ DU6549

※ H은행은 직원들의 건강증진을 위해 근처 생태공원에서 걷기대회를 개최하고자 한다. 이어지는 질문에 답하시오. **[69~70]**

H은행은 대회에 참여하는 직원들을 위해 걷기대회 마지막 구간에서 직원들의 사기를 진작시킬 수 있도록 이벤트를 열려고 한다. 걷기대회의 마지막 구간은 그림과 같으며 도로의 폭은 26m로 일정하다.

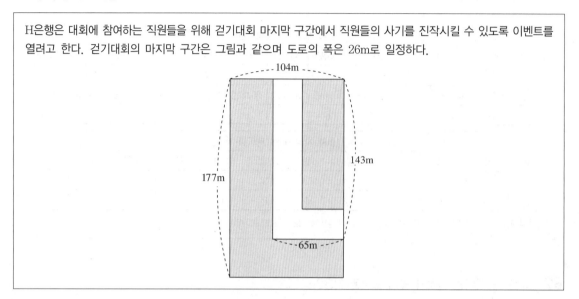

69 H은행은 걷기대회에 참여하지 않는 직원들을 마지막 구간에 일정한 간격으로 배치하여 응원이벤트를 하고자 한다. 코스의 양끝과 꼭짓점에 반드시 한 명의 직원을 각각 배치하고, 응원이벤트에 참여하는 직원들에게는 동일한 일당을 지급한다. 이 예산이 150만 원으로 책정되었다고 할 때, 한 사람당 받을 수 있는 일당은 얼마인가?(단, 인원은 최소가 되도록 배치하고 직원 간 거리는 양쪽이 같다)

① 5만 원 ② 6만 원
③ 7만 원 ④ 8만 원

70 H은행은 이벤트를 위해 배너를 제작하기로 결정했다. 요청서와 배너 제작업체의 규정을 보고 제작 비용을 바르게 계산한 것은?

〈배너 제작 요청서〉	24 – 06 – 19(수) 16:41

보낸사람 : H은행 김○○
받는사람 : R업체 이○○

안녕하십니까? H은행의 김○○ 대리입니다.
저희 은행 행사에 쓰일 배너를 주문 제작하고자 합니다.
가로 250cm × 세로 120cm의 크기로 디자인은 첨부파일을 확인해 주십시오.
첨부된 디자인대로 3색으로 제작해 주시고, 일정상 이번 주 금요일까지는 완료되어야 하오니 양해 부탁드립니다.
일정에 차질이 생기거나 문의사항이 있으시면 첨부파일의 전화번호로 연락 주십시오.
좋은 하루 보내십시오. 감사합니다.

〈제작 규정〉

- 배너 제작 시 $2m^2$까지는 기본판에 해당되어 15,000원으로 일정하게 부과되며, 초과하는 부분에 대해서는 기본판을 제외한 나머지 부분만큼 $1m^2$당 3,000원이 추가됩니다.
- 흑백과 2색까지 추가 비용이 없으며, 3색부터는 3,000원, 5색 이상은 7,000원이 추가됩니다.
- 주문 시 일주일 정도 여유를 두고 주문해 주십시오. 만약 일주일 내로 완성해야 하는 경우 제작비의 10%가 수수료로 부과됩니다.
- 배송료는 도서산간 지역은 5,000원, 도서산간을 제외한 나머지 지역은 3,000원입니다.

① 26,100원   ② 28,400원
③ 30,000원   ④ 32,700원

71 다음 중 최초 한 번만 시스템 사용자임을 인식시키면, 이후 시스템이 자동적으로 사용자 인증을 진행하여 별도의 사용자 인증이 필요하지 않게 하는 기능은?

① SSO
③ USN

② OTP
④ RFID

72 다음 중 컴퓨터 장치에 대한 설명으로 옳지 않은 것은?

① USB : 휘발성 메모리장치이다.
② RAM : 주기억장치이다.
③ CPU : 중앙처리장치이다.
④ 메인보드 : 펌웨어로 구성되어 있다.

73 다음 중 호환성이 뛰어나고 무손실 압축을 지원하는 최초의 이미지 파일 포맷은?

① PNG
③ GIF

② BMP
④ TIFF

74 다음 중 데이터 전송 속도의 척도를 나타내는 것이 아닌 것은?

① 변조 속도

② 데이터 신호 속도

③ 반송파 주파수 속도

④ 베어러(Bearer) 속도

75 다음 중 컴퓨터가 인간을 먼저 인지하고 원하는 것을 실행해주는 시스템은?

① 앰비언트 컴퓨팅

② 행동인터넷

③ 유비쿼터스

④ 스루풋 컴퓨팅

76 다음 중 암호화(Encryption)에 대한 설명으로 옳지 않은 것은?

① 자기 자신만이 쓸 수 있는 비밀키는 암호화와 복호화 모두에 쓰인다.

② 전자 서명은 비대칭형 암호 방식에 기반을 두고 있다.

③ 비밀키는 지정된 인정 기관에 의해 제공받는다.

④ 대칭형 암호 방식에 DES가 있다.

77 다음 중 시스템의 보안 취약점을 활용한 공격 방법에 대한 설명으로 옳지 않은 것은?

① Sniffing 공격은 네트워크상에서 자신이 아닌 다른 상대방의 패킷을 엿보는 공격이다.

② Exploit 공격은 공격자가 패킷을 전송할 때 출발지와 목적지의 IP 주소를 같게 하여 공격 대상 시스템에 전송하는 공격이다.

③ SQL Injection 공격은 웹 서비스가 예외적인 문자열을 적절히 필터링하지 못하도록 SQL문을 변경하거나 조작하는 공격이다.

④ XSS(Cross Site Scripting) 공격은 공격자에 의해 작성된 악의적인 스크립트가 게시물을 열람하는 다른 사용자에게 전달되어 실행되는 취약점을 이용한 공격이다.

78 다음 중 스마트폰의 문자 메시지를 이용한 휴대폰 해킹을 뜻하는 용어는?

① 메모리피싱   ② 스피어피싱

③ 파밍   ④ 스미싱

79 다음 중 딥러닝 기술의 하나인 적대관계생성신경망(GAN)을 이용한 기술로, 영상에 특정 인물의 모습을 합성한 편집물을 뜻하는 용어는?

① GIS

② 메타버스

③ 혼합현실

④ 딥페이크

80 다음 〈보기〉에서 소프트웨어 생명주기 모형 중 프로토타입(Prototype) 모형에 대한 설명으로 옳은 것을 모두 고르면?

─────〈보기〉─────
ㄱ 프로토타입 모형의 2단계인 프로타이밍 개발 작업의 마지막 단계는 설계이다.
ㄴ 발주자가 목표 시스템의 모습을 미리 볼 수 있다.
ㄷ 폭포수 모형보다 발주자의 요구사항을 반영하기가 용이하다.
ㄹ 프로토타입별로 구현시스템에 대하여 베타테스트를 실시한다.

① ㄱ, ㄴ

② ㄱ, ㄹ

③ ㄴ, ㄷ

④ ㄷ, ㄹ

3권

제3회
하나은행 필기전형

제1영역 NCS 직업기초능력

제2영역 디지털상식

www.sdedu.co.kr

⟨문항 수 및 시험시간⟩

영역	문항 수	시험시간	모바일 OMR 답안채점 / 성적분석 서비스
NCS 직업기초능력	70문항	90분	
디지털상식	10문항		

※ 문항 수 및 시험시간은 해당 채용 공고문을 참고하여 구성하였습니다.

※ 제한시간이 종료되고 OMR 답안카드에 마킹하거나 시험지를 넘기는 행동은 부정행위로 간주합니다.

제3회 모의고사

| 문항 수 : 80문항 |
| 시험시간 : 90분 |

제 1영역 NCS 직업기초능력

01 다음 중 밑줄 친 부분의 맞춤법이 옳지 않은 것은?

① 오늘은 웬일인지 은총이가 나에게 웃으며 인사해주었다.

② 그녀의 집은 살림이 넉넉지 않다.

③ 그는 목이 메어 한동안 말을 잇지 못했다.

④ 영희한테 들었는데 이 집 자장면이 그렇게 맛있데.

02 다음 중 밑줄 친 어휘의 쓰임이 적절하지 않은 것은?

① 왜 이렇게 속을 썩히니?

② 수정이와 민혁이는 발을 맞추어 걸었다.

③ 밤송이를 벌리고 알밤을 꺼냈다.

④ 교실에서 너무 눈에 띄는 행동을 하지마라.

03 다음 글의 빈칸에 들어갈 한자성어로 가장 적절한 것은?

최근 1명의 사망자와 1명의 부상자를 낸 ○○교 붕괴사고에 대한 뒤늦은 사태파악이 이루어지고 있다. 지반 약화 또는 불법·부실 시공이 있었는지 파악 중이지만, 30년도 더 된 자료와 당시 관계자의 진술을 확보하는 데 어려움을 겪는 것으로 알려졌다.

즉, 어떤 건물이든지 기초를 튼튼히 하기 위하여 지질을 검사하고, 지반부터 다져야 한다. 만약 _____한 다면 오래가지 못할 것이며, 완성되기도 전에 무너질 수 있다.

① 혼정신성　　　　　　　　　　② 표리부동

③ 사상누각　　　　　　　　　　④ 격화소양

04 다음 빈칸에 들어갈 단어의 표기가 적절한 것끼리 연결한 것은?

- 그는 부인에게 자신의 친구를 ㉠ 소개시켰다 / 소개했다.
- 이 소설은 실제 있었던 일을 바탕으로 ㉡ 쓰인 / 쓰여진 것이다.
- 자전거가 마주 오던 자동차와 심하게 ㉢ 부딪혔다 / 부딪쳤다.

	㉠	㉡	㉢
①	소개시켰다	쓰인	부딪혔다
②	소개시켰다	쓰여진	부딪혔다
③	소개했다	쓰인	부딪혔다
④	소개했다	쓰인	부딪쳤다

05 다음 주장에 대한 반박으로 가장 적절한 것은?

한국 사회의 행복 수준은 단순히 풍요의 역설로 설명할 수 없다. 행복에 대한 심리학적 연구에 따르면 타인과 비교하는 성향이 강한 사람일수록 행복감이 낮아지게 된다. 비교 성향이 강한 사람은 사회적 관계에서 자신보다 우월한 사람들을 준거집단으로 삼아 비교하기 쉽고 이로 인해 상대적 박탈감이 커질 수 있기 때문이다. 한국과 같은 경쟁 사회에서는 진학이나 구직 등에서 과열 경쟁이 벌어지고 등수에 의해 승자와 패자가 구분된다. 이 과정에서 비교 우위를 차지하지 못한 사람들은 좌절을 경험하기 쉬운데, 비교 성향이 강할수록 좌절감은 더 크다. 따라서 한국 사회에서 행복감이 낮은 이유는 한국 사람들이 다른 사람들과 비교하는 성향이 매우 높은 데에서 찾을 수 있다.

---

① 한국 사회는 인당 소득 수준이 비슷한 다른 나라와 비교했을 때 행복감의 수준이 상당히 낮다.
② 준거집단을 자기보다 우월한 사람들로 삼지 않는 나라라 하더라도 행복감이 높지 않은 나라가 있다.
③ 자신보다 우월한 사람들을 준거집단으로 삼는 경향이 한국보다 강해도 행복감은 더 높은 나라가 있다.
④ 한국보다 소득 수준이 높고 대학 입학을 위한 입시 경쟁이 매우 치열한 나라도 있다.

사피어 – 워프 가설은 어떤 언어를 사용하느냐에 따라 사고의 방식이 정해진다는 이론이다. 이에 따르면 언어는 인간의 사고나 사유를 반영함은 물론이고, 그 언어를 쓰는 사람들의 사고방식에까지 영향을 미친다. 공동체의 언어 습관이 특정한 해석을 선택하도록 하기 때문에 우리는 일반적으로 우리가 행한 대로 보고 듣고 경험한다고 한 사피어의 관점에 영향을 받아, 워프는 언어가 경험을 조직한다고 주장했다. 한 문화의 구성원으로서, 특정한 언어를 사용하는 화자로서, 우리는 언어를 통해 암묵적 분류를 배우고 이 분류가 세계의 정확한 표현이라고 간주한다. 그리고 그 분류는 사회마다 다르므로, 각 문화는 서로 다른 의견을 가질 수 있는 개인들로 구성됨에도 불구하고 독특한 합의를 보여 준다.

가령, 에스키모어에는 눈에 관한 낱말이 많은데 영어로는 한 단어인 '눈(snow)'을 네 가지 다른 단어, 즉 땅 위의 눈(aput), 내리는 눈(quana), 바람에 날리는 눈(piqsirpoq), 바람에 날려 쌓이는 눈(quiumqsuq) 등으로 표현한다는 것이다. 북아프리카 사막의 유목민들은 낙타에 대한 10개 이상의 단어를 가지고 있으며, 우리도 마찬가지다. 영어의 'rice'에 해당하는 우리말은 '모', '벼', '쌀', '밥' 등이 있다.

그렇다면 언어와 사고, 언어와 문화의 관계는 어떻게 볼 수 있을까? 일단 우리는 언어와 정신 활동이 상호 의존성을 갖는다고 말할 수 있을 것이다. 하지만 그들 간의 관계 중 어떤 것이 우월한 것인지를 잘 식별할 수 없는 정도로 인식이 되고 나면, 우리의 생각은 언어 우위 쪽으로 기울기 쉽다.

왜냐하면 언어의 사용에 따라 사고가 달라지는 것이라고 규정하는 것이 사고를 통해 언어가 만들어진다는 것보다 훨씬 더 쉽게 이해되기 때문이다. 이러한 면에서 사피어 – 워프 가설은 언어 우위론적 입장을 보인다고 할 수 있다.

그러나 사피어 – 워프 가설이 언어 우위론의 근거로만 설명되는 것은 아니다. 앞의 에스키모어의 예를 보면, 사람들이 눈을 인지하는 방법이 달라진 것(사고의 변화)으로 인해 언어도 달라지게 되었는지, 반대로 언어 체계가 달라진 것으로 인해 눈을 인지하는 방법이 달라졌는지를 명확하게 설명할 수 없기 때문이다.

① 사피어 – 워프 가설은 언어 우위론으로 입증할 수 있다.
② 사피어 – 워프 가설의 예로 에스키모어가 있다.
③ 사피어 – 워프 가설은 우리의 언어 생활과 밀접한 이론이다.
④ 언어와 사고의 관계에 대한 사피어 – 워프 가설을 증명하기는 쉽지 않다.

07 다음 글의 제목으로 가장 적절한 것은?

제4차 산업혁명은 인공지능이 기존의 자동화 시스템과 연결되어 효율이 극대화되는 산업 환경의 변화를 의미한다. 2016년 세계경제포럼에서 언급되어, 유행처럼 번지는 용어가 되었다. 학자에 따라 바라보는 견해는 다르지만 대체로 기계학습과 인공지능의 발달이 그 수단으로 꼽힌다. 2010년대 중반부터 드러나기 시작한 제4차 산업혁명은 현재진행형이며, 그 여파는 사회 곳곳에서 드러나고 있다. 현재도 사람을 기계와 인공지능이 대체하고 있으며, 현재 일자리의 $80 \sim 99\%$까지 대체될 것이라고 보는 견해도 있다.

만약 우리가 현재의 경제 구조를 유지한 채로 이와 같은 극단적인 노동 수요 감소를 맞게 된다면, 전후 미국의 대공황 등과는 차원이 다른 끔찍한 대공황이 발생할 것이다. 계속해서 일자리가 줄어들수록 중·하위 계층은 사회에서 밀려날 수밖에 없는데, 반면 자본주의 사회의 특성상 많은 비용을 수반하는 과학기술의 연구는 자본에 종속될 수밖에 없기 때문이다. 물론 지금도 이러한 현상이 없는 것은 아니지만, 아직까지는 단순노동이 필요하기 때문에 노동력을 제공하는 중·하위층들도 불합리한 부분들에 파업과 같은 실력행사를 할 수 있었다. 그러나 앞으로 자동화가 더욱 진행되어 노동의 필요성이 사라진다면 그들을 배려해야 할 당위성은 법과 제도가 아닌 도덕이나 인권과 같은 윤리적인 영역에만 남게 되는 것이다.

반면에, 이를 긍정적으로 생각한다면 이처럼 일자리가 없어졌을 때 극소수에 해당하는 경우를 제외한 나머지 사람들은 노동에서 완전히 해방되어, 인공지능이 제공하는 무제한적인 자원을 마음껏 향유할 수도 있을 것이다. 하지만 이러한 미래는 지금의 자본주의보다는 사회주의 경제 체제에 가깝다. 이 때문에 많은 경제학자와 미래학자들은 제4차 산업혁명 이후의 미래를 장밋빛으로 바꿔나가기 위해, 기본소득제 도입 등의 시도와 같은 고민들을 이어가고 있다.

① 제4차 산업혁명의 의의
② 제4차 산업혁명의 빛과 그늘
③ 제4차 산업혁명의 위험성
④ 제4차 산업혁명에 대한 준비

08 다음 빈칸에 들어갈 내용으로 가장 적절한 것은?

서울의 청계광장에는 「스프링(Spring)」이라는 다슬기 형상의 대형 조형물이 설치되어 있다. 이것을 기획한 올덴버그는 공공장소에 작품을 설치하여 대중과 미술의 소통을 이끌어내려 했다. 이와 같이 대중과 미술의 소통을 위해 공공장소에 설치된 미술 작품 또는 공공영역에서 이루어지는 예술 행위 및 활동을 공공미술이라고 한다.

1960년대 후반부터 1980년까지의 공공미술은 대중과 미술의 소통을 위해 작품이 설치되는 장소를 점차 확장하는 쪽으로 전개되었기 때문에 장소 중심의 공공미술이라 할 수 있었다. 초기의 공공미술은 이전까지는 미술관에만 전시되던 작품을 사람들이 자주 드나드는 공공건물에 설치하기 시작했다. 하지만 이렇게 공공건물에 설치된 작품들은 건물의 장식으로 인식되어 대중과의 소통에 한계가 있었기 때문에, 작품이 설치되는 공간은 공원이나 광장 같은 공공장소로 확장되었다. 그러나 공공장소에 놓이게 된 작품들이 주변 공간과 어울리지 않거나, 미술가의 미학적 입장이 대중에게 수용되지 못하는 일들이 벌어졌다. 이는 소통에 대한 미술가의 반성으로 이어졌고, 시간이 지남에 따라 공공미술은 점차 주변의 삶과 조화를 이루는 방향으로 발전하였다.

1990년대 이후의 공공미술은 참된 소통이 무엇인가에 대해 진지하게 성찰하며, 대중을 작품 창작 과정에 참여시키는 쪽으로 전개되었기 때문에 참여 중심의 공공미술이라 할 수 있다. 이때의 공공미술은 대중을 작품 제작에 직접 참여하게 하거나, 작품을 보고 만지며 체험하는 활동 속에서 작품의 의미를 완성할 수 있도록 하여 미술가와 대중, 작품과 대중 사이의 소통을 강화하였다. 장소 중심의 공공미술이 이미 완성된 작품을 어디에 놓느냐에 주목하던 '결과 중심'의 수동적 미술이라면, 이는 '과정 중심'의 능동적 미술이라고 볼 수 있다. 공공미술에서는 대중과의 소통을 위해 누구나 쉽게 다가가 감상할 수 있는 작품을 만들어야 하므로, 미술가는 자신의 미학적 입장을 어느 정도 포기해야 한다고 우려할 수도 있다. 그러나 이러한 우려는 대중의 미적 감상 능력을 무시하는 편협한 시각이다. 왜냐하면 추상적이고 난해한 작품이라도 대중과의 소통 가능성은 늘 존재하기 때문이다. 따라서 _____ 공공미술가는 예술의 자율성과 소통의 가능성을 높이기 위해 대중의 예술적 감성이 어떠한지, 대중이 어떠한 작품을 기대하는지 면밀히 분석하여 작품을 창작해야 한다.

① 공공미술은 대중과의 소통에 한계가 있으므로 대립되기 마련이다.
② 공공미술에서 예술의 자율성은 소통의 가능성과 대립하지 않는다.
③ 공공영역에서 이루어지는 예술은 대중과의 소통을 위한 작품이기 때문에 수동적 미술이어야 한다.
④ 공공미술은 예술의 자율성이 보장되어야 하므로, 대중의 뜻이 미술작품에 반드시 반영되어야 한다.

09 다음은 H은행의 상호금융 신용평가 및 신용리스크 측정요소 관리준칙의 일부이다. 이에 대한 설명으로 적절하지 않은 것은?

제7조(비소매 신용평가 원칙)
① 비소매 신용평가자는 차주에 대하여 재무, 경영진 및 주주, 영업활동과 관련된 최신정보를 입수하고 이를 신용평가에 적용한다.
② 비소매 신용평가자는 경기변동이 반영된 1년 이상의 장기간을 대상으로 신용평가를 실시한다.
③ 비소매 신용평가자는 차주에 대한 정보가 부족할수록 보수적으로 신용평가를 실시한다.

제8조(비소매 신용평가 구분)
① 비소매 신용평가는 일반신용평가, 정기신용평가, 수시신용평가로 구분하여 운영한다.
② 일반신용평가는 차주여신거래 발생 시에 대한 신용평가를 말하며 여신거래 발생 이전에 실시한다.
③ 정기신용평가는 기존 차주에 대하여 매년 정기적으로 1회 이상 실시하는 신용평가를 말하며 신용등급 유효기간 이내에서 최근 결산재무제표로 실시한다.
④ 수시신용평가는 신용리스크에 중요한 변화가 발생하였거나 현재의 신용등급이 적절하지 않다고 판단되는 차주에 대하여 실시하는 신용평가를 말하며 사유발생일 또는 사유를 안 날로부터 1개월 이내에 실시한다.

제9조(비소매 신용평가 방법)
① 비소매 신용평가모형은 일반기업 신용평가모형, 전문가판단 신용평가모형으로 구분하여 운영한다.
② 일반기업 신용평가모형은 통계모형과 전문가판단 신용평가모형이 결합된 혼합모형을 말하며 신용평가 방법은 다음 각호에 따른다.
  1. 재무정보 및 대표자정보를 활용하여 통계모형에서 재무점수와 대표자점수를 산출한다.
  2. 추정재무정보를 통하여 통계모형에서 추정재무점수를 산출한다.
  3. 산업, 경영, 영업과 관련된 비재무정보를 활용하여 전문가판단 신용평가모형에서 평가항목별로 평가자가 정성적으로 판단하여 비재무점수를 산출한다.
  4. 일반기업 신용평가모형별로 정해진 결합비율에 따라 재무점수, 대표자점수, 추정재무점수, 비재무점수를 결합하여 최종점수를 산출하고 이에 할당된 차주등급 및 추정PD를 부여한다.
③ 전문가판단 신용평가모형은 평가자의 정성적인 판단에 따라 신용평점을 산출하는 모형을 말하며 신용평가 방법은 다음 각호에 따른다.
  1. 신용평가모형별로 개별적 위험요인 특성에 따라 평가항목을 다르게 구성할 수 있다.
  2. 재무정보 및 산업, 경영, 영업과 관련된 비재무정보를 활용하여 평가항목별로 평가자가 정성적으로 판단하여 신용평점을 산출하고 이에 할당된 차주등급 및 추정PD를 부여한다.

제10조(비소매 신용등급)
① 비소매 신용등급은 차주의 부도위험을 등급화한 차주등급을 운영한다.
② 동일 차주에 대해서는 1개의 차주등급을 산출한다.
③ 차주등급은 부도위험에 따라 특정 등급에 과도하게 집중되지 않도록 정상차주에 대하여 7개 이상, 부도차주에 대하여 1개 이상으로 등급을 세분화한다.

---

① 비소매 신용평가자의 신용평가는 1년 이상의 기간을 대상으로 실시된다.
② 일반기업 신용평가모형은 복수의 모형을 결합한 모형이다.
③ 전문가판단 신용평가모형은 정성적 평가에 따라 신용평점을 산출한다.
④ 정상차주에 대한 차주등급 개수와 부도차주에 대한 차주등급 개수는 항상 동일하지 않다.

10 다음 글에서 〈보기〉의 문장이 들어갈 위치로 가장 적절한 곳은?

한국의 전통문화는 근대화의 과정에서 보존되어야 하는가, 아니면 급격한 사회 변동에 따라 해체되어야 하는가? 한국 사회 변동 과정에서 외래문화는 전통문화에 흡수되어 토착화되는가, 아니면 전통문화 자체를 전혀 다른 것으로 변질시키는가? 이러한 질문에 대해서 오늘날 한국 사회는 진보주의와 보수주의로 나뉘어 뜨거운 논란을 빚고 있다.   ㉠   그러나 전통의 유지와 변화에 대한 견해 차이는 단순하게 진보주의와 보수주의로 나뉠 성질의 것이 아니다. 한국 사회는 한 세기 이상의 근대화 과정을 거쳐 왔으며 앞으로도 광범하고 심대한 사회 구조의 변동을 맞이할 것이다.   ㉡   이런 변동 때문에 보수주의적 성향을 가진 사람들도 전통문화의 변질을 어느 정도 수긍하지 않을 수 없고, 진보주의 성향을 가진 사람 또한 문화적 전통의 가치를 인정하지 않을 수 없다.   ㉢   근대화는 전통문화의 계승과 끊임없는 변화를 다 같이 필요로 하며 외래문화의 수용과 토착화를 동시에 요구하기 때문이다.   ㉣   근대화에 따르는 사회 구조적 변동이 문화를 결정짓기 때문에, 전통문화의 변화 문제는 특수성이나 양자택일이라는 기준으로 다룰 것이 아니라 끊임없는 사회 구조의 변화라는 시각에서 바라보고 분석하는 것이 중요하다.

───── 〈보기〉 ─────

또한 이 논란은 단순히 외래문화나 전통문화 중 양자택일을 해야 하는 문제도 아니다.

① ㉠   ② ㉡

③ ㉢   ④ ㉣

(가) 경영학 측면에서도 메기 효과는 한국, 중국 등 고도 경쟁사회인 동아시아 지역에서만 제한적으로 사용되며 영미권에서는 거의 사용되지 않는다. 기획재정부의 조사에 따르면 메기에 해당하는 해외 대형 가구업체 이케아(IKEA)가 국내에 들어오면서 청어에 해당하는 중소 가구업체의 입지가 더욱 좁아졌다고 한다. 이처럼 경영학 측면에서도 메기 효과는 과학적으로 검증되지 않은 가설이다.

(나) 결국 메기 효과는 과학적으로 증명되진 않았지만 '경쟁'의 양면성을 보여주는 가설이다. 기업의 경영에서 위협이 발생하였을 때, 위기감에 의한 성장 동력을 발현시킬 수는 있을 것이다. 그러나 무한 경쟁사회에서 규제 등의 방법으로 적정 수준을 유지하지 못한다면 거미의 등장으로 인해 폐사한 메뚜기와 토양처럼 거대한 위협이 기업과 사회를 항상 좋은 방향으로 이끌어 나가지는 않을 것이다.

(다) 그러나 메기 효과가 전혀 시사점이 없는 것은 아니다. 이케아가 국내에 들어오면서 도산할 것으로 예상되었던 일부 국내 가구 업체들이 오히려 성장하는 현상 또한 관찰되고 있다. 강자의 등장으로 약자의 성장 동력이 어느 정도는 발현되었다는 것을 보여주는 사례라고 할 수 있다.

(라) 그러나 최근에는 메기 효과가 검증되지 않고 과장되어 사용되거나 심지어 거짓이라고 주장하는 사람들이 있다. 먼저 메기 효과의 기원부터 의문점이 있다. 메기는 민물고기로 바닷물고기인 청어는 메기와 연관점이 없으며, 실제로 북유럽의 어부들이 수조에 메기를 넣어 효과가 있었는지 검증되지 않았다. 실제로 2012년 『사이언스』에서 제한된 공간에 메뚜기와 거미를 두었을 때 메뚜기들은 포식자인 거미로 인해 스트레스의 수치가 증가하고 체내 질소 함량이 줄어들었고, 죽은 메뚜기에 포함된 질소 함량이 줄어들면서 토양 미생물이 줄어들고 황폐화되었다.

(마) 우리나라에서 '경쟁'과 관련된 이론 중 가장 유명한 것은 영국의 역사가 아널드 토인비가 주장했다고 하는 '메기 효과(Catfish Effect)'이다. 메기 효과란 냉장시설이 없었던 과거에 북유럽의 어부들이 잡은 청어를 싱싱하게 운반하기 위하여 수조 속에 천적인 메기를 넣어 끊임없이 움직이게 했다는 데서 유래했다. 이 가설은 경영학계에서 비유적으로 사용되어 기업의 경쟁력을 키우기 위해서는 적절한 위협과 자극이 필요하다는 주장을 뒷받침하고 있다.

11 윗글의 문단을 논리적 순서대로 바르게 나열한 것은?

① (가) – (라) – (나) – (다) – (마)
② (가) – (마) – (다) – (나) – (라)
③ (마) – (가) – (라) – (다) – (나)
④ (마) – (라) – (가) – (다) – (나)

12 윗글을 이해한 내용으로 적절하지 않은 것은?

① 거대 기업의 출현은 해당 시장의 생태계를 파괴할 수도 있다.
② 메기 효과는 과학적으로 검증되지 않았으므로 낭설에 불과하다.
③ 발전을 위해서는 기업 간 경쟁을 적정 수준으로 유지해야 한다.
④ 메기 효과는 경쟁을 장려하는 사회에서 널리 사용되고 있다.

(가) 이처럼 최근 들어 남북한의 문화적 교류가 확대되면서 다양한 문화적 차이를 확인하고, 이에 대한 간극을 줄이기 위한 목소리가 높아지고 있다. 또한 세계적으로 점차 문화의 경계가 모호해지면서 문화는 나라별 고유 영역에 국한되지 않고 하나의 큰 세계 속에서 공존, 융합, 동화, 접변되는 과정을 거치며 또 다른 모습을 구현해내고 있다.

(나) 우리는 흔히 선진국의 문화가 국제적인 것이라고 착각하고 있다. 그러나 앞선 사례에서 확인할 수 있듯이 한국의 문화가 미국과 같은 강대국에 영향을 주며 국제적으로 문화를 형성해가고 있는 모습을 통해 강대국에서 상대적으로 국력이 강하지 않은 국가의 문화를 받아들이는 경우도 심심치 않게 확인할 수 있다.

(다) 다음으로 남한과 북한은 교통 문화에서도 차이를 보인다. 그중 가장 눈에 띄는 것은 교통 법규이다. 남한의 경우 도로 건설에 관한 법규가 도로법, 고속도로법, 한국도로공사법, 사도법 등으로 다양하지만, 북한은 도로법 단 하나이다. 그 이유로는 여러 가지가 있으나, 결정적으로 북한에는 아스팔트가 깔린 고속도로가 6개로 아직 보편화되지 않아 이와 관련된 법규 역시 아직 다양하게 마련되지 못한 것이다. 또한 남한의 경우 관련 법규가 1960년대에 제정되어 지속적으로 개정이 이뤄졌지만, 북한의 경우 비교적 늦은 1990~2000년대 사이에 관련 법규가 제정되어 아직 그 역사가 짧다.

(라) 한국의 문화는 더 이상 한국만의 것이 아니다. K-POP과 한식에 대한 관심이 급증하면서 한국의 다양한 문화가 해외로 뻗어가고 있다. 미국 드라마에는 현재 S사 휴대전화를 이용하여 영상통화를 하는 장면, 서울과 포항을 소개하는 장면 등이 등장하고 있다. 또한 C사 만두의 경우 해외 매출이 국내 매출을 넘어서는 등 더 이상 한국의 문화는 한반도에 국한되지 않는다.

(마) 이는 남한과 북한의 경우에서도 예외가 아니다. 남한과 북한이 분단된 지 어언 70년에 이른 지금, 교류 없이 다른 환경 속에서 살다 보니 문화적으로 차이가 있다. 대표적으로 언어의 차이가 두드러진다. 북한에서는 '아내' 또는 '아내의 친정'을 일컫는 말로 '가시-'를 활용한다. 반면 남한에서는 '어른'을 의미하는 '장(丈)'을 활용한다. 따라서 남한에서는 아내의 아버지와 어머니를 '장인, 장모'로, 북한에서는 '가시아버지, 가시어머니'라고 지칭한다.

(바) 또한 국력이 강하지 않은 국가라 하여 선진국의 문화를 무분별적으로 수용하는 것도 아니다. 일명 개발도상국의 범주에 속하는 에티오피아는 '야생'의 나라일 것이라는 선입견과는 달리, 자연 생태 환경을 잘 보존하면서도 유럽과 아시아에 뒤지지 않는 자산을 보유하고 있다. 이렇듯 선진국과 견주어 볼 때, 상대적으로 국력이 강하지 않은 나라가 고유의 문화를 유지하고 이에 대한 영향력을 행사하는 것을 통해 문화란 선진국이 주도하는 것이 아님을 추론할 수 있다. 이처럼 어느 한 방향에서의 ___㉠___ 가 아닌 상호 간 ___㉡___ 하는 과정 속에서 문화의 국제화가 이루어진다.

---

13 다음 (가) ~ (바) 문단을 논리적 순서대로 바르게 나열한 것은?

① (나) – (라) – (바) – (다) – (가) – (마) 　　② (나) – (바) – (라) – (마) – (다) – (가)

③ (라) – (가) – (나) – (마) – (다) – (바) 　　④ (라) – (나) – (바) – (마) – (다) – (가)

---

14 빈칸 ㉠, ㉡에 들어갈 단어로 가장 적절한 것은?

	㉠	㉡			㉠	㉡
①	이화	교체		②	이화	교류
③	동화	교류		④	동화	교체

15 다음 글을 통해 알 수 있는 내용으로 적절한 것은?

지구 내부는 끊임없이 운동하며 막대한 에너지를 지표면으로 방출하고, 이로 인해 지구 표면에서는 지진이나 화산 등의 자연 현상이 일어난다. 그런데 이러한 자연 현상을 예측하기란 매우 어렵다. 그 이유는 무엇일까? 지구 내부는 지각, 상부 맨틀, 하부 맨틀, 외핵, 내핵이 층상 구조를 이루고 있다. 지구 내부로 들어갈수록 온도가 증가하는데, 이 때문에 외핵은 액체 상태로 존재한다. 고온의 외핵이 하부 맨틀의 특정 지점을 가열하면 이 부분의 중심부 물질은 상승류를 형성하여 움직이기 시작한다. 아주 느린 속도로 맨틀을 통과한 상승류는 지표면 가까이에 있는 판에 부딪치게 된다. 판은 매우 단단한 암석으로 이루어져 있어 거대한 상승류도 쉽게 뚫지 못한다. 그러나 간혹 상승류가 판의 가운데 부분을 뚫고 곧바로 지표면으로 나오기도 하는데, 이곳을 열점이라 한다. 열점에서는 지진과 화산 활동이 활발히 일어난다.

한편 딱딱한 판을 만난 상승류는 꾸준히 판에 힘을 가하여 거대한 균열을 만들기도 한다. 결국 판이 완전히 갈라지면 이 틈으로 아래의 물질이 주입되어 올라오고, 올라온 물질은 지표면에서 옆으로 확장되면서 새로운 판을 형성한다. 상승류로 인해 판이 갈라지는 이 부분에서도 지진과 화산 활동이 일어난다.

새롭게 생성된 판은 오랜 세월 천천히 이동하는 동안 식으면서 밀도가 높아지는데, 이미 존재하고 있던 다른 판 중 밀도가 낮은 판과 충돌하면 그 아래로 가라앉게 된다. 가라앉는 판이 상부 맨틀의 어느 정도 깊이까지 들어가면 용융 온도가 낮은 일부 물질은 녹는데, 이 물질이 이미 존재하던 판의 지표면으로 상승하면서 지진을 동반한 화산 활동이 일어나기도 한다. 그러나 녹지 않은 대부분의 물질은 위에서 내리누르는 판에 의해 큰 흐름을 만들면서 맨틀을 통과한다. 이 하강류는 핵과 하부 맨틀 경계면까지 내려와 외핵의 한 부분을 누르게 된다. 외핵은 액체로 되어 있으므로 한 부분을 누르면 다른 부분에서 위로 솟아오르는데, 솟아오른 이 지점에서 또 다른 상승류가 시작된다. 그런데 하강류가 규칙적으로 발생하지 않으므로 상승류가 언제 어디서 발생하는지 알기 어렵다.

지금까지 살펴본 바처럼 화산과 지진 등의 자연 현상은 맨틀의 상승류와 하강류로 인해 일어난다. 맨틀의 상승류와 하강류는 흘러가는 동안 여러 장애물을 만나게 되고 이로 인해 그 흐름이 불규칙하게 진행된다. 그런데 현대과학 기술로 지구 내부에 있는 이 장애물의 성질과 상태를 모두 밝혀내기는 어렵다. 바로 이것이 지진이나 화산과 같은 자연 현상을 쉽게 예측할 수 없는 이유이다.

① 판의 분포
② 지각의 종류
③ 지구 내부의 구조
④ 내핵의 구성 성분

우리나라의 전통 음악은 대체로 크게 정악과 속악으로 나뉜다. 정악은 왕실이나 귀족들이 즐기던 음악이고, 속악은 일반 민중들이 가까이 하던 음악이다. 개성을 중시하고 자유분방한 감정을 표출하는 한국인의 예술 정신은 정악보다는 속악에 잘 드러나 있다. 우리 속악의 특징은 한마디로 즉흥성이라는 개념으로 집약될 수 있다. 판소리나 산조에 '유파(流派)'가 자꾸 형성되는 것은 모두 즉흥성이 강하기 때문이다. 즉흥으로 나왔던 것이 정형화되면 그 사람의 대표 가락이 되는 것이고, 그것이 독특한 것이면 새로운 유파가 형성되기도 하는 것이다.

물론 즉흥이라고 해서 음악가가 제멋대로 하는 것은 아니다. 곡의 일정한 틀은 유지하면서 그 안에서 변화를 주는 것이 즉흥 음악의 특색이다. 판소리 명창이 무대에 나가기 전에 "오늘 공연은 몇 분으로 할까요?"하고 묻는 것이 그런 예다. 이때 창자는 상황에 맞추어 얼마든지 곡의 길이를 조절할 수 있는 것이다. 이것은 서양 음악에서는 어림 없는 일이다. 그나마 서양 음악에서 융통성을 발휘할 수 있다면 4악장 가운데 한 악장만 연주하는 것 정도이지 각 악장에서 조금씩 뽑아 한 곡을 만들어 연주할 수는 없다. 그러나 한국 음악에서는, 특히 속악에서는 연주 장소나 주문자의 요구 혹은 연주자의 상태에 따라 악기도 하나면 하나로, 둘이면 둘로 연주해도 별 문제가 없다. 거문고나 대금 하나만으로도 얼마든지 연주할 수 있다. 전혀 이상하지도 않다. 그렇지만 베토벤의 운명 교향곡을 바이올린이나 피아노만으로 연주하는 경우는 거의 없을 뿐만 아니라, 연주를 하더라도 어색하게 들릴 수밖에 없다.

즉흥과 개성을 중시하는 한국의 속악 가운데 대표적인 것이 시나위다. 현재의 시나위는 19세기 말에 완성되었으나 원형은 19세기 훨씬 이전부터 연주되었을 것으로 추정된다. 시나위의 가장 큰 특징은 악보 없는 즉흥곡이라는 것이다. 연주자들이 모여 아무런 사전 약속도 없이 "시작해 볼까?"하고 연주하기 시작한다. 그러니 처음에는 서로가 맞지 않는다. 불협음 일색이다. 그렇게 진행되다 중간에 호흡이 맞아 떨어지면 협음을 낸다. 그러다가 또 각각 제 갈 길로 가서 혼자인 것처럼 연주한다. 이게 시나위의 묘미다. 불협음과 협음이 오묘하게 서로 들어맞는 것이다.

그런데 이런 음악은 아무나 하는 게 아니다. 즉흥곡이라고 하지만 '초보자(初步者)'들은 꿈도 못 꾸는 음악이다. 기량이 뛰어난 경지에 이르러야 가능한 음악이다. 그래서 요즈음은 시나위를 잘할 수 있는 사람들이 별로 없다고 한다. 요즘에는 악보로 정리된 시나위를 연주하는 경우가 대부분인데, 이것은 시나위 본래의 취지에 어긋난다. 악보로 연주하면 박제된 음악이 되기 때문이다.

요즘 음악인들은 시나위 가락을 보통 '허튼 가락'이라고 한다. 이 말은 그대로 '즉흥 음악'으로 이해된다. 미리 짜놓은 일정한 형식이 없이 주어진 장단과 연주 분위기에 몰입해 그때그때의 감흥을 자신의 음악성과 기량을 발휘해 연주하는 것이다. 이럴 때 즉흥이 튀어 나온다. 시나위는 이렇듯 즉흥적으로 흐드러져야 맛이 난다. 능청거림, 이것이 시나위의 음악적 모습이다.

16 윗글을 읽고 알 수 있는 내용으로 적절한 것은?

① 판소리나 산조는 유파를 형성하기 위하여 즉흥적인 감정을 표출하기도 한다.
② 오늘날 시나위를 계승·보존하기 위해서는 악보를 체계적으로 정리해야 한다.
③ 속악과 마찬가지로 정악도 악보대로 연주하는 것보다 자연발생적인 변주를 중시한다.
④ 불협음과 협음이 조화를 이루는 시나위를 연주하기 위해서는 연주자의 기량이 출중해야 한다.

17 윗글에서 설명한 '즉흥성'과 관련 있는 내용을 〈보기〉에서 모두 고르면?

〈보기〉

㉠ 주어진 상황에 따라 임의로 곡의 길이를 조절하여 연주한다.
㉡ 장단과 연주 분위기에 몰입해 새로운 가락으로 연주한다.
㉢ 연주자들 간에 사전 약속 없이 연주하지만 악보의 지시는 따른다.
㉣ 감흥을 자유롭게 표현하기 위해 일정한 틀을 철저히 무시한 채 연주한다.

---

① ㉠, ㉡   ② ㉠, ㉢
③ ㉡, ㉢   ④ ㉠, ㉣

18 다음 중 밑줄 친 ㉠과 ㉡의 관계와 가장 유사한 것은?

남성적 특성과 여성적 특성을 모두 가지고 있는 사람은 남성적 특성 혹은 여성적 특성만 지니고 있는 사람에 비하여 훨씬 더 다양한 ㉠자극에 대해 다양한 ㉡반응을 보일 수 있다. 이렇게 여러 개의 반응 레퍼토리를 가지고 있다는 것은 다시 말하면, 그때그때 상황의 요구에 따라 적합한 반응을 보일 수 있다는 것이며, 이는 곧 사회적 환경에 더 유연하고 효과적으로 대처할 수 있다는 것을 의미한다.

---

① 개인 – 사회   ② 정신 – 육체
③ 물고기 – 물   ④ 입력 – 출력

언어의 습득은 인종(人種)이나 지능(知能)과 관계없이 누구에게나 비슷한 수준으로 이루어진다. 그리고 하나의 언어를 일단 배우고 난 뒤에는 그것을 일상생활에서 자유자재로 구사할 수 있다. 마치 자전거나 스케이트를 한 번 배우고 나면 그 뒤에는 별다른 신경을 쓰지 않고 탈 수 있는 것과 같다.

우리는 언어를 이처럼 쉽게 배우고 또 사용하고 있지만, 언어 사용과 관련하여 판단을 내리는 과정의 내면을 살펴보면 그것이 그리 단순하지 않다는 사실을 알 수 있다. 지극히 간단한 언어 표현에 관한 문법성을 판단하기 위해서만해도 엄청난 양의 사고 과정이 요구되기 때문이다.

예컨대, 우리는 '27의 제곱은 얼마인가?'와 같은 계산을 위해서는 상당한 시간을 소모하지 않으면 안 되면서도, '너는 냉면 먹어라. 나는 냉면 먹을게.'와 같은 문장은 어딘가 이상한 문장이라는 사실, 어떻게 고쳐야 바른 문장이 된다는 사실을 특별히 심각하게 따져보지 않고도 거의 순간적으로 파악해 낼 수 있다. 그러나 막상 ㉠'너는 냉면 먹어라. 나는 냉면 먹을게' 문장이 틀린 이유가 무엇인지 설명하라고 하면, 일반인으로서는 매우 곤혹스러움을 느끼게 된다. 이를 논리적으로 설명해 내기 위해서는 국어의 문법 현상에 관한 상당한 수준의 전문적 식견이 필요하기 때문이다.

… (중략) …

언어는 개방적이고 무한한 체계이기 때문에 우리는 언어를 통해서 반드시 보았거나 들은 것, 존재하는 것만을 이야기하는 데 그치지 않고 '용, 봉황새, 손오공, 유토피아……' 같이 현실에 존재하지 않은 상상의 산물이나, 나아가서는 '희망, 불행, 평화, 위기……'라든가, '의문, 제시, 제한, 효과, 실효성……' 등과 같은 관념적이고 추상적인 개념까지를 거의 무한에 가깝게 표현할 수가 있다.

19 윗글의 설명 방식으로 적절한 것은?

① 구체적인 사례를 들어 정보를 전달하고 있다.

② 대상 간의 차이점을 중심으로 서술하고 있다.

③ 상위 단위를 하위 단위로 나누어 설명하고 있다.

④ 대상의 변화 과정에 초점을 맞추어 전개하고 있다.

20 윗글의 밑줄 친 ㉠을 바르게 설명한 것은?

① 시간적으로 차이가 나는 두 행동을 마치 동시에 발생한 것처럼 표현했다.

② 이것과 저것의 다름을 나타내는 조사를 사용하면서 동일한 대상을 가리켰다.

③ 청자(聽者)가 분명한 상황에서 청자를 생략하는 것이 자연스러운데도 억지로 사용했다.

④ 반드시 들어가야 할 문장 성분을 생략함으로써 행위 주체를 분명하게 드러내지 않았다.

21 다음 글에서 지적한 정보화 사회의 문제점에 대한 반대 입장의 논거로 적절하지 않은 것은?

> 정보화 사회에서 지식과 정보는 부가가치의 원천이다. 지식과 정보에 접근할 수 없는 사람들은 소득을 얻는 데 불리할 수밖에 없다. 고급 정보에 대한 접근이 용이한 사람들은 부를 쉽게 축적하고, 그 부를 바탕으로 또 다른 고급 정보 획득에 많은 비용을 투입할 수 있다. 이렇게 벌어진 정보 격차는 시간이 갈수록 심화될 가능성이 높아지고 있다. 정보나 지식이 독점되거나 진입 장벽을 통해 이용이 배제되는 경우도 문제이다. 특히 정보가 상품화됨에 따라 정보를 둘러싼 불평등은 더욱 심화될 것이다.

① 인터넷이나 컴퓨터 유지비 측면에서의 격차 발생
② 정보의 확산으로 기존의 자본주의에 의한 격차 완화 가능성
③ 정보 기기의 보편화로 인한 정보 격차 완화
④ 인터넷의 발달에 따라 전 계층의 고급 정보 접근 용이

22 다음 중 밑줄 친 ㉠의 사례로 적절하지 않은 것은?

> 자동화는 자본주의의 실업을 늘려 실업자에게 생계의 위협을 가하거나, 기존 근로자에 대한 감시를 더욱 효율적으로 해내는 역할을 수행한다. 자동화를 적용하는 기업 측에서는 자동화가 인간의 삶을 증대시키는 이미지로 일반 사람들에게 인식되기를 바란다. 그래야 자동화 도입에 대한 노동자의 반발을 무마하고 기업가의 구상을 관철시킬 수 있기 때문이다. 그러나 자동화나 기계화의 도입으로 인해 실업을 두려워하고, 업무 내용이 바뀌는 것을 탐탁해하지 않았던 유럽의 노동자들은 자동화 도입에 대해 극렬히 반대했던 경험들이 있다.
> 지금도 자동화·기계화는 좋은 것이라는 고정관념을 가진 사람들이 많고, 현실에서 이러한 고정관념이 가져오는 파급 효과는 의외로 크다. 예를 들어 은행에 현금을 자동으로 세는 기계가 등장하면 은행원들이 현금을 세는 작업량은 줄어든다. 손님들도 기계가 현금을 재빨리 세는 것을 보고 감탄하면서 행원이 세는 것보다 더 많은 신뢰를 보낸다. 그러나 현금 세는 기계의 도입에는 이익 추구라는 의도가 숨어 있다. 현금 세는 기계는 행원의 수고를 덜어주지만, 현금 세는 기계를 들여옴으로써 실업자가 생기고 만다. 사람이 잘만 이용하면 잘 써먹을 수 있을 것만 같은 기계가 엄청나게 혹독한 성품을 지닌 프랑켄슈타인으로 돌변하는 것이다.
> 자동화와 정보화를 추진하는 핵심 조직이 기업이란 것에서도 알 수 있듯이 기업은 이윤 추구에 도움이 되지 않는 행위는 무가치하다고 판단한다. 그러므로 자동화는 그 계획 단계에서부터 기업의 의도가 스며들기 마련이다. 또한 그 의도대로 자동화나 정보화가 진행되면, 다른 한편으로 의도하지 않은 결과를 초래한다. ㉠ 자동화와 같은 과학 기술이 풍요를 생산하는 수단이라고 생각하는 것은 하나의 고정관념에 불과하다.

① 부자는 누구나 행복할 것이라고 믿는 경우이다.
② 값비싼 물건이 항상 우수하다고 믿는 경우이다.
③ 절약이 언제나 경제 발전에 도움을 준다고 믿는 경우이다.
④ 구구단이 실생활에 도움을 준다고 믿는 경우이다.

23 지금으로부터 4년 전 삼촌의 나이는 민지의 나이의 4배였고 지금으로부터 3년 후 삼촌의 나이는 민지의 나이의 2배보다 7세 많아진다면 현재 삼촌과 민지의 나이의 차는?

① 18세　　　　　　　　　　　　　② 19세

③ 20세　　　　　　　　　　　　　④ 21세

24 상민이가 등산을 하는데 올라갈 때에는 시속 2km로 걷고 내려갈 때에는 다른 길로 시속 3km를 걸었더니 총 2시간이 걸렸다. 올라간 거리와 내려간 거리의 합이 5km일 때 상민이가 내려온 거리는?

① 2km　　　　　　　　　　　　　② 2.7km

③ 3km　　　　　　　　　　　　　④ 3.5km

25 12%의 소금물 100g에 소금을 더 넣어 20%의 소금물을 만들었다. 이때 더 넣은 소금의 양은?

① 10g　　　　　　　　　　　　　② 12g

③ 14g　　　　　　　　　　　　　④ 16g

26 둘레가 2,100m인 연못을 형은 매분 80m의 속력으로, 동생은 매분 60m의 속력으로 돌고 있다. 어느 한 지점에서 서로 반대 방향으로 동시에 출발하였을 때, 두 번째로 만나는 것은 몇 분 후인가?

① 11분 후　　　　　　　　　　　　② 18분 후

③ 25분 후　　　　　　　　　　　　④ 30분 후

27 2년 만기, 연이율 0.3%인 연복리 예금 상품에 1,200만 원을 예치할 때 만기 시 받는 금액과 2년 만기, 연이율 3.6%인 월복리 적금 상품에 매월 초 50만 원을 납입할 때 만기 시 받는 원리합계 금액의 차이는?(단, $1.003^2 = 1.006$, $1.003^{24} = 1.075$로 계산하고, 백 원 이하는 절사하며, 이자 소득에 대한 세금은 고려하지 않는다)

① 45.3만 원
② 46.5만 원
③ 47.7만 원
④ 48.9만 원

28 어른 3명과 어린아이 3명이 함께 식당에 갔다. 자리가 6개인 원탁에 앉는다고 할 때 앉을 수 있는 경우의 수는?(단, 아이들은 어른들 사이에 앉힌다)

① 8가지
② 12가지
③ 16가지
④ 20가지

29 A, B, C 세 사람은 주기적으로 자신이 키우는 화분에 물을 준다. A는 15일마다, B는 12일마다, C는 10일마다 화분에 물을 준다. 세 사람이 6월 2일에 모두 동시에 물을 주었다면, 다음에 같은 날 물을 주는 날은 언제인가?

① 7월 25일
② 7월 27일
③ 8월 1일
④ 8월 3일

30 지영이는 이달 초 250만 원짜리 카메라를 샀다. 10만 원을 먼저 지불하고 나머지 금액은 한 달 후부터 일정한 금액으로 6개월에 걸쳐 갚기로 했을 때, 매달 얼마씩 갚아야 하는가?(단, $1.01^6 = 1.06$, 월이율은 1%, 1개월마다 복리로 계산한다)

① 318,000원　　　　　　　　　　　② 400,000원

③ 416,000원　　　　　　　　　　　④ 424,000원

31 9%의 소금물 800g이 있다. 이 소금물을 증발시켜 16%의 소금물을 만들려면 몇 g을 증발시켜야 하는가?

① 300g　　　　　　　　　　　② 325g

③ 350g　　　　　　　　　　　④ 375g

32 A회사에 남녀 성비가 3 : 2이며, 여직원 중 경력직은 15%, 남직원 중 경력직은 25%이다. 경력직 직원 중 한 명을 뽑을 때, 그 직원이 여직원일 확률은?

① $\dfrac{1}{4}$　　　　　　　　　　② $\dfrac{3}{10}$

③ $\dfrac{2}{7}$　　　　　　　　　　④ $\dfrac{5}{21}$

33 귀하가 근무하는 H은행에 A고객이 찾아와 상품 해지 시 환급금이 얼마인지를 물어보았다. A고객의 가입정보가 다음과 같을 때, 귀하가 알려줄 세전 환급금의 금액은 얼마인가?(단, A고객은 1년 6개월 전 가입하였으며, 약정금리는 기본금리로 한다)

〈A고객의 가입정보〉

- 상품 : 큰만족실세예금
- 가입기간 : 3년
- 예치방식 : 거치식예금
- 가입금액 : 300만 원
- 기본금리 : 연 1%
- 우대금리 : 연 0.2%p
- 중도해지안내
  - 횟수 : 최종해지 포함 3회 이내
  - 이율 : 중도해지이율 적용
  - 세금우대종합저축 또는 Magic Tree(또는 e-뱅킹) 연결계좌로 가입 시에는 분할해지 불가
- 중도해지이율(연 %, 세전)
  - 3개월 미만 : 0.15%
  - 6개월 미만 : (약정금리)×20%
  - 9개월 미만 : (약정금리)×30%
  - 12개월 미만 : (약정금리)×40%
  - 18개월 미만 : (약정금리)×45%
  - 24개월 미만 : (약정금리)×50%
  - 30개월 미만 : (약정금리)×55%
- 만기 후 금리(세전) : 일반정기예금 계약기간별 기본금리의 50%
- 이자지급방식 : 만기일시지급식, 단리식
- 예금자보호 여부 : 해당

① 3,022,500원
② 3,048,000원
③ 3,015,000원
④ 3,016,200원

〈H은행 환율조회〉

(2024.03.21. AM 10:49 기준)

통화명	매매기준율	현찰 살 때	현찰 팔 때	송금 보낼 때	송금받을 때
미국 USD	1,122.00	1,141.63	1,102.37	1,132.90	1,111.10
일본 JPY 100	1,005.92	1,023.52	988.32	1,015.77	996.07
유럽연합 EUR	1,252.15	1,277.06	1,227.24	1,264.67	1,239.63
중국 CNY	163.03	171.18	154.88	164.66	161.40
호주 AUD	836.00	852.46	819.54	844.36	827.64

※ 2024년 3월 동안 인터넷 환전 고객님께는 미국달러화, 일본엔화, 유로화는 80%, 기타통화는 30%로 수수료를 할인해 드리는 할인쿠폰을 드립니다(보유 통화는 영업점마다 다르니 확인 후 방문해주시기 바랍니다).

※ 현찰 실거래 가격은 매매기준율에 환전 수수료를 더한 가격입니다.

〈외환수수료 규정〉

		국내 간 외화송금	실시간 국내송금(결제원이체)
외화자금 국내이체 수수료(당·타발)		• USD 5,000 이하 : 5,000원 • USD 10,000 이하 : 7,000원 • USD 10,000 초과 : 10,000원	• USD 10,000 이하 : 5,000원 • USD 10,000 초과 : 10,000원
		※ 인터넷뱅킹 : 5,000원 ※ 실시간이체 : 타발 수수료는 없음	
해외로 외화송금	송금 수수료	• USD 500 이하 : 5,000원 • USD 2,000 이하 : 10,000원 • USD 5,000 이하 : 15,000원 • USD 20,000 이하 : 20,000원 • USD 20,000 초과 : 25,000원 ※ 인터넷뱅킹 이용 시 건당 3,000~5,000원, ATM 및 자동이체 이용 시 40~70% 우대 　(타 서비스와 중복 할인 가능)	
		해외 및 중계은행 수수료를 신청인이 부담하는 경우 국외 현지 및 중계은행의 통화별 수수료를 추가로 징수(USD 18, EUR 20, JPY 3,000, GBP 12, CAD 20, AUD 20 등)	
	전신료	8,000원 ※ 인터넷뱅킹 및 자동이체 : 5,000원	
	조건변경 전신료	8,000원	
해외/타행에서 받은 송금		건당 10,000원	

34 H은행에 근무하는 Y사원은 다음과 같은 고객의 문의를 받게 되었다. 이에 대한 답변으로 옳은 것은?

> 안녕하세요. 일주일 뒤에 유럽 여행을 가는데요, 그 전에 환전을 해두려고 합니다.
> 1,500유로를 영업점에 가서 환전하려면 얼마 정도의 비용이 드는지와 인터넷뱅킹으로 환전하면 얼마 정도 드는지 각각 알려주시면 감사하겠습니다.

① 고객님께서 환전하시는 데 드는 금액은 현재 환율 기준으로 1,885,930원이며, 인터넷뱅킹 이용 시 80% 환전 수수료 할인쿠폰을 적용하여 1,795,125원이 듭니다.

② 고객님께서 환전하시는 데 드는 금액은 현재 환율 기준으로 1,915,110원이며, 인터넷뱅킹 이용 시 80% 환전 수수료 할인쿠폰을 적용하여 1,802,105원이 듭니다.

③ 고객님께서 환전하시는 데 드는 금액은 현재 환율 기준으로 1,915,160원이며, 인터넷뱅킹 이용 시 80% 환전 수수료 할인쿠폰을 적용하여 1,835,725원이 듭니다.

④ 고객님께서 환전하시는 데 드는 금액은 현재 환율 기준으로 1,915,590원이며, 인터넷뱅킹 이용 시 80% 환전 수수료 할인쿠폰을 적용하여 1,885,698원이 듭니다.

35 A씨는 친구의 부탁으로 보유하고 있는 엔화를 국내의 타 은행으로 송금해야 한다. A씨가 800,000엔을 타 은행으로 송금 시 인터넷뱅킹을 이용할 경우와 영업점을 이용할 경우 수수료의 차이는 얼마인가?(단, 이날 일본 JPY 100 대비 미국 USD 매매기준율은 0.92달러/100엔이었다)

① 1,000원 　　　　　　　　　　② 2,000원
③ 3,000원 　　　　　　　　　　④ 5,000원

36 자녀를 외국으로 유학을 보낸 고객이 찾아와 유학생 자녀에게 다음과 같이 송금을 하고자 한다. 고객이 지불해야 할 금액은 얼마인가?(단, 1원 미만은 절사한다)

> • 송금 금액 : USD 4,000
> • 송금 수수료 : 30% 할인쿠폰을 가지고 있음
> • 중계은행 수수료 본인 부담

① 4,418,065원 　　　　　　　② 4,448,842원
③ 4,515,854원 　　　　　　　④ 4,570,492원

다음은 H사의 2020 ~ 2023년 분야별 투자 금액을 나타낸 그래프이며, 제시된 4개 분야 외에 다른 투자는 없었다.

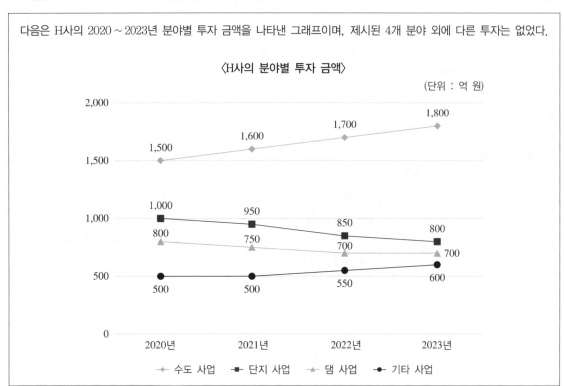

〈H사의 분야별 투자 금액〉

37 다음 중 자료를 해석한 내용으로 옳지 않은 것은?

① 수도 사업에 대한 투자 금액은 매년 증가하였다.

② 댐 사업에 대한 투자 금액이 같은 두 해가 있다.

③ 연간 총투자 금액은 매년 조금씩이라도 상승하였다.

④ 연간 총투자 금액의 50%를 넘는 사업은 하나도 없었다.

38 다음 지침으로 판단할 때, H사가 2024년 단지 사업에 투자할 금액은?

> 2024년 연간 총투자 금액은 2023년보다 210억 원 증액하기로 하였습니다. 단, 수도 사업과 댐 사업의 투자 금액은 동결하고, 증액한 210억 원은 단지 사업과 기타 사업의 2023년 투자 금액에 정비례해 배분하기로 하였습니다.

① 890억 원

② 900억 원

③ 910억 원

④ 920억 원

※ 다음 A기업의 성과급 지급 관련 자료를 보고 이어지는 질문에 답하시오. [39~40]

<성과급 지급 방법>

가. 성과급 지급은 성과평가 결과와 연계함

나. 성과평가는 유용성, 안전성, 서비스 만족도의 총합으로 평가함. 단, 유용성, 안전성, 서비스 만족도의 가중치를 각각 0.4, 0.4, 0.2로 부여함

다. 성과평가 결과를 활용한 성과급 지급 기준

성과평가 점수	성과평가 등급	분기별 성과급 지급액	비고
9.0점 이상	A	100만 원	성과평가 등급이 A이면 직전 분기 차감액의 50%를 가산하여 지급
8.0점 이상 9.0점 미만	B	90만 원(10만 원 차감)	
7.0점 이상 8.0점 미만	C	80만 원(20만 원 차감)	
7.0점 미만	D	40만 원(60만 원 차감)	

39 A기업은 일정한 기준에 따라 팀별로 성과급을 지급한다. 기획팀의 성과평가 결과가 다음과 같다면 지급되는 성과급의 1년 총액은 얼마인가?

(단위 : 점)

구분	1/4분기	2/4분기	3/4분기	4/4분기
유용성	8	8	10	8
안전성	8	6	8	8
서비스 만족도	6	8	10	8

① 350만 원
② 355만 원
③ 360만 원
④ 365만 원

40 3/4분기에 성과평가 등급이 A였던 마케팅팀, B였던 전략팀, C였던 영업팀이 4/4분기에는 모두 A등급을 받았다. 이 세 팀의 4/4분기 성과급 지급액을 모두 더한 금액은?

① 315만 원
② 320만 원
③ 325만 원
④ 330만 원

41 다음은 H은행 적금 상품의 내용이다. 이와 같은 조건으로 정기적금을 가입할 때, 만기 시 받는 총액은 얼마인가?(단, 이자소득세와 우대이율은 계산하지 않는다)

- 상품명 : 스무살청춘적금
- 가입기간 : 24개월
- 가입금액 : 매월 초 500,000원 납입
- 적용금리 : 연 2.4%
- 저축방법 : 정기적립식
- 이자지급방식 : 만기일시지급, 단리식

① 12,300,000원   ② 12,350,000원

③ 12,400,000원   ④ 12,450,000원

42 H은행의 주택담보대출에 가입한 고객이 중도상환을 하고 대출금액을 정산하려고 한다. 고객의 정보가 다음과 같을 때 고객에게 안내해야 할 중도상환수수료는 얼마인가?[단, 중도상환수수료는 (중도상환금액)×(중도상환수수료율)×(잔여기간÷대출기간)이고, 주어진 정보 외의 것은 무시한다]

〈고객 정보〉

- 상품특징 : 금리상승기에 고객의 이자부담 완화와 안정적인 부채상환을 위해 일정시점까지 대출금리가 고정되는 주택담보대출
- 대출금액 : 1억 원
- 중도상환금액 : 5천만 원
- 대출기간 : 5년
- 가입기간 : 3년
- 대출이율 : 4%
- 중도상환수수료율 : 2%

① 200,000원   ② 300,000원

③ 400,000원   ④ 500,000원

※ A업체에서 근무 중인 K사원은 시기별로 집계된 자사 상품의 판매량을 검토 중이다. 상품 판매량은 매일 기록되며 '매달 판매량'은 1일부터 말일까지 판매량을 더한 값이다. 또한 '평균 판매량'은 한 달을 30일로 가정하여 하루에 판매되는 평균 판매량을 말한다. 다음과 같은 상황에서 K사원이 구해야 할 답으로 옳은 것을 고르시오. [43~45]

43 2022년 3월 판매량과 동년 2월 판매량은 각각 108,600개, 102,300개이다. 3월과 2월의 평균 판매량의 차이는?

① 210개   ② 220개

③ 230개   ④ 240개

44 위의 경우에서 한 달을 30일로 가정하지 않고, 실제 날짜를 고려한 실제 평균 판매량은 대략 얼마나 차이가 나는가?(단, 윤달은 고려하지 않으며 소수점 이하는 버림한다)

① 약 130개   ② 약 150개

③ 약 170개   ④ 약 190개

45 2022년 1월부터 7월까지 매달 판매량이 평균 5,000개씩 증가하였다. 기록 중인 8월 판매량을 살펴보니 3,500개를 판매한 1일부터 같은 달 18일까지 매일 평균 100개씩 증가하고 있다. 8월 말일까지 매일 평균 100개씩 증가한다고 가정하였을 때, 8월의 전달 대비 판매량 변화율은 얼마인가?(단, 1월 판매량은 90,000개이며, 소수점 이하는 버림한다)

① 약 15%   ② 약 18%

③ 약 20%   ④ 약 29%

※ 다음은 A ~ D도시의 인구, 총 도로 길이 및 인구 1,000명당 자동차 대수를 나타낸 자료이다. 자료를 보고 이어지는 질문에 답하시오. **[46~48]**

도시	인구(만 명)	총 도로 길이(km)	1,000명당 자동차 대수(대)
A	108	198	204
B	75	148	130
C	53	318	408
D	40	103	350

46 자동차 대수가 많은 순서대로 바르게 나열한 것은?

① A－C－D－B
② A－C－B－D
③ C－D－B－A
④ C－D－A－B

47 한 가구당 구성원 수가 평균 3명이라고 하면, 가구당 평균 한 대 이상의 자동차를 보유하는 도시는?

① A, B
② A, C
③ B, C
④ C, D

48 C도시의 도로 1km당 자동차 대수로 알맞은 것은?

① 560대
② 620대
③ 680대
④ 740대

49 다음 명제가 모두 참일 때 반드시 참인 것은?

> • 가장 큰 B종 공룡보다 A종 공룡은 모두 크다.
> • 일부의 C종 공룡은 가장 큰 B종 공룡보다 작다.
> • 가장 큰 D종 공룡보다 B종 공룡은 모두 크다.

① 가장 작은 A종 공룡만 한 D종 공룡이 있다.
② 가장 작은 C종 공룡만 한 D종 공룡이 있다.
③ 어떤 C종 공룡은 가장 작은 A종 공룡보다 작다.
④ 어떤 A종 공룡은 가장 큰 C종 공룡보다 작다.

50 다음 명제가 모두 참일 때 옳지 않은 것은?

> • 컴퓨터 게임을 잘하는 사람은 똑똑하다.
> • 컴퓨터 게임을 잘하고 모바일 게임도 잘한다.
> • 똑똑한 사람은 상상력이 풍부하다.
> • 상상력이 풍부하면 수업에 방해된다.

① 모바일 게임을 잘하는 사람은 수업에 방해된다.
② 똑똑한 사람은 수업에 방해된다.
③ 모바일 게임을 잘하는 사람은 똑똑하다.
④ 컴퓨터 게임을 잘하는 사람은 수업에 도움이 된다.

51 다음 명제가 모두 참일 때 빈칸에 들어갈 명제로 옳은 것은?

> • 눈을 자주 깜빡이지 않으면 눈이 건조해진다.
> • 스마트폰을 이용할 때는 눈을 자주 깜빡이지 않는다.
> • _____

① 눈이 건조해지면 눈을 자주 깜빡이지 않는다.
② 눈이 건조해지지 않으면 눈을 자주 깜빡이지 않는다.
③ 눈을 자주 깜빡이지 않으면 스마트폰을 이용하는 때이다.
④ 스마트폰을 이용할 때는 눈이 건조해진다.

52 H기숙사에서 간밤에 도난사건이 발생하였다. 물건을 훔친 사람은 한 명이며, 이 사건에 대해 기숙사생 A ~ D는 다음과 같이 진술하였다. 네 명 중 한 명만이 진실을 말했을 때, 다음 중 물건을 훔친 범인은 누구인가?(단, S기숙사에는 A ~ D 4명만 거주 중이며, 이들 중 반드시 범인이 있다)

- A : 어제 B가 훔치는 것을 봤다.
- B : C와 D는 계속 같이 있었으므로 두 명은 범인이 아니다.
- C : 나와 B는 어제 하루 종일 자기 방에만 있었으므로 둘 다 범인이 아니다.
- D : C와 나는 계속 같이 있었으니, A와 B 중에 범인이 있다.

---

① A   ② B
③ C   ④ D

53 최근 제주도의 수용 가능한 관광객 수가 한계에 도달함에 따라 환경문제가 대두되어 관광 활성화와 환경보전을 동시에 추구할 수 있는 정책적 대안을 마련하기로 하였다. 이를 위해 다음과 같은 제주도지질공원 SWOT 분석을 제시했다. 이러한 분석 결과를 토대로 도출한 전략이 〈보기〉와 같을 때 빈칸 ㉠ ~ ㉣에 들어갈 내용을 바르게 연결한 것은?

〈SWOT 분석 결과〉	
강점 (Strength)	• 유네스코 생물권보전지역, 세계자연유산, 세계지질공원 지정 • 주요 지질 명소가 국가지정 문화재로 지정 • 자연, 문화, 역사 등 풍부한 관광 자원 보유 • 안내소, 탐방로, 안내판 등 정비된 탐방 인프라 • 다양한 탐방, 교육 프로그램 운영 • 지오푸드, 지오하우스 등 지질공원 브랜드화 및 상품 개발 • '제주 지오 앱(Geo App)' 등 스마트폰 기반 홍보 및 안내 실시 • 체계적·지속적인 해설사 양성, 지역 주민에 대한 지질공원 교육
약점 (Weakness)	• 전문 관리 인력의 부족 • 지속적인 주민 참여 부족 • 해외 홍보 매체의 다양성 부족 • 지질 명소별·시기별 방문객 불균형 • 운행코스, 횟수 등 명소 간 대중교통 이용 불편 • 내국인 관광객에 편중된 탐방, 교육 프로그램 운영 • 안내 책자, 의사소통 등 외국인 관광객 편의성 미흡
기회 (Opportunity)	• 유네스코 인증과 한류 확산에 따른 국제 인지도 상승 • 국제 연구(세계지질공원 네트워크) 및 교류(자매도시·우호도시) 확대 • 친환경 미래산업 시험 지역(테스트베드)으로서의 인지도 상승 • 한국의 IT 기술 수준, 인터넷 보급률 등은 세계 최정상 수준
위협 (Threat)	• 명소 추가 지정에도 불구하고 재원 확대 불충분 • 중국, 일본 등 인접 국가와의 불안정한 외교 관계 • 관광객 수용 한계 근접 우려(Overtourism) 및 지역주민 불편 • 국내 경기 침체 및 제주 여행객 증가율 둔화 및 해외 관광 선호 현상

구분	전략 내용
㉠	공항·터미널·항구·택시·버스 등에 외국인을 위한 안내 책자를 배치하고, 해외 포털 사이트뿐만 아니라 언론(신문·TV), SNS 등 다양한 대중 매체를 통해 외국인에게 제주도지질공원을 소개해 둔화된 제주 여행객 증가율의 획기적인 반등을 도모한다.
㉡	외국의 자매도시·우호도시 시민을 대상으로 유네스코 세계지질공원으로 지정된 제주도의 다양한 관광 자원과 잘 정비된 탐방 인프라를 홍보한다.
㉢	세계 최고 수준의 IT 기술력으로 버스 배차 시간 정보 확인, 택시 예약과 지질 명소 관람 예약 등이 가능한 앱(App)을 개발해 지질 명소별 방문객 불균형 현상과 대중교통 이용 불편을 감소시킨다.
㉣	'제주 지오 앱(Geo App)'을 통해 각 지질 명소별 이용객 현황 등의 정보를 실시간으로 제공함으로써 관광객의 분산을 유도해 수용 한계로 인한 혼잡도를 경감시킨다.

	㉠	㉡	㉢	㉣
①	WT 전략	SO 전략	WO 전략	ST 전략
②	WT 전략	ST 전략	WO 전략	SO 전략
③	SO 전략	ST 전략	WT 전략	WO 전략
④	SO 전략	WO 전략	WT 전략	ST 전략

54 다음은 H은행의 직장인우대MY통장 상품에 대한 자료의 일부이다. 이 상품에 가입하고자 하는 A ~ D의 조건이 〈보기〉와 같을 때, 우대금리가 가장 높은 사람은?

〈직장인우대MY통장〉

- 계약기간 : 1년(12개월)
- 신규금액 : 최소 1만 원 이상
- 납입한도 : 매월 1 ~ 20만 원(만 원 단위)
- 가입대상 : 실명의 개인(1인 1계좌)
  ※ 개인사업자 제외
- 이자지급방법 : 만기일시지급식
- 금리 : 연 3.55%
- 우대금리 : 최대 연 1.8%p
  계약기간 동안 아래 조건을 충족한 고객이 만기해지 하는 경우 제공

우대조건	우대금리
가입시점에 직장인으로 확인되는 경우	연 0.3%p
당행 실명등록일로부터 3개월 이내 신규가입하는 경우 또는 상품가입 직전월 기준 6개월 이상 총수신평잔이 0원인 경우	연 0.3%p
계약기간 동안 6개월 이상 급여이체 실적(50만 원 이상)이 있는 경우	연 0.5%p
계약기간 동안 당행 신용(체크)카드 이용실적이 300만 원 이상인 경우 (단, 이용실적은 매출표 접수기준으로 결제계좌가 당행인 경우에 한하며 현금서비스 실적은 제외)	연 0.2%p

- 원금 및 이자지급제한
  - 계좌에 압류, 가압류, 질권설정 등이 등록된 경우 원금 및 이자 지급 제한
  - 예금 잔액 증명서 발급 당일에는 입금·출금·이체 등 잔액 변동 불가

─〈보기〉─

〈직장인우대MY통장 가입자 정보〉

구분	비고
A	• K사 사원 재직 확인(월 실수령 225만 원 이상) • 당행 계좌로 30개월 분 급여 이체 내역 확인 • 당행 신용카드로 매월 20만 원 미만 고정 지출 내역 확인
B	• 15일 후 N사 신입사원으로 입사 예정(월 실수령 200만 원 이상) • 12개월 이상 잔고 0원인 계좌 확인 • 급여계좌 당행으로 설정 예정 • 당행 신용카드로 매월 30만 원 이상 고정 지출 내역 확인
C	• P사 과장 재직 확인(월 실수령 275만 원 이상) • 타행 계좌로 100개월 분 급여 이체 내역 확인 • 당행 신용카드로 매월 50만 원 이상 고정 지출 내역 확인
D	• O사 과장 재직 확인(월 실수령 330만 원 이상) • 당행 계좌로 120개월 분 급여 이체 내역 확인 • 당행 계좌 압류 상태 확인 • 당행 신용카드 및 체크카드 미발급

※ 가입 이후 급여계좌 및 급여 여부, 신용카드 및 체크카드의 발급 여부 및 실적은 변동되지 않는 것으로 가정한다.

① A   ② B

③ C   ④ D

55 다음은 H은행의 Star 정기예금의 적용금리와 UP 정기예금의 적용금리에 대한 자료이다. 두 예금의 예치기 간에 따른 만기 시 최종 적용금리의 차이가 바르게 연결되지 않은 것은?(단, UP 정기예금의 최종 적용금리 는 누적 평균으로 가정한다)

〈Star 정기예금 적용금리〉

(단위 : %)

기간	기본금리	고객 적용금리
1개월 이상 ~ 3개월 미만	연 0.75	연 2.84
3개월 이상 ~ 6개월 미만	연 0.85	연 3.51
6개월 이상 ~ 12개월 미만	연 0.95	연 3.65
12개월 이상 ~ 24개월 미만	연 0.95	연 3.68
24개월 이상 ~ 36개월 미만	연 1.05	연 3.15
36개월	연 1.15	연 3.16

※ 고객 적용금리를 최종 적용금리로 적용한다.

〈UP 정기예금 적용금리〉

(단위 : %)

적용 기간	1개월	1개월 초과 ~ 2개월 이하	2개월 초과 ~ 3개월 이하	3개월 초과 ~ 4개월 이하	4개월 초과 ~ 5개월 이하	5개월 초과 ~ 6개월 이하
기본금리	연 1.85	연 1.85	연 1.85	연 2.35	연 2.35	연 2.35
누적 평균	연 1.85	연 1.85	연 1.85	연 1.97	연 2.05	연 2.10
적용 기간	6개월 초과 ~ 7개월 이하	7개월 초과 ~ 8개월 이하	8개월 초과 ~ 9개월 이하	9개월 초과 ~ 10개월 이하	10개월 초과 ~ 11개월 이하	11개월 초과 ~ 12개월 이하
기본금리	연 2.65	연 2.65	연 2.65	연 2.65	연 2.65	연 2.90
누적 평균	연 2.19	연 2.25	연 2.30	연 2.34	연 2.37	연 2.42

	예치기간	최종 적용금리 차이
①	3개월	1.66%p
②	6개월	1.55%p
③	9개월	1.35%p
④	12개월	1.23%p

〈시리얼넘버 부여 방식〉

시리얼넘버는 [제품분류] – [배터리 형태][배터리 용량][최대 출력] – [고속충전 규격] – [생산날짜] 순서로 부여한다.

〈시리얼넘버 세부사항〉

제품분류	배터리 형태	배터리 용량	최대 출력
NBP : 일반형 보조배터리 CBP : 케이스 보조배터리 PBP : 설치형 보조배터리	LC : 유선 분리형 LO : 유선 일체형 DK : 도킹형 WL : 무선형 LW : 유선＋무선	4 : 40,000mAH 이상 3 : 30,000mAH 이상 2 : 20,000mAH 이상 1 : 10,000mAH 이상	A : 100W 이상 B : 60W 이상 C : 30W 이상 D : 20W 이상 E : 10W 이상

고속충전 규격	생산날짜	
P31 : USB–PD3.1 P30 : USB–PD3.0 P20 : USB–PD2.0	B3 : 2023년 B2 : 2022년 ... A1 : 2011년	1 : 1월 2 : 2월 ... 0 : 10월 A : 11월 B : 12월
		01 : 1일 02 : 2일 ... 30 : 30일 31 : 31일

56 다음 〈보기〉 중 시리얼넘버가 잘못 부여된 제품은 모두 몇 개인가?

〈보기〉

- NBP–LC4A–P20–B2102
- CBP–WK4A–P31–B0803
- NBP–LC3B–P31–B3230
- CNP–LW4E–P20–A7A29
- PBP–WL3D–P31–B0515
- CBP–LO3E–P30–A9002
- PBP–DK1E–P21–A8B12
- PBP–DK2D–P30–B0331
- NBP–LO3B–P31–B2203
- CBP–LC4A–P31–B3104

① 2개
② 3개
③ 4개
④ 5개

57 K사 고객지원부서에 재직 중인 S주임은 보조배터리를 구매한 고객으로부터 다음과 같은 전화를 받았다. 해당 제품을 회사 데이터베이스에서 검색하기 위해 시리얼번호를 입력해야 할 때, 고객이 문의한 제품의 시리얼번호로 옳은 것은?

S주임 : 안녕하세요. K사 고객지원팀입니다. 무엇을 도와드릴까요?
고객 : 안녕하세요. 지난번에 구매한 보조배터리가 작동을 하지 않아서요.
S주임 : 네, 고객님. 해당 제품 확인을 위해 시리얼번호를 알려주시기 바랍니다.
고객 : 제품을 들고 다니면서 시리얼번호가 적혀 있는 부분이 지워졌네요. 어떻게 하면 되죠?
S주임 : 고객님 혹시 구매하셨을 때 동봉된 제품설명서 가지고 계실까요?
고객 : 네, 가지고 있어요.
S주임 : 제품설명서 맨 뒤에 제품정보가 적혀있는데요. 순서대로 불러주시기 바랍니다.
고객 : 설치형 보조배터리에 70W, 24,000mAH의 도킹형 배터리이고, 규격은 USB - PD3.0이에요. 생산날짜는 2022년 10월 12일이네요.
S주임 : 확인 감사합니다. 잠시만 기다려 주세요.

① PBP - DK2B - P30 - B1012   ② PBP - DK2B - P30 - B2012
③ PBP - DK3B - P30 - B1012   ④ PBP - DK3B - P30 - B2012

58 A ~ E의 5개 회사가 5층짜리 건물의 각 층을 사용하고 있다. C와 B 간의 층수의 차이는 B와 A 간의 층수의 차이와 같다. D는 E보다 더 높은 층에 있다. A는 5층에 있으며 C가 1층에 있을 때, 다음 중 참인 것은?

① B와 E는 인접 층이다.
② A와 E는 인접 층이다.
③ D와 E는 인접 층이다.
④ E는 3층보다 높은 층이다.

※ K씨는 오후 4시 30분에 A에서 출발하여 모든 도로를 한 번씩 거쳐 B, C, D, E, F를 들렀다가 다시 A로 돌아오려고 한다. 다음 자료를 보고 이어지는 질문에 답하시오. [59~60]

〈위치도면〉

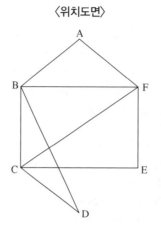

〈도로 방향별 가중치〉

출발지점＼도착지점	A	B	C	D	E	F
A	–	5	–	–	–	6
B	5	–	4	8	–	3
C	–	4	–	5	4	4
D	–	6	3	–	–	–
E	–	–	7	–	–	4
F	5	6	7	–	5	–

※ 모든 구간의 이동시간은 30분으로 같다(단, 해당 구간이 차량정체구간이면 이동시간은 3배로 늘어난다).
※ 가중치가 높을수록 소모되는 비용이 많다.
※ B, C, D, E, F를 여러 번 들러도 상관없다.
※ 소모비와 시간은 최소로 한다.

59 K씨는 오후 4시에 다음과 같은 교통정보를 얻었다. 가중치와 시간을 모두 고려했을 때 K씨가 선택할 수 있는 경로의 수는?

〈실시간 교통정보〉

(기준시간 : 오후 4시)

• A－F도로는 정체가 지속되고 있지만, 오후 8시를 기준으로 정체가 풀릴 것으로 예상
• C－F도로는 노면 청소로 인하여 오후 6시부터 9시까지 3시간 동안 전면 통제할 예정

---

① 3가지　　　　　　　　　　　② 4가지
③ 5가지　　　　　　　　　　　④ 6가지

60 K씨는 출발하기 직전 다음과 같은 교통정보를 추가로 얻었다. 가중치와 시간을 모두 고려했을 때 K씨가 선택할 수 있는 경로의 수는?

〈실시간 교통정보〉
(기준시간 : 오후 4시 20분)
• B − F도로는 가드레일 정비로 인해 오후 4시 30분부터 오후 5시 30분까지 통제

① 1가지　　　　　　　　　　　　　② 2가지

③ 3가지　　　　　　　　　　　　　④ 4가지

61 G전자는 신제품으로 총 4대의 가정용 AI 로봇을 선보였다. 각각의 로봇은 다음 〈조건〉과 같이 전시장에 일렬로 전시되어 있고 한국어, 중국어, 일본어, 영어 중 한 가지만을 사용할 수 있다고 할 때, 항상 옳은 것은?

┌─── 〈조건〉 ───┐
- 1번 로봇은 2번 로봇의 바로 옆에 위치해 있다.
- 4번 로봇은 3번 로봇보다 오른쪽에 있지만, 바로 옆은 아니다.
- 영어를 사용하는 로봇은 중국어를 사용하는 로봇의 바로 오른쪽에 있다.
- 한국어를 사용하는 로봇은 중국어를 사용하는 로봇의 옆이 아니다.
- 일본어를 사용하는 로봇은 가장자리에 있다.
- 3번 로봇은 일본어를 사용하지 않으며, 2번 로봇은 한국어를 사용하지 않는다.
└─────────────┘

① 1번 로봇은 영어를 사용한다.

② 3번 로봇이 가장 왼쪽에 위치해 있다.

③ 4번 로봇은 한국어를 사용한다.

④ 중국어를 사용하는 로봇은 일본어를 사용하는 로봇의 옆에 위치해 있다.

〈댐·저수지 조류발생 대응현황〉

• 추진목적
 – 조류의 대량증식은 경제적 비용 증가(정수처리비용 증가), 심미적 영향(이취미 유발) 및 남조류 독성에 의한 수생태계 부정적 영향 우려
 – 조류발생 수준에 따라 적절한 조치를 시행하여 조류로 인한 피해 최소화
• 시행근거
 – (국가법령)「수질 및 수생태계 보전에 관한 법률」제21조(수질오염경보제) 및 제29조(조류에 의한 피해예방)
• 조류발생 조사계획
 – 조사대상 : 30개 댐(16개 다목적댐, 14개 용수댐)
 – 조사기간 : 연중
 – 조사항목 : 종별 조류개체 수, 클로로필 농도, 수온, 용존산소, pH, COD, T−N, T−P(필요시), 조류독소 이취미(조류경보 이상 시)
 – 조사빈도

구분	평시	관심단계	경계단계 이상
조류경보제 대상 댐	1회/주	1회/주	2회/주
조류경보제 비대상 댐	1회/월	1회/주	2회/주

 ※ 관심단계 : 남조류 수 1,000cells/mL 이상 / 경보단계 : 남조류 수 10,000cells/mL 이상
 – 남조류 세포 수는 Anabaena, Aphanizomenon, Microcystis, Oscillatoria, Phormidium 속 세포 수의 합
 – 2회 연속 측정 시 Chl−a 농도와 유독 남조류 세포 수 모두 기준에 해당될 때 발령
• 조류발생 대응계획
 – 조류발생 수준에 따라 단계별 대응방안(조사강화, 조류방제 등) 시행
• 조류대응 현황(2023년)
 – 홍수기 댐 상류 오염발생원 사전점검 및 조치
 ※ 2023년 댐 상류 오염원 432개소 리스트 및 430개소 개선 조치(99.5%)
 – 3차원 수질예측 기술을 활용한 댐·저수지 수질 예보제 시행
 ※ 대상 댐 : 8개 댐(충주, 대청, 주암, 용담, 합천, 남강, 임하, 보령) 조류 발생 예측
 – 수중폭기(23개 댐, 387기), 조류방지막(16개 댐, 20개소), 녹조제거선(1대) 운영
 – 조류제거물질 살포 체계 구축

〈조류발생 수준별 대응방안〉

구분	내용
평시 단계	• 조류조사(월간), 현장확인(사진촬영 및 현황기록) • 정수장, 지자체 등 수용가 비상연락망 구축 • 조류유입방지막, 조류제거물질 살포기, 수중폭기장치 등 조류저감시설 유지 관리 • 조류제거물질 확보 비축 • 유역점검 및 오염발생원 개선조치 요청(관리자 및 감독기관)
관심 단계	• 조류조사(주간), 현장확인(사진촬영 및 현황기록) – 수면 관찰 강화 : 댐 유입부(물꼬리), 정체부, 만곡부 • 수용가 현황 통보(필수) • 조류증식 수심 이하로 취수구 이동(선택 취수) • 취수구 또는 조류가 심한 지역은 차단망 설치 등 조류제거 조치 – 필요시 수중폭기장치 가동 및 조류제거물질 살포

	• 댐, 보 여유량 확인 및 통보 • 주변 오염원 단속 강화(지자체 합동) 및 홍보대책 수립 · 시행
경계 단계	• 관심 단계 조치사항 계속 시행 • 기상상황, 하천수문 등을 고려한 방류량 산정 • 맛 · 냄새 및 조류독소 분석 • 언론홍보(관리단 또는 지역본부)
대발생 단계	• 경계 단계 조치사항 계속 시행 • 댐, 보 방류량 조정 • 재해대책 상황실 운영(본사, 리스크관리위원회 보고) • 비상대책본부 편성(필요시)

62 다음 중 댐 · 저수지 조류발생 대응현황의 내용으로 적절하지 않은 것은?

① 조류가 대량으로 발생하면 정수처리비용 등 경제적 손실과 수생태계에 부정적인 영향을 미치기 때문에 조류발생 수준별 대응방안을 추진해야 한다.

② 조류조사대상은 16개의 다목적댐과 14개의 용수댐이다.

③ 2023년에 430개소의 댐 상류 오염원을 개선 조치하였다.

④ 2023년에 3차원 수질예측 기술을 활용한 댐 · 저수지 수질 예보제를 시행하여 안동다목적댐의 조류 발생을 예측하였다.

63 통합물관리처에서 근무하는 A사원은 대구 · 경북 지역의 다섯 개 다목적댐의 조류를 관리하고 있다. A사원이 해야 할 수준별 조류발생 대응방법으로 적절하지 않은 것은?

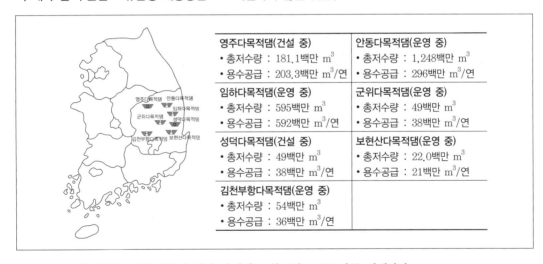

영주다목적댐(건설 중) • 총저수량 : 181.1백만 m³ • 용수공급 : 203.3백만 m³/연	안동다목적댐(운영 중) • 총저수량 : 1,248백만 m³ • 용수공급 : 296백만 m³/연
임하다목적댐(운영 중) • 총저수량 : 595백만 m³ • 용수공급 : 592백만 m³/연	군위다목적댐(운영 중) • 총저수량 : 49백만 m³ • 용수공급 : 38백만 m³/연
성덕다목적댐(건설 중) • 총저수량 : 49백만 m³ • 용수공급 : 38백만 m³/연	보현산다목적댐(운영 중) • 총저수량 : 22.0백만 m³ • 용수공급 : 21백만 m³/연
김천부항다목적댐(운영 중) • 총저수량 : 54백만 m³ • 용수공급 : 36백만 m³/연	

① 조류경보제 비대상 댐에 대하여 평시 단계에는 월 1회 조류조사를 시행한다.

② 관심 단계에는 정수장 · 지자체 등 수용가에 반드시 현황 통보를 하고, 취수구나 조류가 심한 지역에 차단망을 설치하는 등 조류제거를 해야 한다.

③ 경계 단계에는 타지역의 조류를 막기 위해 방류량을 정하지 않는다.

④ 대발생 단계에는 필요시 비상대책본부를 편성하고, 재해대책 상황실을 운영해 큰 피해가 생기지 않도록 해야 한다.

64 8층 건물의 엘리베이터는 2층을 제외한 모든 층에서 타고 내릴 수 있다. 1층에서 출발한 엘리베이터 안에는 철수, 만수, 태영, 영수, 희수, 다희가 타고 있고, 이들은 각자 다른 층에서 내린다. 엘리베이터가 1층에서 올라가고 다희는 철수보다는 한 층 늦게 내렸지만 영수보다는 한 층 빨리 내렸다. 희수는 만수보다 한 층 더 가서 내렸고 영수보다는 3층 전에 내렸다. 그리고 영수가 마지막에 내린 것이 아닐 때, 다음 중 홀수 층에서 내린 사람은?

① 영수
② 태영
③ 다희
④ 희수

※ 김대리는 출장으로 도시별로 5개 기업을 방문하게 되었다. 김대리가 방문해야 할 기업의 위치와 도로의 길이 가 다음과 같을 때, 이어지는 질문에 답하시오. **[65~68]**

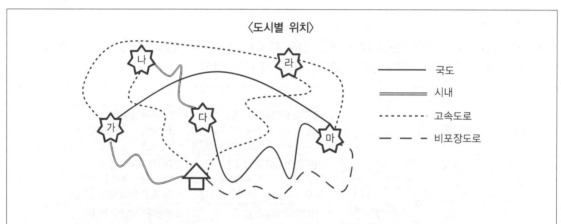

〈도로별 연결 길이〉

구분	거리
집 - 가	60km
집 - 나	70km
집 - 라	90km
집 - 마	80km
가 - 마	70km
가 - 라	100km
나 - 다	40km
다 - 마	70km
라 - 마	50km

〈도로별 연비(단위 : km/L)〉

도로	연비
국도	10
시내	4
고속도로	20
비포장도로	8

65 다음 중 김대리가 이동할 수 있는 경로가 아닌 것은?

① 집 – 나 – 다 – 마 – 라 – 가
② 집 – 나 – 다 – 마 – 가 – 라
③ 집 – 가 – 라 – 마 – 다 – 나
④ 집 – 가 – 마 – 다 – 나 – 라

66 지도상에서 김대리가 5개 기업을 모두 방문할 수 있는 경로는 총 몇 가지인가?

① 3가지
② 4가지
③ 5가지
④ 6가지

67 다음 이동경로 중에서 최단경로는 무엇인가?

① 집 – 나 – 다 – 마 – 라 – 가
② 집 – 나 – 다 – 마 – 가 – 라
③ 집 – 가 – 라 – 마 – 다 – 나
④ 집 – 라 – 가 – 마 – 다 – 나

68 여름철 폭우로 '나'로 가는 고속도로가 유실되어 교통이 차단되었다. 김대리는 할 수 없이 다른 경로 중에서 연료가 가장 적게 드는 방법을 선택하였다. 집에서 출발하여 모든 기업을 한 번씩 들렀을 때(마지막 기업을 도착점으로 하고 중간에 집에 들르는 것도 가능하다), 출장으로 쓴 연료비는 얼마인가?(단, 휘발유는 1L당 1,000원이다)

① 30,000원
② 30,500원
③ 32,500원
④ 33,500원

※ A고객은 노후대비 은퇴자금을 마련하기 위하여 H은행에 방문하였다. 행원인 귀하는 다음과 같은 상품을 고객에게 추천할 예정이다. 이어지는 질문에 답하시오. [69~70]

<H은행 100세 플랜 적금 상품설명서>

1. 상품개요
   • 상품명 : H은행 100세 플랜 적금
   • 상품특징 : 여유롭고 행복한 은퇴를 위한 은퇴자금 마련 적금 상품

2. 거래조건

구분		내용
가입자격		개인
계약기간		• 1년 ~ 20년 이내(연단위) • 계약기간 만료 전 1회 연장가능(단, 총계약기간 20년을 초과할 수 없음)
적립방식		자유적립식
가입금액		• 초입 10만 원 이상 • 매입금 1만 원 이상(계좌별) 매월 5백만 원(1인당) 이내 • 총납입액 10억 원(1인당) 이내
만기금리 (연 %, 세전)	기본금리	• 계약기간별 금리(실제 적용금리는 가입일 당시 고시금리에 따름) 계약기간 / 12개월 이상 / 24개월 이상 / 36개월 이상 금리 / 연 2.55% / 연 2.75% / 연 3.00%
	우대금리 (최고 0.5%p)	• 아래 우대조건을 충족하고 이 적금을 만기 해지하는 경우 각호에서 정한 우대금리를 계약기간 동안 합산 적용함(중도인출 또는 해지 시에는 적용하지 않음)

계약기간별 금리표:

계약기간	12개월 이상	24개월 이상	36개월 이상
금리	연 2.55%	연 2.75%	연 3.00%

우대조건표:

우대조건	우대금리
㉠ 이 적금 가입시점에 'H은행 100세 플랜 통장'을 보유하고 있는 경우	0.1%p
㉡ 같은 날 부부가 모두 가입하고 신규금액이 각 10만 원 이상인 경우(각 적금은 만기까지 보유하고 있어야 함)	0.1%p
㉢ 이 적금 계약기간이 3년 이상이고 만기 시 월 평균 10만 원 이상 입금된 경우	0.2%p
㉣ 이 적금 신규일로부터 만기일까지 'H은행 100세 플랜 연금'을 6개월 이상 보유하고 있는 경우(신규만 포함)	0.2%p
㉤ 인터넷 또는 스마트뱅킹으로 본 적금에 가입한 경우	0.1%p

구분		내용
이자지급방식		만기일시지급식
양도 및 담보제공		은행의 승낙을 받은 경우 양도 및 담보제공이 가능
제한사항		이 적금은 1년 이상 납입이 없을 경우 계약기간 중이라도 추가 적립할 수 없으며, 질권설정 등의 지급제한 사유가 있을 때는 원리금을 지급하지 않음
예금자 보호 여부	해당	이 상품은 예금자보호법에 따라 예금보험공사가 보호하되, 보호한도는 본 은행에 있는 귀하의 모든 예금보호대상 금융상품의 원금과 소정의 이자를 합하여 1인당 '최고 5천만 원'이며, 5천만 원을 초과하는 나머지 금액은 보호하지 않음

69 귀하는 A고객이 'H은행 100세 플랜 적금' 상품을 계약하기 전 해당 상품에 대한 이해를 돕고자 자세히 설명하려고 한다. 다음 설명 중 적절하지 않은 것은?

① 고객님, 해당 상품은 목돈이 들어가는 예금과 달리 첫 입금 시 10만 원 이상 그리고 계약기간 동안 매월 1만 원 이상 납입하시면 되는 적금이므로 지금 당장 큰 부담이 없습니다.

② 고객님, 해당 상품을 3년 이상 계약하시게 되면 기본금리가 3.00%로 적용되며, 다만 오늘 계약하지 않으시면 실제로 적용되는 금리가 변동될 수 있습니다.

③ 고객님, 우대금리는 최고 0.5%p까지만 적용되는데, 중도인출 또는 중도해지 시에는 우대금리가 적용되지 않습니다.

④ 고객님, 해당 상품은 예금자보호법에 따라 원금과 이자를 합쳐서 1인당 최고 5천만 원까지 보호되는 상품이며, 본 은행의 다른 상품과는 별도로 보호되는 금융상품입니다.

70 다음 A고객의 상담내역을 토대로 A고객이 만기시점에 받을 수 있는 세전금리를 구하면?

> 〈A고객의 상담내역〉
> • H은행과의 금융거래는 이번이 처음이며, 해당 적금상품만을 가입하였다.
> • 행원의 설명에 따라 매월 납입금액은 20만 원, 계약기간은 5년으로 계약하였다.
> • 타 은행보다 높은 금리조건에 만족하여 A고객의 배우자도 함께 가입하였으며, 각각 100만 원을 초입하였다.
> • 행원의 추천에 따라 한 달 뒤 'H은행 100세 플랜 연금'을 신규로 가입할 예정이며, 1년간 보유할 계획이다.
> • 해당 적금의 계약기간 동안 중도인출 또는 해지할 계획이 없으며, 연체 없이 모두 만기까지 보유할 예정이다.

① 2.75%　　　　　　　　② 3.05%

③ 3.25%　　　　　　　　④ 3.50%

71 다음 중 최신기술을 사용함으로써 효율적인 금융감독업무가 가능하도록 한 기술을 의미하는 것은 무엇인가?

① 핀테크   ② 섭테크

③ 애드테크   ④ 프롭테크

72 다음 중 컴퓨터 시스템의 보안 예방책을 침입하여 시스템에 무단 접근하기 위해 사용되는 일종의 비상구는?

① 스푸핑   ② 백 도어

③ 부인 봉쇄   ④ 스트리핑

73 다음 중 기업이 주체적으로 대중들의 보다 많은 관심과 집중을 받을 수 있는 음향 및 영상 등과 같은 내용물의 창작 작업에 참여해 기업의 이미지는 물론, 기업이 전하고자 하는 가치와 이념을 대중들에게 노출시키는 것을 일컫는 용어는?

① 퍼블리시티   ② 애드버토리얼

③ 브랜디드 콘텐츠   ④ POP

74 다음 중 에지 컴퓨팅(Edge Computing)의 특징으로 옳지 않은 것은?

① 데이터 처리 시간이 단축된다.

② 분산 컴퓨팅 모델이 아닌 중앙 집중식 컴퓨팅 모델에 적합하다.

③ 클라우드렛(Cloudlet) 또는 포그 컴퓨팅(Fog Computing)이라고도 불린다.

④ 자율주행자동차 등에 사용된다.

75 다음 중 악성코드의 일종인 트로이 목마(Trojan Horse)에 대한 설명으로 옳지 않은 것은?

① 정상적인 유틸리티 프로그램에 내장되어 배포될 수 있다.

② 자기 복제 능력과 감염 능력이 있다.

③ 트로이 목마 피해를 예방하기 위해 최신 바이러스 백신 상태를 유지한다.

④ 개인정보 유출이나 자료 파괴 같은 피해를 입을 수 있다.

76 다음 중 온라인에서 멀티미디어 콘텐츠의 불법 유통을 방지하기 위해 삽입된 워터마킹 기술의 특성으로 옳지 않은 것은?

① 부인 방지성　　　　　　　　② 비가시성

③ 강인성　　　　　　　　　　④ 권리정보 추출성

77 다음 중 현실의 자산을 가상화하여 실제 발생할 수 있는 돌발 상황이나, 그 밖에 모든 상황에 대한 분명한 정보를 얻기 위해 시행되는 기술은?

① 트윈슈머　　　　　　　　　② 디지털 트윈

③ 디지털 전환　　　　　　　　④ 데이터 마이닝

78 다음 중 〈보기〉에서 설명하는 내용으로 가장 적절한 것은?

───────〈보기〉───────

• 인터넷과 같은 공개된 네트워크상에서 전자상거래를 위한 신용 카드 거래를 안전하게 하기 위한 표준 프로토콜이다.
• RSA 암호화 기술에 기초를 두고 있다.
• 이용 고객, 전자 상점 및 금융 기관 모드가 암호화 통신을 하므로 고객 신용 정보가 노출될 우려가 없다.

① SSL　　　　　　　　　　② SET

③ SSH　　　　　　　　　　④ SMTP

79 다음 중 인터넷 서비스에 대한 설명으로 옳지 않은 것은?

① Gopher는 메뉴 방식의 정보 검색 서비스이다.

② TCP는 IP 프로토콜 위에서 연결형 서비스를 지원하는 전송계층 프로토콜이다.

③ FTP는 국내 PC 통신의 토론 광장과 유사한 형태로 일정한 주제를 놓고 여러 사람이 토론을 벌이는 인터넷 서비스이다.

④ Telnet은 멀리 떨어져 있는 컴퓨터에 접속하여 마치 자신의 컴퓨터처럼 사용할 수 있도록 해주는 서비스이다.

80 다음 〈보기〉의 빈칸에 들어갈 용어가 순서대로 바르게 나열된 것은?

─────〈보기〉─────

_____은/는 기업 내의 사설 네트워크로 회사의 정보나 컴퓨팅 자원을 직원들 간에 공유하게 하는 데 그 목적이 있으며, 이의 확장 개념인 _____은/는 _____을/를 통해 고객, 협력사 그리고 회사 외부의 인가된 사람에게까지 일부 정보를 공유할 수 있게 해줄 수 있기에 _____이/가 요구된다.

① 인트라넷, 인터넷, 라우터, 암호화

② 인터넷, 인트라넷, VPN(가상 사설망), 전자 서명

③ 인터넷, VPN(가상 사설망), 보안, 전자 서명

④ 인트라넷, 엑스트라넷, VPN(가상 사설망), 보안

4권

제4회
하나은행 필기전형

제1영역 NCS 직업기초능력
제2영역 디지털상식

www.sdedu.co.kr

〈문항 수 및 시험시간〉

영역	문항 수	시험시간	모바일 OMR 답안채점 / 성적분석 서비스
NCS 직업기초능력	70문항	90분	
디지털상식	10문항		

※ 문항 수 및 시험시간은 해당 채용 공고문을 참고하여 구성하였습니다.
※ 제한시간이 종료되고 OMR 답안카드에 마킹하거나 시험지를 넘기는 행동은 부정행위로 간주합니다.

제4회 모의고사

문항 수 : 80문항	
시험시간 : 90분	

제1영역 NCS 직업기초능력

01 다음 중 밑줄 친 어휘의 쓰임이 적절하지 않은 것은?

① 이론과 현실은 <u>달라요</u>.
② 선생님, 제 생각은 선생님과 <u>틀립니다</u>.
③ 아무래도 오늘 이 일을 마치기는 <u>틀린</u> 것 같다.
④ 고장 난 문을 감쪽같이 고치다니 역시 기술자는 역시 <u>달라</u>.

02 다음 중 띄어쓰기가 옳지 않은 것을 모두 고르면?

> H금융은 다양한 분야에서 ㉠ 괄목할 만한 성과를 거두고 있다. 단순히 타 금융그룹이 이를 벤치마킹한다고 해서 반드시 우수한 성과를 거둘 수 있는 것은 아니다. H금융의 성공 요인은 주어진 과제나 업무를 수동적으로 ㉡ 수행하는데 머무르지 않고, 고객의 접점에서 더욱 다양하고 복잡해지고 있는 수요를 빠르게 인지하고 깊이 있게 파악하여 그 개선점을 내놓기 위해 노력하는 일련의 과정을 ㉢ 그룹만의 특색으로 바꾸어 낸 데 있다.

① ㉠
② ㉡
③ ㉠, ㉢
④ ㉡, ㉢

03 다음 중 밑줄 친 부분과 바꾸어 쓸 수 없는 것은?

> 앞에서 말한 바와 같이 과도적인 문화는 많은 혼란과 갈등을 내포하고 있다. 전통 사회의 유형과 외래적인 유형이 혼재하며, 세대 간, 계층 간, 지역 간의 문화적 격차가 일어나고, 명확한 규범의 부재에서 일어나는 아노미가 발생하는 등 과도적인 문화는 그 통합성의 위기에 <u>逢着</u>하게 된다.

① 빠지게
② 부딪치게
③ 마주치게
④ 맞아들이게

04 다음 중 밑줄 친 단어를 바꾸어 사용할 수 없는 것은?

> • 그가 하는 이야기는 ㉠ 당착이 심하여 도무지 이해할 수가 없었다.
> • 용하다고 소문난 점쟁이는 눈빛부터 ㉡ 용인과 달랐다.
> • 마산만은 숱한 ㉢ 매립으로 인해 대부분의 해변이 사라졌다.
> • 앞으로 국내에 6개월 이상 ㉣ 체류하는 외국인은 건강보험에 가입해야 한다.

① ㉠ – 모순
② ㉡ – 범인
③ ㉢ – 굴착
④ ㉣ – 체재

05 다음 글의 중심 내용으로 가장 적절한 것은?

> 통계는 다양한 분야에서 사용되며 막강한 위력을 발휘하고 있다. 그러나 모든 도구나 방법이 그렇듯이, 통계 수치에도 함정이 있다. 함정에 빠지지 않으려면 통계 수치의 의미를 정확히 이해하고, 도구와 방법을 올바르게 사용해야 한다. 친구 5명이 만나서 이야기를 나누다가 연봉이 화제가 되었다. 2천만 원이 4명, 7천만 원이 1명이었는데, 평균을 내면 3천만 원이다. 이 숫자에 대해 4명은 "나는 봉급이 왜 이렇게 적을까?"하며 한숨을 내쉬었다. 그러나 이 평균값 3천만 원이 5명의 집단을 대표하는 데에 아무 문제가 없을까? 물론 계산 과정에는 하자가 없지만, 평균을 집단의 대푯값으로 사용하는 데에 어떤 한계가 있을 수 있는지 깊이 생각해 보지 않는다면, 우리는 잘못된 생각에 빠질 수도 있다. 평균은 극단적으로 아웃라이어(비정상적인 수치)에 민감하다. 집단 내에 아웃라이어가 하나만 있어도 평균이 크게 바뀐다는 것이다. 위의 예에서 1명의 연봉이 7천만 원이 아니라 100억 원이었다고 하자. 그러면 평균은 20억 원이 넘게 된다.
> 나머지 4명은 자신의 연봉이 평균치의 100분의 1밖에 안 된다며 슬퍼해야 할까? 연봉 100억 원인 사람이 아웃라이어이듯이 처음의 예에서 연봉 7천만 원인 사람도 아웃라이어인 것이다. 두드러진 아웃라이어가 있는 경우에는 평균보다는 최빈값이나 중앙값이 대푯값으로서 더 나을 수 있다.

① 평균은 집단을 대표하는 수치로서는 매우 부적당하다.
② 통계는 숫자놀음에 불과하므로 통계 수치에 일희일비할 필요가 없다.
③ 평균보다는 최빈값이나 중앙값을 대푯값으로 사용해야 한다.
④ 통계 수치의 의미와 한계를 정확히 인식하고 사용할 필요가 있다.

06 다음 글을 논리적 순서대로 바르게 나열한 것은?

(가) 베커는 "주말이나 저녁에는 회사들이 문을 닫기 때문에 활용할 수 있는 시간의 길이가 길어지고 이에 따라 특정 행동의 시간 비용이 줄어든다."라고도 지적한다. 시간의 비용이 가변적이라는 개념은 기대수명이 늘어나서 사람들에게 더 많은 시간이 주어지는 것이 시간의 비용에 영향을 미칠 수 있다는 점에서 의미가 있다.

(나) 베커와 린더는 사람들에게 주어진 시간을 고정된 양으로 전제했다. 1965년 당시의 기대수명은 약 70세였다. 하루 24시간 중 8시간을 수면에 쓰고 나머지 시간에 활동이 가능하다면 평생 408,800시간의 활동 가능 시간이 주어지는 셈이다. 하지만 이 방정식에서 변수 하나가 바뀌면 어떻게 될까? 기대수명이 많이 늘어난다면 시간의 가치 역시 달라져서, 늘 시간에 쫓기는 조급한 마음에도 영향을 주게 되지 않을까?

(다) 시간의 비용이 가변적이라고 생각한 이는 베커만이 아니었다. 스웨덴의 경제학자 스테판 린더는 서구인들이 엄청난 경제성장을 이루고도 여유를 누리지 못하는 이유를 논증한다. 경제가 성장하면 사람들이 시간을 쓰는 방식도 달라진다. 임금이 상승하면 직장 밖 활동에 들어가는 시간의 비용이 늘어난다. 일하는 데 쓸 수 있는 시간을 영화나 책을 보는 데 소비하면 그만큼의 임금을 포기하는 것이다. 따라서 임금이 늘어난 만큼 일 이외의 활동에 들어가는 시간의 비용도 함께 늘어난다는 것이다.

(라) 1965년 노벨상 수상자 게리 베커는 '시간의 비용'이 시간을 소비하는 방식에 따라 변화한다고 주장하였다. 예를 들어 수면이나 식사 활동은 영화 관람에 비해 단위 시간당 시간의 비용이 적다. 그 이유는 수면과 식사가 생산적인 활동에 기여하기 때문이다. 잠을 못 자거나 식사를 제대로 하지 못해 체력이 떨어진다면 생산적인 활동에 제약을 받기 때문에 수면과 식사 활동에 들어가는 시간의 비용이 영화관람에 비해 적다고 할 수 있다.

① (가) – (다) – (나) – (라)
② (가) – (라) – (다) – (나)
③ (라) – (가) – (다) – (나)
④ (라) – (나) – (다) – (가)

07 다음 글의 주제로 가장 적절한 것은?

> 20 대 80 법칙, 2 대 8 법칙으로 불리기도 하는 파레토 법칙은 전체 결과의 80%가 전체 원인의 20%에서 일어나는 현상을 가리킨다. 결국 크게 수익이 되는 것은 20%의 상품군 그리고 20%의 구매자이기에 이들에게 많은 역량을 집중할 필요가 있다는 것으로, 이른바 선택과 집중이라는 경영학의 기본 개념으로 자리 잡아왔다.
> 하지만 파레토 법칙은 현상에 붙은 이름일 뿐 법칙의 필연성을 설명하진 않으며, 그 적용이 쉬운 만큼 내부의 개연성을 명확하게 파악하지 않으면 오용될 여지가 다분하다는 문제점을 지니고 있다. 예컨대 상위권 성적을 지닌 20%의 학생을 한 그룹으로 모아놓는다고 해서 그들의 80%가 갑작스레 공부를 중단하진 않을 것이며, 20%의 고객이 80%의 매출에 기여하므로 백화점 찾는 80%의 고객들을 홀대해도 된다는 비약으로 이어질 수 있기 때문이다.

① 파레토 법칙은 80%의 고객을 경원시하는 법칙이다.
② 파레토 법칙을 함부로 여러 사례에 적용해서는 안 된다.
③ 파레토 법칙은 20%의 주요 구매자를 찾아내는 데 유효한 법칙이다.
④ 파레토 법칙은 보다 효율적인 판매 전략을 세우는 데 도움을 준다.

08 다음 글의 빈칸에 들어갈 가장 용어로 가장 적절한 것은?

> 지난해 7월 이후 하락세를 보이던 소비자물가지수가 전기, 가스 등 공공요금 인상의 여파로 다시 상승세로 반전되고 있다.
> 이에 경기 하강 흐름 속에서 한풀 꺾이던 _____에 대한 우려도 다시 커지고 있다. 여기에 중국의 경제 활동 재개 여파로 국제 에너지 및 원자재 가격 역시 상승 흐름을 탈 가능성이 높아져 계속하여 5%대 고물가 상황이 지속될 전망을 보인다.
> 앞서 정부는 지난해 전기요금을 세 차례, 가스요금을 네 차례에 걸쳐 인상하였는데, 이로 인해 올해 1월 소비자물가동향에서 나타난 전기·가스·수도 요금은 지난해보다 28.3% 급등한 것으로 분석되었고, 이에 따라 소비자물가 역시 상승 폭이 커지고 있다.
> 이러한 물가 상승 폭의 확대에는 공공요금의 영향뿐만 아니라 농축산물과 가공식품의 영향도 있는데, 특히 강설 및 한파 등으로 인해 농축수산물의 가격이 상승하였고, 이에 더불어 지난해 말부터 식품업계 역시 제품 가격을 인상한 것이 이에 해당한다. 특히 구입 빈도가 높고 지출 비중이 높은 품목들이 이에 해당하여 그 상승세가 더 확대되고 있다.

① 스태그네이션   ② 디플레이션
③ 인플레이션   ④ 디스인플레이션

09 다음 글을 읽고 추론할 수 있는 내용으로 적절하지 않은 것은?

> 과거에는 공공 서비스가 경합성과 배제성이 모두 약한 사회 기반 시설 공급을 중심으로 제공되었다. 이런 경우 서비스 제공에 드는 비용은 주로 세금을 비롯한 공적 재원으로 충당한다. 하지만 복지와 같은 개인 단위 공공 서비스에 대한 사회적 요구가 증가함에 따라 관련 공공 서비스의 다양화와 양적 확대가 이루어지고 있다. 이에 따라 정부의 관련 조직이 늘어나고 행정 업무의 전문성 및 효율성이 떨어지는 문제점이 나타나기도 한다. 이 경우 정부는 정부 조직의 규모를 확대하지 않으면서 서비스의 전문성을 강화할 수 있는 민간 위탁 제도를 도입할 수 있다. 민간 위탁이란 공익성을 유지하기 위해 서비스의 대상이나 범위에 대한 결정권과 서비스 관리의 책임을 정부가 갖되, 서비스 생산은 민간 업체에 맡기는 것이다.
>
> 민간 위탁은 주로 다음과 같은 몇 가지 방식으로 운용되고 있다. 가장 일반적인 것은 '경쟁 입찰 방식'이다. 이는 일정한 기준을 충족하는 민간 업체 간 경쟁 입찰을 거쳐 서비스 생산자를 선정, 계약하는 방식이다. 공원과 같은 공공 시설물 관리 서비스가 이에 해당한다. 이 경우 정부가 직접 공공 서비스를 제공할 때보다 서비스의 생산 비용이 절감될 수 있고 정부의 재정 부담도 경감될 수 있다. 다음으로는 '면허 발급 방식'이 있다. 이는 서비스 제공을 위한 기술과 시설이 기준을 충족하는 민간 업체에 정부가 면허를 발급하는 방식이다. 자동차 운전면허 시험, 산업 폐기물 처리 서비스 등이 이에 해당한다. 이 경우 공공 서비스가 갖춰야 할 최소한의 수준은 유지하면서도 공급을 민간의 자율에 맡겨 공공 서비스의 수요와 공급이 탄력적으로 조절되는 효과를 얻을 수 있다. 또한 '보조금 지급 방식'이 있는데, 이는 민간이 운영하는 종합 복지관과 같이 안정적인 공공 서비스 제공이 필요한 기관에 보조금을 주어 재정적으로 지원하는 것이다.

① 과거 공공 서비스는 주로 공적 재원에 의해 운영됐다.

② 정부로부터 면허를 받은 민간 업체는 보조금을 지급받을 수 있다.

③ 서비스 생산을 민간 업체에 맡김으로써 공공 서비스의 전문성을 강화할 수 있다.

④ 공공 서비스의 양적 확대에 따라 행정 업무 전문성이 떨어지는 부작용이 나타난다.

10 다음은 A은행의 채용과 관련한 인사규정 개정사항이다. 이에 대한 설명으로 적절하지 않은 것은?

〈A은행 인사규정 개정사항〉

1. 일반직 신규채용 시 시·군(도) 단위 공동선발 채용 원칙 명시

현행	개정
– A은행은 '시·군(도) 단위 공동선발' 원칙 – 다만, B·C은행의 경우 개별 '조합단위 선발' 채용 가능	'일반직 신규채용 시 시·군(도) 공동선발' 원칙 명시 ※ A·B·C은행 공통

※ 시·군(도) 단위 동시선발·채용은 채용 단계별 과정(공고, 서류심사, 필기시험, 면접)을 중앙회가 위임받아 지역본부(시·도) 단위 전국 동시채용을 실시합니다.

2. 전형채용 대상 축소 및 채용 자격요건 강화
   • 영농지도직 및 여성복지직 신규채용 금지

현행	개정
일정 경력자 또는 자격증 소지자의 영농지도직 및 여성복지직 전형채용 가능	영농지도직 및 여성복지직 신규채용 금지 ※ 일반직이 지도 업무 수행

   • 기능직(운전) 직종 채용 자격요건 강화

현행	개정
1종 보통 운전면허 소지자	1종 대형면허 또는 특수면허 소지자

※ 필기시험 여부에 따라 '고시채용'(서류심사 – 필기시험 – 면접)과 '전형채용'(서류심사 – 면접)으로 구분합니다.

3. 비정규직 중 시간제업무보조원 폐지
   시간제업무보조원을 폐지하고 단순 파트타이머로 대체·운용

4. 조합원 자녀 가산점 제도 폐지

현행	개정
조합원 자녀에 대한 필기고시 가산점 : 배점의 5%	삭제

5. 면접 제도 개선

현행	개정
면접위원 선정·통보는 면접 전일까지 실시	면접위원 선정·통보는 면접 당일 실시

---

① 시·군(도) 단위 동시선발·채용의 채용 단계별 과정은 중앙회가 위임받는다.
② 영농지도직 및 여성복지직의 신규채용이 금지되었다.
③ 기능직은 반드시 1종 대형면허 또는 특수면허 소지자여야 한다.
④ 시간제업무보조원을 폐지하고 일반직으로 대체·운용한다.

※ 다음 글을 읽고 이어지는 질문에 답하시오. [11~12]

국제간에 거래가 행하여지게 되면 동시에 거래 대금의 수급이 이루어지며, 이에 따라 국제간에 자금 이동이 필요하게 된다. 외국환이라는 것은 이 자금 이동을 현금 이동 방법으로 하지 않고 격지자[*]간의 채권·채무 관계를 제3자를 통한 지급 위탁의 방법으로 결제하는 수단을 말한다. 이처럼 오늘날 국제간에 널리 이용되고 있는 외국환이라고 하는 대차 결제 수단은 일반적으로 두 가지 의미로 사용되고 있다. 하나는 추상적 의미로 국제간의 대차 결의 방법으로서의 외국환이고, 다른 하나는 구체적인 신용 수단으로서의 외국환이다.

우리나라의「외국환관리법」은 외국환을 외국 통화와 외국 통화로 표시된 모든 지급 수단, 즉 증권·채권을 망라하여 매우 포괄적으로 정의하고 있다. 그러나 이 가운데 실제 국제간의 대차 관계를 결제하는 지급 수단으로 널리 사용되고 있는 것은 외국환어음·전신환·우편환이다. 외국환은 별다른 제약이 없는 내국환과는 달리 외국과의 대차 관계를 발생시키는 모든 거래에 적용되므로 한 나라의 국제수지와 매우 밀접한 연관을 가지고 있다. 또한 외국환의 효과적인 이용은 산업과 경제발전에 커다란 원동력이 되기 때문에 중요한 역할을 한다. 따라서 우리나라에서도 귀중한 외화가 무제한으로 해외로 유출되거나 그 반대로 투기성 외화가 일시적으로 크게 들어오는 것을 방지하기 위하여 국제수지의 상태에 따라 외국환 거래를 정부의 관리하에 두고 있다. 우리나라에서는 외국환과 기타의 대외 거래를 관리함으로써 국제수지의 균형과 통화 가치를 안정시키고 외화 자금을 효율적으로 운용하기 위하여 1961년 12월에 제정된「외국환관리법」을 중심으로 외국환을 관리하고 있다. 일정한 기관에 관리 기능을 집중시키고 허가·승인된 거래에만 외국환을 사용할 수 있도록「외국환관리법」·「외국환관리규정」·「외자도입법」·「외자관리법」·「한국은행법」등의 법령을 통하여 외국환 집중 제도를 조정하고 있다. 외국환 관리에 관한 중요 사항을 조사·심의하기 위하여 재경원에 외국환심의위원회를 두고 있으며, 외국환 수급 계획은 외국환심의위원회와 국무회의의 심의를 거쳐 대통령의 승인을 얻어 수립하도록 하고 있다.

우리나라의 외국환 보유액은 1970년에 약 6억 달러, 1975년에 약 15억 달러, 1980년에 약 65억 달러, 1985년에 약 77억 달러에서 1988년에는 약 123억 달러로 증가 추세에 있었으며, 1990년대에 들어서 증가 속도는 느려졌으나 여전히 증가하고 있었다. 그러던 것이 1997년 4분기에 들어서면서 그동안의 수출 부진에서 오는 외화가득률 하락, 핵심 기업들의 경영 악화 및 줄 이은 도산, 관치금융과 정경유착에 의한 불합리한 투자 및 부조리, OECD(경제협력개발기구) 가입에 따른 갑작스러운 금융시장 개방, YS 정권 말기의 권력 누수 현상과 경제관리 소홀 등으로 인해 외국자본이 빠른 속도로 금융시장을 이탈하기 시작하였다. 이러한 국내 경제의 불안정은 곧바로 외국 투자가들을 자극하여 1997년 말 우리나라 외환 보유액은 80억 달러라는 최악의 상황을 맞게 되었다. 한국 경제의 안정적인 운영을 위해 700억 달러가 필요하다고 일컬어지고 있는 점을 생각하면, 1997년 말 한국의 외환 보유고는 위험 수준에 와 있었던 것이다.

1998년 들어 새 정권이 시작되면서 대내외에 강한 개혁 의지를 천명하고 다각도로 외자 유치 활동을 벌이며 위기는 진정되기 시작하였다. 1997년 말 외채는 1,500억 달러였는 데 반하여, 외환 보유고는 80억 달러였다는 점을 생각한다면 당시의 급박한 상황을 알 수 있다. 이후 강력한 수출 확대, 수입 억제 정책이 채택되었고, 이에 따라 1998년 3월에 6.4%, 4월에 6.5%의 증가율을 보이던 수출이 5월부터 마이너스로 바뀌면서 또다시 외환 보유고에 대한 불안감을 고조시켰다. 1998년 8월 외환 보유고는 400억 달러 수준인데, 이 중 상당 부분이 국제기구에서 빌려온 것으로 높은 이자를 지불해야 하는 외자였으며, 경상수지 흑자도 그 내용은 수출 증대보다는 수입 감소 때문이라는 사실을 기억하여야 한다. 따라서 1997년 4분기에 시작된 외환·금융 위기에서 시작된 경제 위기는 완전히 해소되었다고 보기는 어려운 상황이었다.

* 격지자 : 의사표시를 한 후 이를 알 수 있는 상태가 될 때까지 상당한 시간적 경과가 필요한 관계에 있는 사람

11 윗글을 읽고 이해한 내용으로 적절하지 않은 것은?

① 외국환과 내국환은 외국과의 대차 관계를 발생시키는 모든 거래에 적용된다.

② 1997년 말 우리나라의 외채는 외환 보유액의 약 18배 이상이었다.

③ 우리나라의 외국환 보유액은 1970년부터 1997년 전까지 계속 증가하는 모습을 보였다.

④ 우리나라는 외국환 거래를 정부의 관리하에 두고 있다.

12 윗글을 읽고 답할 수 있는 질문이 아닌 것은?

① 1997년 말 우리나라의 외국자본이 이탈한 원인은 무엇인가?

② 우리나라의 외국환 관리는 어떻게 진행되고 있는가?

③ 우리나라가 사용 중인 국제간의 대차 관계를 결제하는 지급 수단은 무엇인가?

④ 효과적인 외국환 이용을 위한 앞으로의 방안은 무엇인가?

※ 다음은 블록체인 기술에 대한 글이다. 이어지는 질문에 답하시오. **[13~14]**

블록체인 기술은 '나카모토 사토시'라는 가명의 인물이 'Bitcoin : A Peer – to – Peer Electronic Cash'라는 연구를 공개함으로써 대중에 알려졌다. 이 논문을 바탕으로 블록체인 기반의 비트코인이 만들어졌고 이는 가상화폐 붐으로 이어졌다. 이러한 블록체인은 중개 기관에 의존적인 기존의 거래방식에서 벗어나 거래 당사자 간의 직접적인 거래를 통해 신뢰성을 보장한다. 이는 기존 중앙 통합형 거래시스템에서 발생하는 데이터 및 트랜잭션 관리 비용과 보안 문제를 개선할 방안이 되었다.

블록체인은 크게 P2P(Peer – to – Peer) 네트워크, 암호화, 분산장부, 분산합의의 4가지 기반 기술로 구성되어 있다. P2P 네트워크는 기존의 클라이언트 – 서버 방식에서 탈피한 동등한 레벨의 참여자들로 이루어지는 네트워크로, 모든 정보를 참여자들이 공통적으로 소유하고 있어 정보를 관리하는 시스템 1대가 정지해도 시스템 운영에 영향을 주지 않는 특징을 가진다. 암호화는 데이터의 무결성을 검증하는 해시트리와 거래의 부인 방지를 위한 공개키 기반 디지털 서명 기법을 사용한다. 분산장부는 참여자들 간의 공유를 통해 동기화된 정보의 기록 저장소이다. 마지막으로 분산합의는 참여자 간의 합의를 통해서 발생하는 적합한 거래와 정보만 블록체인으로 유지하는 기술로, 대표적으로 비트코인의 작업증명(Proof – of – work)이 있다. 이는 참여자들의 거래 데이터를 블록으로 생성하기 위한 작업으로, 참여자 간의 블록에 대한 무결성을 이끌어낸다. 이 외에도 거래자 간의 계약조건이 자동으로 실행하는 스마트 계약기술을 이용한 거래의 신뢰성 및 무결성 보장 기술을 포함하고 있다.

이러한 블록체인 기술은 중개 기관을 배제한 거래에 적용할 수 있는 부분부터 그 활용이 확대되고 있다. 가상화폐 기능 및 거래수수료를 절감할 수 있는 금융거래에서 사물인터넷, 자율주행 자동차 등 다양한 응용 분야에서 화두로 부상하고 있다. 또한 에너지 분야에서도 다양한 프로젝트가 진행 중이며, 상용화될 경우 기존의 전력 거래 및 공급 시스템의 많은 변화가 예상된다. 실제로 미국에서는 태양광 전력 생산 후 이에 대한 보상을 가상화폐(Solar Coin)로 보상하는 거래시스템, 태양광 에너지를 생산하고 남은 전기를 이웃 간에 거래하는 프로슈머 거래시스템, 전기차 충전소 인증 및 과금 체계에 블록체인 기반의 기술 적용이 연구 중이다.

13 윗글의 주된 내용 전개 방식으로 가장 적절한 것은?

① 대상을 정의하고, 종류에 대해 열거하며 설명하고 있다.
② 두 가지 상반되는 주장을 비교하여 제시하고 있다.
③ 사건이 발생하게 된 배경을 시간적 흐름에 따라 설명하고 있다.
④ 등장 배경을 설명하고, 대상의 특징 및 활용 분야에 대해 제시하고 있다.

14 윗글의 내용으로 가장 적절한 것은?

① 블록체인은 중개 기관 없이 거래 당사자 간의 직접적인 거래로 신뢰성이 떨어진다.
② 블록체인의 기반 기술은 P2P 네트워크, 블록화, 분산장부, 분산거래로 구성된다.
③ P2P 네트워크는 해시트리와 공개키 기반 디지털 서명 기법을 사용한다.
④ 참여자 간의 합의를 통해서 적합한 거래나 정보만 블록체인으로 유지한다.

15 다음은 한국은행 금융통화위원회의 구성 및 운영에 대한 규정이다. 이에 대한 설명으로 적절하지 않은 것은?

• 금융통화위원회의 구성

금융통화위원회는 한국은행의 통화신용정책에 관한 주요 사항을 심의·의결하는 정책결정기구로서 한국은행 총재 및 부총재를 포함하여 총 7인의 위원으로 구성된다.

한국은행 총재는 금융통화위원회 의장을 겸임하며 국무회의 심의를 거쳐 대통령이 임명한다. 부총재는 총재의 추천에 의해 대통령이 임명하며, 다른 5인의 위원은 각각 기획재정부 장관, 한국은행 총재, 금융위원회 위원장, 대한상공회의소 회장, 전국은행연합회 회장 등의 추천을 받아 대통령이 임명한다.

총재의 임기는 4년이고 부총재는 3년으로 각각 1차에 한하여 연임할 수 있으며, 나머지 금통위원의 임기는 4년으로 연임할 수 있다.

• 금융통화위원회의 운영

한국은행 총재는 금융통화위원회를 대표하는 의장으로서 회의를 주재한다. 금융통화위원회의 본회의는 의장이 필요하다고 인정하는 때 또는 위원 2인 이상의 요구가 있을 때 의장이 소집할 수 있는데 현재는 매월 둘째 주, 넷째 주 목요일에 정기회의가 개최되고 있다. 본회의에 상정되는 안건을 심의·의결하기 위해서는 통상 7인의 금통위원 중 5인 이상의 출석과 출석위원 과반수의 찬성이 필요하며 금융통화위원회가 의결을 한 때에는 의결서를 작성한다. 한편 본회의의 논의내용에 대해서는 의사록을 작성하고 의사록 내용 중 통화신용정책에 관한 사항에 대해서는 외부에 공개한다.

본회의 이외의 회의로는 상정 안건과 관련한 논의 등을 위한 간담회, 금융경제동향 등에 관하여 관련 부서의 보고를 듣고 서로 의견을 교환하기 위한 협의회 등이 있다. 한편, 대국회 보고를 위한 통화신용정책보고서나 연차보고서, 금융안정보고서, 한국은행의 예산 등과 같은 중요 사안에 대해서는 별도로 심의위원회를 구성하여 보다 면밀한 검토가 이루어지도록 하고 있다.

---

① 면밀한 검토가 필요한 사안에 대해서는 본회의 외에 별도 위원회가 구성되기도 한다.
② 금융통화위원회 의장은 한국은행 총재이다.
③ 총재, 부총재를 제외한 금융통화위원은 총재가 임명한다.
④ 정기회의 개최를 위해서는 의장을 제외한 금융통화위원 최소 2인의 요구가 필요하다.

16 다음 문장들을 논리적 순서대로 바르게 나열한 것은?

> (가) 환경 영향 평가 제도는 각종 개발 사업이 환경에 끼치는 영향을 예측하고 분석하여 부정적인 환경 영향을 줄이는 방안을 마련하는 수단이다.
> (나) 그리하여 각종 개발 계획의 추진 단계에서부터 환경을 고려하는 환경 영향 평가 제도가 도입되었다.
> (다) 개발로 인해 환경 오염이 심각해지고 자연 생태계가 파괴됨에 따라 오염 물질의 처리 시설 설치와 같은 사후 대책만으로는 환경 문제에 대한 해결이 어려워졌다.
> (라) 그 결과 환경 영향 평가 제도는 환경 훼손을 최소화하고 환경 보전에 대한 사회적 인식을 제고하는 등 개발과 보전 사이의 균형추 역할을 수행해 왔다.

① (가) – (다) – (나) – (라)
② (가) – (다) – (라) – (나)
③ (다) – (라) – (가) – (나)
④ (다) – (라) – (나) – (가)

17 다음 글의 서술 방식으로 가장 적절한 것은?

> 변혁적 리더십은 리더가 조직 구성원의 사기를 고양하기 위해 미래의 비전과 공동체적 사명감을 강조하고, 이를 통해 조직의 장기적 목표를 달성하는 것을 핵심으로 한다. 거래적 리더십이 협상과 교환을 통해 구성원에게 동기를 부여한다면, 변혁적 리더십은 구성원의 변화를 통해 동기를 부여한다. 또한 거래적 리더십은 합리적 사고와 이성에 호소하는 반면, 변혁적 리더십은 감정과 정서에 호소하는 측면이 크다. 이러한 변혁적 리더십은 조직의 합병을 주도하고 신규 부서를 만들어 내며, 조직 문화를 창출해 내는 등 조직 변혁을 주도하고 관리한다. 따라서 오늘날 급변하는 환경과 조직의 실정에 적합한 리더십 유형으로 주목받고 있다.
> 변혁적 리더는 주어진 목적의 중요성과 의미에 대한 구성원의 인식 수준을 제고시키고, 개인적 이익을 넘어서 구성원 자신과 조직 전체의 이익을 위해 일하도록 만든다. 그리고 구성원의 욕구 수준을 상위 수준으로 끌어올림으로써 구성원을 근본적으로 변혁시킨다. 즉, 거래적 리더십을 발휘하는 리더는 구성원에게서 기대되었던 성과만을 얻어내지만, 변혁적 리더는 기대 이상의 성과를 얻어낼 수 있다.

① 구체적 현상을 분석하여 일반적 원리를 도출한다.
② 시간적 순서에 따라 개념이 형성되어 가는 과정을 밝힌다.
③ 대상에 대한 여러 가지 견해를 소개한다.
④ 다른 대상과의 비교를 통해 대상이 지닌 특징을 설명한다.

18 다음 글의 표현상 특징에 대한 설명으로 적절하지 않은 것은?

오늘은 당신이 가르쳐준 태백산맥 속의 소광리 소나무 숲에서 이 엽서를 띄웁니다.

아침 햇살에 빛나는 소나무 숲에 들어서니 당신이 사람보다 나무를 더 사랑하는 까닭을 알 것 같습니다. 200년, 300년, 더러는 500년의 풍상을 겪은 소나무들이 골짜기에 가득합니다. 그 긴 세월을 온전히 바위 위에서 버티어 온 것에 이르러서는 차라리 경이였습니다. 바쁘게 뛰어 다니는 우리들과는 달리 오직 '신발 한 켤레의 토지'에 서서 이처럼 우람할 수 있다는 것이 충격이고 경이였습니다. 생각하면 소나무보다 훨씬 더 많은 것을 소비하면서도 무엇 하나 변변히 이루어내지 못하고 있는 나에게 소광리의 솔숲은 마치 회초리를 들고 기다리는 엄한 스승 같았습니다.

어젯밤 별 한 개 쳐다볼 때마다 100원씩 내라던 당신의 말이 생각납니다. 오늘은 소나무 한 그루 만져볼 때마다 돈을 내야겠지요. 사실 서울에서는 그보다 못한 것을 그보다 비싼 값을 치르며 살아가고 있다는 생각이 듭니다. 언젠가 경복궁 복원 공사 현장에 가 본 적이 있습니다. 일제가 파괴하고 변형시킨 조선 정궁의 기본 궁제를 되찾는 일이 당연하다고 생각하였습니다. 그러나 막상 오늘 이곳 소광리 소나무 숲에 와서는 그러한 생각을 반성하게 됩니다.

··· (중략) ···

나는 문득 당신이 진정 사랑하는 것이 소나무가 아니라 소나무 같은 '사람'이라는 생각이 들었습니다. 메마른 땅을 지키고 있는 수많은 사람들이란 생각이 들었습니다. 문득 지금쯤 서울 거리의 자동차 속에 앉아 있을 당신을 생각했습니다. 그리고 외딴섬에 갇혀 목말라하는 남산의 소나무들을 생각했습니다. 남산의 소나무가 이제는 더 이상 살아남기를 포기하고 자손들이나 기르겠다는 체념으로 무수한 솔방울을 달고 있다는 당신의 이야기는 우리를 슬프게 합니다. 더구나 그 솔방울들이 싹을 키울 땅마저 황폐해 버렸다는 사실이 우리를 더욱 암담하게 합니다. 그러나 그보다 더 무서운 것이 아카시아와 활엽수의 침습이라니 놀라지 않을 수 없습니다. 척박한 땅을 겨우겨우 가꾸어 놓으면 이내 다른 경쟁수들이 쳐들어와 소나무를 몰아내고 만다는 것입니다. 무한 경쟁의 비정한 논리가 뻗어 오지 않는 것이 없습니다.

나는 마치 꾸중 듣고 집 나오는 아이처럼 산을 나왔습니다. 솔방울 한 개를 주워 들고 내려오면서 거인에게 잡아먹힌 소년이 솔방울을 손에 쥐고 있었기 때문에 다시 소생했다는 신화를 생각하였습니다. 당신이 나무를 사랑한다면 솔방울도 사랑해야 합니다. 무수한 솔방울들의 끈질긴 저력을 신뢰해야 합니다.

언젠가 붓글씨로 써드렸던 글귀를 엽서 끝에 적습니다.

"처음으로 쇠가 만들어졌을 때 세상의 모든 나무들이 두려움에 떨었다. 그러나 어느 생각 깊은 나무가 말했다. 두려워할 것 없다. 우리들이 자루가 되어주지 않는 한 쇠는 결코 우리를 해칠 수 없는 법이다."

– 신영복, 『당신이 나무를 더 사랑하는 까닭』

① 소나무를 통해 인간을 이해한다.

② 소나무와 인간을 대조하여 교훈을 이끌어낸다.

③ 소나무에 대한 독자의 의견을 비판한다.

④ 소나무를 통해 바람직한 삶의 모습을 제시한다.

(가) 세계의 문자는 크게 표의문자와 표음문자로 나뉘며, 표음문자는 음절문자와 음소문자로 나뉜다. 여기서 음소문자는 자음과 모음 낱낱의 소리를 각각의 문자로 나타낸 것으로서 세계의 문자 중 가장 진화한 형태로 간주되며 (Sampson 1985, Jin-W Kim 1990), 알파벳과 한글이 이에 해당한다. 그렇다고 해서 한글과 알파벳이 같은 차원의 문자로 취급돼서는 안 된다. 알파벳은 다수가 그림문자(상형문자)에서 진화된 것으로 각 문자의 모양과 그 발음이 아무 관계가 없으나 한글은 서로 관계가 있다.

(나) 『훈민정음』 제자해(制字解)를 통해 보면 자음의 기본자는 'ㄱ, ㄴ, ㅁ, ㅅ, ㅇ'으로서 'ㄱ'은 혀뿌리가 목구멍을 막는 모양을, 'ㄴ'은 혀끝이 위 잇몸에 닿는 모양을, 'ㅁ'은 입술 모양을, 'ㅅ'은 이 모양을, 'ㅇ'은 목구멍의 모양을 본뜬 것으로 돼 있다. 그리고 모음의 기본자는 'ㆍ, ㅡ, ㅣ'로서 각각 역학(易學)의 삼재(三才)인 '天, 地, 人'의 모양을 본떠서 만들었다.

(다) 이렇게 자음과 모음의 기본자는 조음기관의 모양과 역학의 삼재를 상형(象形)하여 만들었고, 그 밖의 자음과 모음은 기본자에 다른 소리의 성질이 덧붙는 것을 보고 가획(加劃)하여 만들었다(ㅋ, ㄷ, ㅌ, ㅂ, ㅍ, ㅈ, ㅊ, ㆆ, ㅎ, ㆁ, ㄹ, ㅿ, ㅏ, ㅓ, ㅗ, ㅜ, ㅑ, ㅕ, ㅛ, ㅠ).

(라) 이 가획자들이 소리의 다른 성질이 덧붙음을 문자로 나타냈다고 해서 한글을 자질 체계의 문자(Featural Writing System)라고도 한다(Sampson 1985). 20세기 들어 발달한 현대 과학의 조음음성학적 이론이 500여 년 전에 만들어진 우리 글 속에 고스란히 배어있는 것이다.

(마) 훈민정음은 발음의 기본 단위가 음절이 됨을 직시하고 자음과 모음을 음절 단위로 모아쓰게 함으로써 발음의 편의를 도모하였다. 그리고 다양한 자음·모음과 함께 하나의 음절을 초성·중성·종성의 세 부분으로 나눔으로써 한글의 표음적 기능 또한 탁월하다. 예컨대 한자는 문자 수가 47,450개임에 비해 음절 발음 표기가 538개이고, 일본 가나문자는 그 수가 51개(실제 46자)에 음절 발음 표기가 211개이다.

(바) 그런데 한글은 낱글자의 개수가 40개에 불과하나 이 적은 문자로 무려 1,951개에 달하는 음절 발음 표기가 가능하다. 그리고 인간 언어 발음의 기본 단위는 음절인데 훈민정음 간행 때부터 낱글자를 음절 단위로 적도록 하였다. 그래서 알파벳처럼 풀어쓰기한 문자들보다 음독 속도가 더 빠르다. 이렇듯 우리 한글은 표음적 기능에서도 탁월한 면을 지니고 있다.

19 윗글의 내용으로 적절하지 않은 것은?

① 한글 표기에서 음절 단위로 모아쓰는 방식은 알파벳 표기에서는 찾아볼 수 없다.

② 세계의 문자 중에 가장 진화한 것은 자음과 모음을 각각의 글자로 나타낸 것이다.

③ 훈민정음은 자음이 조음기관, 모음이 역학의 삼재를 본떠 만든 상형문자에 해당한다.

④ 자음과 모음의 기본자에 가획을 더해서 다른 글자들을 만들었으므로, 한글은 발음이 비슷하면 모양도 비슷한 형태를 보이게 되었다.

20 윗글을 읽고 한글에 대한 우리의 인식이나 자세로 바람직하지 않은 것을 고르면?

① 훈민정음의 자음과 모음이 만들어진 원리와 음절 구성의 효율성을 통해서 문자의 합리성과 과학성을 확인할 수 있다.

② 훈민정음 창제의 탁월한 과학성에 비해 현대 한국인들의 한글에 대한 인식이나 자긍심은 매우 부족한 상황에 있다.

③ 세계의 과학자들도 찬사를 보내는 한글의 창제 원리와 표음적 기능에 대하여 우리 국민들에게도 널리 알려야 할 것이다.

④ 한글의 표음적 기능이 한자나 가나문자에 비해 훨씬 우수한 만큼 중국과 일본의 불편한 문자 개선을 위해 한글로의 교체를 적극 추진할 필요가 있다.

21 다음 글의 문단 (나)와 (다) 사이에 들어갈 수 있는 문장으로 가장 적절한 것은?

(가) 우리가 누리고 있는 문화는 거의 모두가 서양적인 것이다. 우리가 연구하는 학문 또한 예외가 아니다. 피와 뼈와 살을 조상에게서 물려받았을 뿐, 문화라고 일컬을 수 있는 거의 모든 것이 서양에서 받아들인 것인 듯싶다. 이러한 현실을 앞에 놓고서 민족 문화의 전통을 찾고 이를 계승하자고 한다면, 이것은 편협한 배타주의(排他主義)나 국수주의(國粹主義)로 오인되기에 알맞은 이야기가 될 것 같다.

(나) 전통은 과거로부터 이어 온 것을 말한다. 이 전통은 대체로 그 사회 및 그 사회의 구성원인 개인의 몸에 배어있는 것이다. 그러므로 스스로 깨닫지 못하는 사이에 전통은 우리의 현실에 작용하는 경우가 있다.

(다) 이처럼 우리가 계승해야 할 민족 문화의 전통으로 여겨지는 것이 과거의 인습(因襲)을 타파(打破)하고 새로운 것을 창조하려는 노력의 결정(結晶)이라는 것은 지극히 중대한 사실이다.

(라) 세종대왕의 훈민정음 창제 과정에서 이 점은 뚜렷이 나타나고 있다. 만일, 세종대왕이 고루(固陋)한 보수주의적 유학자들에게 한글 창제의 뜻을 굽혔다면, 우리 민족 문화의 최대 걸작(傑作)이 햇빛을 못 보고 말았을 것이 아니겠는가?

(마) 우리가 계승해야 할 민족 문화의 전통은 형상화된 물건에서 받는 것도 있지만, 창조적 정신 그 자체에도 있는 것이다. 이러한 의미에서 민족 문화의 전통을 무시한다는 것은 지나친 자기(自己) 학대(虐待)에서 나오는 편견(偏見)에 지나지 않을 것이다.

(바) 민족 문화의 전통을 창조적으로 계승하자는 정신은 선진 문화 섭취에 인색하지 않을 것이다. 외래 문화도 새로운 문화의 창조에 이바지함으로써 뜻이 있는 것이고, 그러함으로써 비로소 민족 문화의 전통을 더욱 빛낼 수 있기 때문이다.

① 그렇다면 전통을 계승하고 창조하는 주체는 우리 자신이다.

② 그러므로 전통이란 조상으로부터 물려받은 고유한 유산만을 의미하지는 않는다.

③ 그러나 계승해야 할 전통은 문화 창조에 이바지하는 것으로 한정되어야 한다.

④ 그리고 자국의 전통과 외래적인 문화는 상보적일 수도 있다.

'아무리 퍼내도 쌀이 자꾸자꾸 차오르는 항아리가 있다면 얼마나 좋을까 …….' 가난한 사람들에게는 이런 소망이 있을 것이다. 신화의 세계에는 그런 쌀독이 얼마든지 있다. 세계 어느 나라 신화를 들추어 보아도 이런 항아리가 등장하지 않는 신화는 없다. 신화에는 사람들의 원망(願望)이 투사(投射)되어 있다.

신화란 신(神)이나 신 같은 존재에 대한 신비롭고 환상적인 이야기, 우주나 민족의 시작에 대한 초인적(超人的)인 내용 그리고 많은 사람이 믿는 창작되거나 전해지는 이야기를 의미한다. 다시 말해 모든 신화는 상상력에 바탕을 둔 우주와 자연에 대한 이해이다. (가) 이처럼 신화는 상상력을 발휘하여 얻은 것이지만 그 결과는 우리 인류에게 유익한 생산력으로 나타나고 있다.

그런데 신화는 단순한 상상력으로 이루어지는 것이 아니라 창조적 상상력으로 이루어지는 것이며, 이 상상력은 또 생산적 창조력으로 이어졌다. 오늘날 우리 인류의 삶을 풍족하게 만든 모든 문명의 이기(利器)들은 그것의 근본을 규명해 보면 신화적 상상력의 결과임을 알 수 있다. (나) 결국, 그것들은 인류가 부단한 노력을 통해 신화를 현실화한 것이다. 또한 신화는 고대인들의 우주 만물에 대한 이해로 끝나지 않고 현재까지도 끊임없이 창조되고 있고, 나아가 신화 자체가 문학적 상상력의 재료로 사용되는 경우도 있다.

신화적 사유의 근간은 환상성(幻想性)이지만, 이것을 잘못 이해하면 현실성을 무시한 황당무계한 것으로 오해하기 쉽다. (다) 그러나 이 환상성은 곧 상상력이고 이것이 바로 창조력이라는 점을 우리는 이해하지 않으면 안 된다. 그래서 인류 역사에서 풍부한 신화적 유산을 계승한 민족이 찬란한 문화를 이룬 예를 서양에서는 그리스, 동양에서는 중국에서 찾아볼 수 있다. 우리나라에도 규모는 작지만 단군·주몽·박혁거세 신화 등이 있었기에 우리 민족 역시 오늘날 이 작은 한반도에서 나름대로 민족 국가를 형성하여 사는 것이다. 왜냐하면 민족이나 국가에 대한 이야기, 곧 신화가 그 민족과 국가의 정체성을 확보해 주기 때문이다.

신화는 물론 인류의 보편적 속성에 기반을 두어 형성되고 발전되어 왔지만 그 구체적인 내용은 민족마다 다르게 나타난다. 즉, 나라마다 각각 다른 지리·기후·풍습 등의 특성이 반영되어 각 민족 특유의 신화가 만들어지는 것이다. (라) 그래서 고대 그리스의 신화와 중국의 신화는 신화적 발상과 사유에 있어서는 비슷하지만 내용은 전혀 다르게 전개되고 있다. 예를 들어 그리스 신화에서 태양은 침범 불가능한 아폴론 신의 영역이지만 중국 신화에서는 후예가 태양을 쏜 신화에서 볼 수 있듯이 떨어뜨려야 할 대상으로 나타나기도 하는 것이다.

〈보기〉

오늘날 인류 최고의 교통수단이 되고 있는 비행기도 우주와 창공을 마음껏 날아보려는 신화적 사유의 소산이며, 바다를 마음대로 항해해 보고자 했던 인간의 신화적 사유가 만들어낸 것이 여객선이다. 이러한 것들은 바로 『장자(莊子)』에 나오는 물길을 차고 높이 날아올라 순식간에 먼 거리를 이동한 곤붕(鯤鵬)의 신화가 오늘의 모습으로 나타난 것이라고 볼 수 있다.

① (가)　　　　　　　　　　　　② (나)
③ (다)　　　　　　　　　　　　④ (라)

23 농부 A씨는 자신의 논을 모두 경작하는 데 8일이 걸린다. 경작을 시작한 첫날부터 마지막 날까지 항상 전날의 2배 넓이를 경작한다고 할 때, 논 전체의 $\frac{1}{4}$ 을 완료한 날은 경작을 시작한 지 며칠째 되는 날인가?

① 3일
② 4일
③ 5일
④ 6일

24 20%의 소금물 300g과 15%의 소금물 200g을 섞은 용액으로 10%의 소금물을 만들려면 물을 몇 g 더 넣어야 하는가?

① 250g
② 300g
③ 350g
④ 400g

25 남자 5명과 여자 4명이 함께 있는 모임이 있다. 이 모임에서 각 성별마다 대표, 부대표를 1명씩 선출하려고 할 때, 선출할 수 있는 경우의 수는 총 몇 가지인가?

① 240가지
② 120가지
③ 80가지
④ 40가지

26 축구 국가대표팀은 3월 6일에 그리스와 평가전을 했다. 평가전이 열리기 4일 전 국가대표팀 감독은 기자회견을 했다. 기자회견에서 감독은 월드컵 예선 첫 경기가 열리는 6월 18일을 기준으로 40일 전에 국가대표팀 최종 명단을 발표한다고 말했다. 최종 명단이 발표되는 날은 무슨 요일인가?(단, 3월 1일은 월요일이다)

① 일요일
② 월요일
③ 화요일
④ 수요일

27 H금융회사에서는 직원들의 금융상품 운용능력을 평가하기 위해 설문조사를 실시하였다. 주택청약, 펀드, 부동산 투자 여부 등을 조사하였으며, 중복 선택이 가능하였고, 설문조사 인원은 총 60명이었다. 이 중 주택청약을 한 직원은 27명, 펀드는 23명, 부동산 투자는 30명이었다. 주택청약, 펀드, 부동산 투자를 모두 하는 직원이 5명일 때, 투자항목 중 2개만 하는 직원은 몇 명인가?(단, H금융회사 직원들은 모두 적어도 1개 이상을 선택하였다)

① 10명
② 15명
③ 20명
④ 25명

28 집에서 회사까지 가는 데 자동차를 타고 시속 40km로 가면 자전거를 타고 시속 16km로 가는 것보다 45분 먼저 도착한다. 이때 집에서 회사까지 자전거를 타고 가는 데 걸리는 시간은?

① 47분
② 65분
③ 75분
④ 84분

29 어느 학생이 두 문제 A, B를 풀 때 문제 A를 맞히지 못할 확률은 60%, 두 문제를 모두 맞힐 확률은 24%이다. 이 학생이 문제 A는 맞히고, 문제 B는 맞히지 못할 확률은?

① 16%

② 28%

③ 30%

④ 36%

30 A와 B는 휴일을 맞아 B의 집에서 49km 떨어진 전시회에 가기 위해 각자 집에서 출발하여 전시회장 주차장에서 만나려고 한다. B는 항상 70km/h의 속력으로 운전하고, A는 항상 55km/h의 속력으로 운전한다. 전시회장에서 B의 집이 A의 집보다 더 멀어 30분 먼저 출발해야 같은 시간에 전시회 주차장에 도착할 수 있을 때, A와 B의 집 사이의 거리는 몇 km인가?(단, A와 B의 운전 방향은 같다)

① 37km

② 38km

③ 39km

④ 40km

31 귀하에게 고객 A가 찾아와 매년 말에 일정한 금액을 적립하여 19년 후에 1억 원이 되는 목돈을 만들려고 한다고 하였다. 이에 따라 귀하는 연이율 10%인 연복리 상품을 추천하였다. 고객 A가 매년 말에 얼마를 적립해야 하는지 묻는다면, 귀하가 안내해야 할 금액은 얼마인가?(단, $1.1^{20}=6.7$로 계산하고, 만의 자리 미만은 절사한다)

① 160만 원

② 175만 원

③ 180만 원

④ 190만 원

※ 다음은 주요 시중은행들의 외화송금수수료를 비교한 자료이다. 이어지는 질문에 답하시오. **[32~34]**

<은행별 외화송금수수료>

구분		수수료	전신료	구분		수수료	전신료
A은행	창구	2,000달러 이하 : 1만 원	8,000원	D은행	창구	500달러 이하 : 5,000원	7,000원
		5,000달러 이하 : 1만 5,000원				2,000달러 이하 : 1만 원	
		1만 달러 이하 : 2만 원				5,000달러 이하 : 1만 5,000원	
		1만 달러 초과 : 2만 5,000원				2만 달러 이하 : 2만 원	
	인터넷	면제	5,000원			2만 달러 초과 : 2만 5,000원	
B은행	창구	500달러 이하 : 5,000원	8,000원		인터넷	5,000달러 이하 : 3,000원	5,000원
		2,000달러 이하 : 1만 원				5,000달러 초과 : 5,000원	
		5,000달러 이하 : 1만 5,000원		E은행	창구	500달러 이하 : 5,000원	8,000원
		5,000달러 초과 : 2만 원				2,000달러 이하 : 1만 원	
	인터넷	500달러 이하 : 5,000원				5,000달러 이하 : 1만 5,000원	
		2,000달러 이하 : 1만 원				2만 달러 이하 : 2만 원	
		5,000달러 이하 : 1만 5,000원				2만 달러 초과 : 2만 5,000원	
		5,000달러 초과 : 2만 원			인터넷	면제	
C은행	창구	2,000달러 이하 : 1만 원	8,000원	F은행	창구	2,000달러 이하 : 7,000원	7,500원
		5,000달러 이하 : 1만 5,000원				5,000달러 이하 : 1만 2,000원	
		5,000달러 초과 : 2만 원				1만 달러 이하 : 2만 원	
	인터넷	2,000달러 이하 : 5,000원				2만 달러 이하 : 2만 5,000원	
		5,000달러 이하 : 7,500원				2만 달러 초과 : 3만 원	
		5,000달러 초과 : 1만 원			인터넷	2,000달러 이하 : 7,000원	
						5,000달러 이하 : 6,000원	
						1만 달러 이하 : 1만 원	
						2만 달러 이하 : 1만 2,500원	
						2만 달러 초과 : 1만 5,000원	

※ (총송금수수료)=(수수료)+(전신료)
　예 B은행에서 500달러 송금 시 5,000원(수수료)+8,000원(전신료)=13,000원

32 다음 중 제시된 자료를 이해한 내용으로 옳은 것은?

① 창구 이용 시 1,500달러의 경우 총송금수수료는 D은행이 가장 저렴하다.

② 인터넷 이용 시 450달러의 경우 총송금수수료는 E은행이 가장 저렴하다.

③ 창구 이용 시 2만 5,000달러의 경우 총송금수수료는 A은행이 가장 비싸다.

④ 창구 이용 시 500달러의 경우 총송금수수료는 D은행이 가장 저렴하다.

33 철수는 해외 유학 중인 아들에게 3,000달러는 은행 창구를 통해서, 7,000달러는 인터넷을 통해서 송금하려고 한다. A ~ F은행을 이용하여 철수가 가장 저렴하게 총송금수수료를 내려고 할 때, 그 금액은 얼마인가? (단, A은행과 E은행은 이용할 수 없다)

① 29,500원

② 32,000원

③ 37,500원

④ 39,500원

34 A ~ F은행은 다음 달부터 해외유학생들을 위한 외화송금수수료 할인 이벤트를 계획하고 있다. 은행마다 할인내용이 다음과 같을 때, 2,000달러를 창구를 이용하여 송금할 경우 총송금수수료가 가장 비싼 은행과 가장 저렴한 은행이 바르게 연결된 것은?

구분	할인내용
A은행	전신료 40% 할인
B은행	수수료 20% 할인
C은행	총송금수수료 10% 할인
D은행	전신료 3,000원 할인
E은행	수수료 30% 할인
F은행	할인 없음

	가장 비싼 은행	가장 저렴한 은행
①	C은행	D은행
②	B은행	E은행
③	B은행	F은행
④	A은행	D은행

35 다음은 H은행에서 환율우대 50%를 기준으로 제시한 환율이다. K씨가 2주 전 엔화와 달러로 환전한 금액은 800,000엔과 7,000달러였고, 그때보다 환율이 올라 다시 원화로 환전했다. 2주 전 엔화 환율은 998원/100엔이었고, K씨가 오늘 엔화와 달러를 각각 원화로 환전한 후 얻은 수익이 같다고 할 때, 2주 전 미국 USD 환율은 얼마였는가?

<오늘의 통화별 환율 현황>

(단위 : 원)

통화명	매매기준율	현찰	
		팔 때	살 때
미국 USD	1,120.70	1,110.90	1,130.50
일본 JPY 100	1,012.88	1,004.02	1,021.74
유럽연합 EUR	1,271.66	1,259.01	1,284.31
중국 CNY	167.41	163.22	171.60

① 1,102.12원/달러 ② 1,104.02원/달러
③ 1,106.12원/달러 ④ 1,108.72원/달러

36 외국인 지사업무를 맡고 있는 K씨는 한 외국 투자자가 출금한 명세표를 보고 있다. 명세표가 다음과 같을 때 빈칸에 들어갈 현금수수료를 구하면?(단, 일 원에서 반올림한다)

- 계좌번호 : 123-456-7890
- 거래종류 : 외화보통예금 일반 출금
- 출금액 : USD 2,400
- 거래날짜 : 2024-03-30
- 현금수수료 : (   )원
- 수수료 적용환율 : 달러당 1,080.2원
- 수수료율 : 2%
※ 수수료 대상금액은 출금액의 80%로 한다.
※ (현금수수료)=(수수료 대상금액)×(수수료 적용환율)×(수수료율)

① 40,340원 ② 41,180원
③ 41,480원 ④ 41,540원

※ 다음 자료를 보고 이어지는 질문에 답하시오. [37~39]

〈설문지 회수 현황〉

구분	배포(부)	회수(부)	회수율(%)
A기업	240	198	–
B기업	195	–	63.6
C기업	106	–	67.9
D기업	130	100	–

〈㉠에서 회수된 설문지 응답자 현황〉

대상	구분		빈도(명)	비율(%)
㉠	부서	W	24	19.4
		X	ⓐ	36.3
		Y	–	16.9
		Z	–	27.4
	성별	남성	56	–
		여성	–	ⓑ
	연령	21 ~ 30세	41	–
		31 ~ 40세	48	38.7
		41 ~ 50세	27	–
		51세 이상	ⓒ	ⓓ

※ 설문지는 한 사람당 1부를 준다.

37 다음 중 회수율이 두 번째로 높은 기업의 설문지 미회수 수량은 몇 부인가?(단, 부수는 소수점 첫째 자리에서, 회수율은 소수점 둘째 자리에서 반올림한다)

① 30부
② 34부
③ 42부
④ 71부

38 다음 중 ㉠에 들어갈 기업은?

① A기업
② B기업
③ C기업
④ D기업

39 다음 중 ⓐ, ⓑ, ⓒ, ⓓ에 해당하는 수에 대한 등식으로 옳지 않은 것은?(단, 빈도는 소수점 첫째 자리에서, 비율은 소수점 둘째 자리에서 반올림한다)

① ⓐ+ⓒ<ⓑ+ⓓ
② ⓐ+ⓒ+ⓓ=ⓑ+4.7
③ ⓑ>ⓒ×ⓓ>ⓐ
④ ⓑ÷ⓒ<ⓓ

※ 다음은 2020년부터 2022년까지의 도로유형 및 관할구역별 도로현황에 대한 자료이다. 이어지는 질문에 답하시오. [40~41]

〈2020 ~ 2022년 도로유형별 도로현황〉

(단위 : 개)

구분	항목	2020년	2021년	2022년
전체	개통 소계	99,024,297	100,428,008	101,869,532
	개통 포장	91,195,368	92,826,049	94,548,800
	개통 포장률(%)	92.1	92.4	92.8
	개통 미포장	7,828,929	7,601,959	7,320,732
	미개통	8,502,284	8,351,543	8,221,752
	전체	107,526,581	108,779,551	110,091,284
고속국도	고속국도	4,193,300	4,437,570	4,717,440
	포장	4,193,300	4,437,570	4,717,440
일반국도	개통 소계	13,726,776	13,813,496	13,847,497
	개통 포장	13,670,233	13,757,953	13,810,404
	개통 포장률(%)	99.6	99.6	99.7
	개통 미포장	56,543	55,543	37,093
	미개통	221,169	163,109	135,049
	일반국도	13,947,945	13,976,605	13,982,546

〈2020 ~ 2022년 관할구역별 도로현황〉

(단위 : 개)

구분	항목	2020년	2021년	2022년
특별광역시도	개통 소계	4,726,633	4,761,176	4,885,573
	개통 포장	4,726,633	4,761,176	4,885,573
	개통 포장률(%)	100	100	100
	개통 미포장	0	0	0
	미개통	0	0	0
	특별광역시도	4,726,633	4,761,176	4,885,573
지방도	개통 소계	16,777,993	16,844,934	16,809,438
	개통 포장	15,305,085	15,412,886	15,410,097
	개통 포장률(%)	91.2	91.5	91.7
	개통 미포장	1,472,908	1,432,048	1,399,341
	미개통	1,309,073	1,276,429	1,245,887
	지방도	18,087,066	18,121,363	18,055,325

시군도	개통 소계	23,250,452	23,762,997	24,346,181
	개통 포장	22,337,057	22,888,097	23,512,353
	개통 포장률(%)	96.1	96.3	96.6
	개통 미포장	913,395	874,900	833,828
	미개통	5,097,890	5,104,454	5,094,366
	시군도	28,348,342	28,867,451	29,440,547
구도	개통 소계	15,585,735	15,818,308	16,020,290
	개통 포장	15,525,271	15,760,984	15,963,603
	개통 미포장	60,464	57,324	56,687
	미개통	1,031	1,361	102
	개통 포장률(%)	99.6	99.6	99.6
	구도	15,586,766	15,819,669	16,020,392

40 다음 〈보기〉 중 2020년부터 2022년까지의 도로현황에 대한 설명으로 옳지 않은 것을 모두 고르면?

─〈보기〉─

㉠ 2020년 일반국도의 개통 포장률은 개통률보다 높다.
㉡ 일반국도의 개통 미포장 도로는 2020년 대비 2022년에 40% 이상 감소했다.
㉢ 2021년 특별광역시도 관할의 도로는 모두 고속국도이다.
㉣ 지방도의 개통 포장률과 시군도의 개통 포장률의 전년 대비 증감 추이는 매년 동일하다.

① ㉠, ㉡
② ㉠, ㉢
③ ㉡, ㉢
④ ㉡, ㉣

41 다음은 도로유형 및 관할구역별 도로현황 자료에 근거해 작성한 보고서이다. 밑줄 친 내용 중 옳지 않은 것은?

2020년부터 2022년까지 전체 도로의 수는 꾸준히 증가하고 있다. ㉠ 전체 도로의 개통률이 증가하고 있으며, 개통포장률도 증가하고 있다. 고속국도의 경우 모든 도로가 포장 완료된 상태이며, ㉡ 일반국도는 개통 미포장 도로가 감소하고 있다. 일반국도의 특성상 계량적으로 100%의 포장률을 달성하는 것은 어렵겠지만, 빠른 연도 내에 일반국도도 실질적으로 100%에 가까운 포장률을 달성할 수 있으리라 예상된다.

관할구역별 도로현황을 살펴보면, ㉢ 특별광역시도 관할의 개통도로는 모두 포장이 완료된 상태이며, 미개통 도로도 없는 상태이다. 반면 지방도의 경우 개통 포장률은 90%를 약간 상회하고 있는 수준으로, 지속적인 개통 추진이 필요해 보인다. 그러나 ㉣ 2020년부터 2022년까지 미개통 지방도의 연이은 감소와 지방도의 꾸준한 증가세에 힘입어 도로개통 상황이 점차 개선될 것으로 보인다. 시군도의 경우, 개통 미포장 도로가 2020년 대비 2022년에 5% 이상 감소하였지만, 여전히 미개통 구간 개통 및 포장사업 추진이 필요하다.

① ㉠
② ㉡
③ ㉢
④ ㉣

42 다음은 2022년 8월부터 2023년 1월까지의 산업별 월간 국내카드 승인액이다. 이에 대한 〈보기〉의 설명 중 옳은 것을 모두 고르면?

〈산업별 월간 국내카드 승인액〉

(단위 : 억 원)

구분	2022년 8월	2022년 9월	2022년 10월	2022년 11월	2022년 12월	2023년 1월
도매 및 소매업	3,116	3,245	3,267	3,261	3,389	3,241
운수업	161	145	165	159	141	161
숙박 및 음식점업	1,107	1,019	1,059	1,031	1,161	1,032
사업시설관리 및 사업지원 서비스업	40	42	43	42	47	48
교육 서비스업	127	104	112	119	145	122
보건 및 사회복지 서비스업	375	337	385	387	403	423
예술, 스포츠 및 여가 관련 서비스업	106	113	119	105	89	80
협회 및 단체, 수리 및 기타 개인 서비스업	163	155	168	166	172	163

─〈보기〉─

㉠ 교육 서비스업의 2023년 1월 국내카드 승인액의 전월 대비 감소율은 25% 이상이다.

㉡ 2022년 11월 운수업과 숙박 및 음식점업의 국내카드 승인액의 합은 도매 및 소매업의 국내카드 승인액의 40% 미만이다.

㉢ 2022년 10월부터 2023년 1월까지 사업시설관리 및 사업지원 서비스업과 예술, 스포츠 및 여가 관련 서비스업 국내카드 승인액의 전월 대비 증감 추이는 동일하다.

㉣ 2022년 9월 협회 및 단체, 수리 및 기타 개인 서비스업의 국내카드 승인액은 보건 및 사회복지 서비스업 국내카드 승인액의 35% 이상이다.

① ㉠, ㉡

② ㉠, ㉢

③ ㉡, ㉢

④ ㉡, ㉣

43 다음은 금융기관별 연간 보험료 산정식이다. 금융기관 A ~ D사의 정보가 다음과 같을 때, A ~ D사 중 연간 보험료가 가장 낮은 곳은 어디인가?

〈금융기관별 연간 보험료 산정식〉

금융기관	연간 보험료 산정식
투자매매업자	(예금 등의 연평균잔액)×15/10,000
보험회사	[(책임준비금)+(수입보험료)]/2×15/10,000
종합금융회사	(예금 등의 연평균잔액)×15/10,000
상호저축은행	(예금 등의 연평균잔액)×40/10,000

〈금융기관별 정보〉

(단위 : 원)

구분	금융기관 종류	예금 등의 연평균잔액	책임준비금	수입보험료
A사	보험회사	34억 1천만	25억 2천만	13억 6천만
B사	종합금융회사	21억 5천만	–	–
C사	투자매매업자	12억 9천만	–	–
D사	상호저축은행	5억 2천만	–	–

① A사
② B사
③ C사
④ D사

※ 다음은 2020년부터 2022년까지 디지털 취약계층인 장애인, 저소득층, 농어민, 장·노년층의 디지털정보화 수준을 수치화한 자료이다. 이어지는 질문에 답하시오. **[44~45]**

〈취약계층별 디지털정보화 역량 수준〉

(단위 : %)

구분	2020년	2021년	2022년
평균	37.4	45.2	51.9
장애인	47.0	49.8	57.7
저소득층	67.2	69.1	78.5
농어민	41.2	46.2	53.4
장·노년층	29.6	34.9	41.0

〈취약계층별 디지털정보화 접근 수준〉

(단위 : %)

구분	2020년	2021년	2022년
평균	73.7	84.5	91.0
장애인	83.5	88.1	91.6
저소득층	87.8	89.2	94.7
농어민	73.4	84.8	90.4
장·노년층	68.5	82.5	89.9

〈취약계층별 디지털정보화 활용 수준〉

(단위 : %)

구분	2020년	2021년	2022년
평균	51.6	59.0	65.3
장애인	62.4	64.6	71.5
저소득층	71.5	76.9	77.7
농어민	55.5	59.0	63.3
장·노년층	44.9	52.2	59.9

※ 각 디지털정보화 수준의 계층별 평균은 장애인, 저소득층, 농어민, 장·노년층을 합한 취약계층 전체 인구의 평균 수준이다.
※ 취약계층 각 집단의 인구수는 서로 다르다.

44 다음 중 제시된 자료에 따라 취약계층 디지털정보화 수준에 대해 설명한 내용으로 옳지 않은 것은?

① 매년 취약계층의 디지털정보화 접근 평균수준은 디지털정보화 역량 평균수준의 80% 이상이다.

② 2022년에 장·노년층은 모든 디지털정보화 수준이 전년 대비 증가하였다.

③ 2020년 농어민의 디지털정보화 역량 수준은 같은 해 저소득층 디지털정보화활용 수준의 45% 이상이다.

④ 2021년 장애인 디지털정보화 접근 수준은 같은 해 장·노년층의 디지털정보화 접근 수준보다 5% 이상 높다.

45 다음은 자료를 바탕으로 취약계층의 디지털정보화 수준 현황에 대해 작성한 보고서이다. 밑줄 친 내용 중 옳지 않은 것을 모두 고르면?

통계청은 2020년부터 2022년까지 취약계층을 대상으로 디지털정보화 수준을 측정하였다. 측정 대상은 장애인, 저소득층, 농어민, 장·노년층이었으며, 디지털정보화 역량 수준, 디지털정보화 접근 수준, 디지털정보화 활용 수준을 측정하였다.

먼저 디지털정보화 역량 수준은 2020년부터 2022년까지 모든 취약계층에서 꾸준한 증가세를 보였다. 매년 저소득층의 수준이 가장 높았으며, 장·노년층이 가장 낮은 수준을 보였다. ㉠ 2020년의 장·노년층의 디지털정보화 역량 수준은 저소득층의 40%에 미치지 못했다. 2022년에는 취약계층 디지털정보화역량 수준의 평균값이 50%를 넘었다.

디지털정보화 접근 수준의 경우에도 전반적으로 증가세를 보였다. 또한 ㉡ 취약계층 내에서 디지털정보화 접근 수준이 높은 순서는 2020년부터 2022년까지 매년 동일했다. 장·노년층이 매년 가장 낮은 수준을 보였으며, ㉢ 2020년 대비 2022년에 디지털정보화 접근 수준의 증가율은 장애인이 저소득층보다 높았다. 접근 수준은 역량 수준에 비해 전반적으로 높은 수준을 보였다.

디지털정보화 활용 수준은 모든 조사 연도에 취약계층의 평균수준이 50%를 상회하였다. ㉣ 저소득층 디지털정보화 활용 수준의 전년 대비 증가폭은 2021년이 2022년보다 7배 이상 컸다. 모든 디지털정보화 수준에서 취약계층 중 저소득층이 가장 높은 수준을 보였다.

① ㉠, ㉡   ② ㉠, ㉣
③ ㉡, ㉢   ④ ㉡, ㉣

46 다음은 계절별 강수량 추이에 대한 자료이다. 이에 대한 내용으로 옳은 것은?

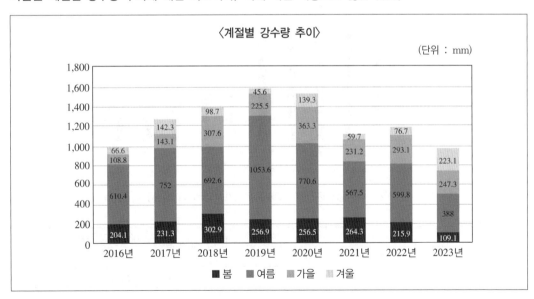

〈계절별 강수량 추이〉
(단위 : mm)

① 2016년부터 2023년까지 가을철 평균 강수량은 210mm 미만이다.
② 여름철 강수량이 두 번째로 높았던 해의 가을·겨울철 강수량의 합은 봄철 강수량의 2배 이상이다.
③ 강수량이 제일 낮은 해에 우리나라는 가뭄이었다.
④ 전년 대비 강수량의 변화가 가장 큰 때는 2021년이다.

※ 다음은 농산물 10개 품목의 3개년 가격 현황에 대한 자료이다. 이어지는 질문에 답하시오(단, 10원 단위 미만은 절사한다). **[47~48]**

〈2022년 농산물 10개 품목 가격 현황〉

(단위 : 원)

구분	가격
쌀(20kg)	59,400
보리쌀(1kg)	5,210
찹쌀(1kg)	6,540
배(500g)	4,210
사과(400g)	2,400
포도(500g)	2,820
단감(500g)	1,920
감자(1kg)	2,600
고구마(1kg)	5,200
당근(1kg)	4,590

〈2022년 농산물 10개 전년 대비 품목 가격변동 비율〉

(단위 : %)

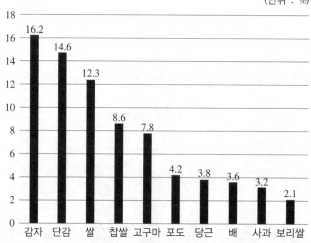

※ 1kg당 가격을 기준으로 했을 때의 가격변동 비율이다.

〈2021년 농산물 상위 5개 품목 전년 대비 가격변동 비율〉

(단위 : %)

구분	2020년 대비 가격 증가율
감자	12.4
찹쌀	11.2
고구마	9.8
당근	9.2
보리쌀	7.6

※ 1kg당 가격을 기준으로 했을 때의 가격변동 비율이다.

47 다음 〈보기〉에서 자료에 대한 설명으로 옳은 것을 모두 고르면?

---〈보기〉---

㉠ 2022년 농산물 10개 품목 중 1kg당 가격이 가장 높은 품목은 배이다.
㉡ 2022년 농산물 10개 품목의 1kg당 가격의 순위는 2021년과 동일하다.
㉢ 2020년 감자의 가격은 2,000원 미만이다.

① ㉠
② ㉠, ㉡
③ ㉠, ㉢
④ ㉠, ㉡, ㉢

48 2021년 농산물 상위 5개 품목의 전년 대비 가격변동 비율을 참고할 때, 2020년에 가격이 가장 높은 품목과 가장 낮은 품목을 바르게 짝지은 것은?

① 찹쌀, 감자
② 보리쌀, 감자
③ 찹쌀, 당근
④ 보리쌀, 당근

49 다음 명제가 모두 참일 때, 반드시 참인 것은?

> • 철수의 성적은 영희보다 낮고, 수연이보다 높다.
> • 영희의 성적은 90점이고, 수연이의 성적은 85점이다.
> • 수연이와 윤수의 성적은 같다.

① 철수의 성적은 윤수보다 낮다.
② 철수의 성적은 90점 이상이다.
③ 철수의 성적은 85점 이하이다.
④ 철수의 성적은 86점 이상 89점 이하이다.

50 다음 명제가 모두 참일 때, 옳지 않은 것은?

> • 책을 읽는 사람은 어휘력이 풍부하다.
> • 끝말잇기를 잘하는 사람은 어휘력이 풍부하다.
> • 자유시간이 많을수록 책을 많이 읽는다.
> • 어휘력이 풍부하면 발표를 잘한다.

① 책을 읽는 사람은 발표를 잘한다.
② 발표를 못 하는 사람은 책을 많이 읽지 않는다.
③ 발표를 못 하는 사람은 끝말잇기도 못 한다.
④ 자유시간이 많으면 끝말잇기를 잘한다.

51 다음 명제가 모두 참일 때, 빈칸에 들어갈 명제로 옳은 것은?

> • 밤에 잠을 잘 못자면 낮에 피곤하다.
> • _____
> • 업무효율이 떨어지면 성과급을 받지 못한다.
> • 밤에 잠을 잘 못자면 성과급을 받지 못한다.

① 성과급을 받지 못하면 낮에 피곤하다.
② 낮에 피곤하면 업무효율이 떨어진다.
③ 성과급을 받으면 밤에 잠을 잘 못 잔다.
④ 밤에 잠을 잘 자면 성과급을 받는다.

52 함께 놀이공원에 간 A ~ E 5명 중 가장 겁이 많은 1명만 롤러코스터를 타지 않고 회전목마를 탔다. 이들은 집으로 돌아오는 길에 다음과 같은 대화를 나누었다. 5명 중 2명은 거짓을 말하고, 나머지 3명은 모두 진실을 말한다고 할 때, 롤러코스터를 타지 않은 사람은 누구인가?

- A : 오늘 탄 롤러코스터는 정말 재밌었어. 나는 같이 탄 E와 함께 소리를 질렀어.
- B : D는 회전목마를 탔다던데? E가 회전목마를 타는 D를 봤대. E의 말은 사실이야.
- C : D는 회전목마를 타지 않고 롤러코스터를 탔어.
- D : 나는 혼자서 회전목마를 타고 있는 B를 봤어.
- E : 나는 롤러코스터를 탔어. 손뼉을 칠 만큼 너무 완벽한 놀이기구야.

---

① A   ② B

③ C   ④ D

53 H은행은 자율출퇴근제를 시행하고 있다. 출근은 12시 이전에 자유롭게 할 수 있으며, 본인 업무량에 비례하여 근무한 후 바로 퇴근한다. 어제 근태에 대한 다음 〈조건〉을 고려할 때, 항상 참인 것은?

〈조건〉

- 점심시간은 12시부터 1시까지이며 점심시간에는 업무를 하지 않는다.
- 업무 1개당 1시간이 소요되며, 출근하자마자 업무를 시작하여 쉬는 시간 없이 근무한다.
- H은행에 근무 중인 K팀의 A, B, C, D는 어제 전원 출근했다.
- A와 B는 오전 10시에 출근했다.
- B와 D는 오후 3시에 퇴근했다.
- C는 팀에서 업무가 가장 적어 가장 늦게 출근하여 가장 빨리 퇴근했다.
- D는 B보다 업무가 1개 더 많았다.
- A는 C보다 업무가 3개 더 많았고, A는 팀에서 가장 늦게 퇴근했다.
- 이날 K팀은 가장 늦게 출근한 사람과 가장 늦게 퇴근한 사람을 기준으로, 오전 11시에 모두 출근하였으며 오후 4시에 모두 퇴근한 것으로 보고되었다.

---

① A는 4개의 업무를 하고 퇴근했다.

② B의 업무는 A의 업무보다 많았다.

③ C는 오후 2시에 퇴근했다.

④ A와 B는 팀에서 가장 빨리 출근했다.

54 다음은 국내 화장품 제조 회사에 대한 SWOT 분석 결과이다. 〈보기〉 중 분석에 따른 대응 전략으로 적절한 것을 모두 고르면?

<table>
<tr><td colspan="2" align="center">〈SWOT 분석 결과〉</td></tr>
<tr><td align="center">강점(Strength)</td><td align="center">약점(Weakness)</td></tr>
<tr><td>• 신속한 제품 개발 시스템
• 차별화된 제조 기술 보유</td><td>• 신규 생산 설비 투자 미흡
• 낮은 브랜드 인지도</td></tr>
<tr><td align="center">기회(Opportunity)</td><td align="center">위협(Threat)</td></tr>
<tr><td>• 해외시장에서의 한국 제품 선호 증가
• 새로운 해외시장의 출현</td><td>• 해외 저가 제품의 공격적 마케팅
• 저임금의 개발도상국과 경쟁 심화</td></tr>
</table>

―――〈보기〉―――

㉠ 새로운 해외시장의 소비자 기호를 반영한 제품을 개발하여 출시한다.
㉡ 국내에 화장품 생산 공장을 추가로 건설하여 제품 생산량을 획기적으로 증가시킨다.
㉢ 차별화된 제조 기술을 통해 품질 향상과 고급화 전략을 추구한다.
㉣ 브랜드 인지도가 낮으므로 해외 현지 기업과의 인수·합병을 통해 해당 회사의 브랜드로 제품을 출시한다.

① ㉠, ㉡
② ㉠, ㉢
③ ㉡, ㉢
④ ㉡, ㉣

55 면접 시험에서 순서대로 면접을 진행한 응시자들 중 다음 〈조건〉에 따라 평가 점수가 가장 높은 6명이 합격할 때, 합격자를 높은 점수 순서대로 나열한 것은?(단, 소수점 셋째 자리에서 반올림한다)

───〈조건〉───

- 면접관 5명이 부여한 점수 중 최고점과 최저점을 제외한 나머지 면접관 3명이 부여한 점수의 평균과 보훈 가점의 합으로 평가한다.
- 최고점과 최저점이 1개 이상일 때는 1명의 점수만 제외한다.
- 동점인 경우 먼저 면접을 진행한 응시자를 우선으로 한다.

〈지원자 면접 점수〉

(단위 : 점)

구분	면접관 1	면접관 2	면접관 3	면접관 4	면접관 5	보훈 가점
A	80	85	70	75	90	-
B	75	90	85	75	100	5
C	70	95	85	85	85	-
D	75	80	90	85	80	-
E	80	90	95	100	85	5
F	85	75	95	90	80	-
G	80	75	95	90	95	10
H	90	80	80	85	100	-
I	70	80	80	75	85	5
J	85	80	100	75	85	-
K	85	100	70	75	75	5
L	75	90	70	100	70	-

① D − A − F − L − H − I
② E − G − B − C − F − H
③ G − A − C − F − E − L
④ G − E − B − C − F − H

〈H은행 고객 등급 선정기준〉

1. 고객 등급

구분	다이아몬드	골드	실버	브론즈		해피
평가점수	1,000점 이상	500점 이상	300점 이상	150점 이상	300점 이상	80점 이상
금융자산	3,000만 원 이상	1,000만 원 이상	300만 원 이상	200만 원 이상	–	–

※ 금융자산 : 수신(입출식예금, 기타예금, 수익증권) 3개월 평균잔액을 나타낸다.
※ 브론즈 고객은 2가지 기준 중 1개, 해피 고객은 평가 점수만 해당되면 해당 등급으로 선정한다.

2. 대상 거래 및 배점

항목	기준	배점
수신	입출식 예금 직전 3개월 평균잔액	10만 원당 7점
	거치·적립식 예금 직전 3개월 평균잔액	10만 원당 1점
	수익증권 직전 3개월 평균잔액	10만 원당 5점
여신	가계대출 직전 3개월간 1천만 원 이상	10점, 이후 100만 원당 1점
외환	직전 3개월 환전	$100당 2점
	직전 3개월 송금	
급여이체	3개월 누계 100만 원 이상	200만 원 미만 100점, 300만 원 미만 150점, 300만 원 이상 200점
결제계좌	신용카드 자동이체 당행 결제계좌 등록	신용카드 40점, 자동이체 건당 10점 (최대 50점 한도)
고객정보	8개 고객정보 등록 (휴대폰 번호, 이메일, 자택 주소, 자택 전화번호, 직장명, 직장 주소, 직장 전화번호, 주거유형)	정보 1개당 2점
세대등록 정보	세대주로 등록 시(단독세대주 제외)	20점
거래기간	고객 등록일 기준	1년당 5점

56 고객 A씨의 실적 정보가 다음과 같을 때, A씨의 고객 등급은 무엇인가?

〈고객 A씨의 실적 정보〉

- 2007년 3월부터 2024년 5월 현재까지 거래 중
- 최근 3개월 입출식 예금 평균잔액은 152만 원, 적립식 예금 평균잔액은 200만 원
- 최근 3개월 연속 급여이체, 급여액은 평균 320만 원
- 5개월 전 가계대출 2,500만 원
- 신용카드 2개 결제대금 자동이체 등록
- 휴대폰 번호, 이메일, 자택 주소, 직장명, 직장 주소, 직장 전화번호 등록
- 지난달 해외여행으로 $500 환전

---

① 다이아몬드　　　　　　　　　② 골드
③ 실버　　　　　　　　　　　　④ 브론즈

57 귀하는 56번의 고객 A씨에게 고객 등급에 따른 혜택을 안내하려고 한다. 다음 중 A씨에게 혜택으로 안내할 수 있는 항목으로만 바르게 짝지은 것은?

〈H은행 고객 등급별 혜택〉

구분	다이아몬드	골드	실버	브론즈	해피
무보증 대출	최대 6천만 원	최대 3천만 원	최대 2천만 원	–	–
예금 금리 우대 (입출식·정기)	+0.15% 이내	+0.1% 이내	–	–	–
수수료 면제 및 할인	모든 수수료 면제	모든 수수료 면제	송금 수수료 면제	모든 수수료 50% 할인	–
신용카드 연회비	면제	면제	면제	–	–
외환 환전·송금 환율 우대	50%	50%	50%	30%	10%

① 환율 우대 50%, 무보증 대출 최대 6천만 원
② 예금 금리 0.1% 이내 우대, 모든 수수료 면제
③ 신용카드 연회비 면제, 예금 금리 0.1% 이내 우대
④ 환율 우대 50%, 송금 수수료 면제

※ 다음은 대출에 관련된 금융 용어에 대한 설명이다. 이어지는 질문에 답하시오. [58~59]

〈금융 용어〉

1) 거치기간 : 대출을 받은 후 원금을 제외하고, 이자만 납입하는 기간
2) 거치식상환 : 거치기간 동안 이자만 지불하며, 거치기간이 종료되면 원금과 이자를 원하는 방식으로 상환
3) 만기일시상환 : 약정기간 동안 이자만 부담하고, 만기에 대출금을 모두 상환
4) 원금균등상환 : 대출원금을 대출기간으로 균등하게 나누어 매월 일정한 금액을 상환하고, 이자는 매월 원금의 상환으로 줄어든 대출잔액에 대해서만 지급
5) 원리금균등상환 : 대출원금과 이자를 융자기간 동안 매달 같은 금액으로 나누어 상환

58 다음 그래프는 대출상환방식에 따른 납입 원금과 납입 이자금액 그래프이다. 대출상환방식과 그 방식에 맞는 그래프가 적절하게 연결된 것을 〈보기〉에서 모두 고르면?(단, 7회차가 만기일이다)

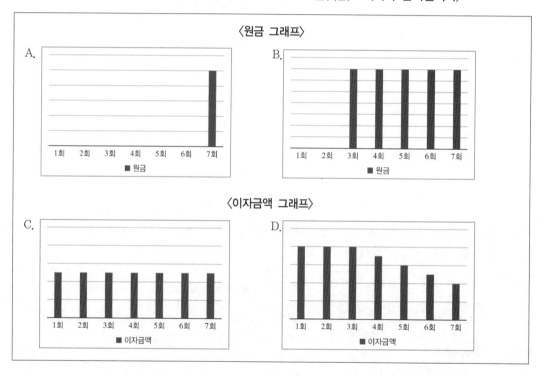

─── 〈보기〉 ───

㉠ A – C, 만기일시상환   ㉡ A – D, 만기일시상환
㉢ B – C, 거치식원금균등상환   ㉣ B – D, 거치식원금균등상환
㉤ B – D, 원금균등상환

① ㉠, ㉢   ② ㉠, ㉣
③ ㉠, ㉤   ④ ㉡, ㉢

59 다음은 갑, 을, 병, 정 네 사람의 대출상환방식에 대한 요구사항이다. 요구사항을 고려하여 대출상환방식을 정하려고 할 때, 네 사람이 각각 선택할 대출상환방식이 가장 적절하게 연결된 것은?(단, 모두 다른 대출상환방식을 택했다)

갑 : 저는 최대한 이자를 적게 내고 싶습니다.

을 : 저는 자금을 계획적으로 운영하고 있습니다. 계획이 틀어지지 않도록 매달 상환금액이 동일했으면 좋겠습니다.

병 : 저는 전세자금 마련을 위해 큰 금액의 대출을 받아야 하므로 원금과 이자를 매달 상환하는 것은 부담이 됩니다. 하지만 전세기간이 만료되면 원금 전액을 즉시 상환할 수 있습니다.

정 : 저는 갑작스러운 병원비로 목돈이 나가 생계가 곤란하여 대출을 받게 되었습니다. 대출은 필요하지만 현 상황에 있어서 상환은 부담이 됩니다. 하지만 매월 소득이 있기에 상황이 안정되면 매달 일정금액의 원리금을 상환할 수 있습니다.

	거치식상환	만기일시상환	원금균등상환	원리금균등상환
①	병	정	갑	을
②	병	정	을	갑
③	병	을	갑	정
④	정	병	갑	을

〈H대학 졸업자 중 해외기업 인턴 지원자 정보〉

구분	나이	평균 학점	공인영어점수	관련 자격증 개수	희망 국가
A지원자	26세	4.10점	92점	2개	독일
B지원자	24세	4.25점	81점	0개	싱가포르
C지원자	25세	3.86점	75점	2개	일본
D지원자	28세	4.12점	78점	3개	호주
E지원자	27세	4.50점	96점	1개	영국

60 다음 〈조건〉에 따라 점수를 부여할 때, C지원자는 어떤 국가의 해외기업으로 인턴을 가는가?

〈조건〉
- 나이가 어린 사람부터 순서대로 5 ~ 1점을 부여한다.
- 평균 학점이 높은 사람부터 순서대로 5 ~ 1점을 부여한다.
- 공인영어점수의 10%를 점수로 환산한다.
- 관련 자격증은 1개당 3점을 부여한다.
- 총점이 가장 높은 2명은 희망한 국가로, 3번째는 미국, 4번째는 중국으로 인턴을 가고, 5번째는 탈락한다.

① 영국
② 중국
③ 미국
④ 싱가포르

61 다음 〈조건〉과 같이 선발 기준이 변경되었을 때, 희망한 국가에 가지 못하는 지원자는 누구인가?

〈조건〉
- 나이는 고려하지 않는다.
- 평균 학점은 소수점 첫째 자리에서 반올림하여 점수를 부여한다.
- 공인영어점수의 10%를 점수로 환산한다.
- 관련 자격증은 1개당 2점을 부여한다.
- 총점이 가장 낮은 1명은 탈락하고, 나머지는 각자 희망하는 국가로 인턴을 간다.

① A지원자
② B지원자
③ C지원자
④ D지원자

〈상황〉

갑, 을, 병, 정, 무가 서로 가위바위보를 한 번씩 해서 이기면 2점, 비기면 1점, 지면 0점인 게임을 하였다. 갑은 유일하게 한 번도 안 졌고, 무는 유일하게 한 번도 못 이겼다.

62 갑, 을, 병, 정, 무 순서대로 점수가 높았고, 총점이 각각 2점씩 차이가 났다면 갑 ~ 무의 점수를 모두 합한 점수로 옳은 것은?

① 19점   ② 20점

③ 21점   ④ 22점

63 다음 중 게임에서 결과가 결정되는 판은 몇 번째 판인가?

① 6번째 판   ② 7번째 판

③ 8번째 판   ④ 10번째 판

※ 다음은 노인맞춤돌봄서비스 홍보를 위한 안내문이다. 이어지는 질문에 답하시오. [64~65]

〈노인맞춤돌봄서비스 안내〉

- "노인맞춤돌봄서비스" 소개

  일상생활 영위가 어려운 취약노인에게 적절한 돌봄서비스를 제공하여 안정적인 노후생활 보장 및 노인의 기능·건강 유지를 통해 기능약화를 예방하는 서비스

- 서비스 내용

  - 안전지원서비스 : 이용자의 전반적인 삶의 안전 여부를 전화, ICT기기를 통해 확인하는 서비스
  - 사회참여서비스 : 사회적 분리감 예방을 위해 집단프로그램 등을 통해 참여의 기회를 지원하는 서비스
  - 생활교육서비스 : 다양한 프로그램으로 신체적·정신적 기능을 유지·강화하는 서비스
  - 일상생활지원서비스 : 이동 동행, 식사 준비, 청소 등 일상생활을 지원하는 서비스
  - 연계서비스 : 민간 후원, 자원봉사 등을 이용자에게 연계하는 서비스
  - 특화서비스 : 은둔형·우울형 집단을 분리하여 상담 및 진료를 지원하는 서비스

- 선정기준

  만 65세 이상 국민기초생활수급자, 차상위계층 또는 기초연금수급자로서 유사 중복사업 자격에 해당하지 않는 자

  ※ 유사 중복사업

  1. 노인장기요양보험 등급자
  2. 가사 간병방문 지원 사업 대상자
  3. 국가보훈처 보훈재가복지서비스 이용자
  4. 장애인 활동 지원 사업 이용자
  5. 기타 지방자치단체에서 시행하는 서비스 중 노인맞춤돌봄서비스와 유사한 재가서비스

- 특화서비스 선정기준

  - 은둔형 집단 : 가족, 이웃 등과 관계가 단절된 노인으로서 민·관의 복지지원 및 사회안전망과 연결되지 않은 노인
  - 우울형 집단 : 정신건강 문제로 인해 일상생활 수행의 어려움을 겪거나 가족·이웃 등과의 관계 축소 등으로 자살, 고독사 위험이 높은 노인

    ※ 고독사 및 자살 위험이 크다고 판단되는 경우 만 60세 이상 하향 조정 가능

---

64 윗글을 읽고 이해한 내용으로 적절하지 않은 것은?

① 노인맞춤돌봄서비스를 받기 위해서는 만 65세 이상의 노인이어야 한다.

② 노인맞춤돌봄서비스는 노인의 정신적 기능 개발을 위한 서비스를 제공한다.

③ 은둔형 집단, 우울형 집단의 노인은 특화서비스를 통해 상담 및 진료를 받을 수 있다.

④ 노인맞춤돌봄서비스를 통해 노인의 현재 안전 상황을 모니터링할 수 있다.

65 다음은 S동에 거주하는 독거노인 방문조사 결과이다. 조사한 인원 중 노인맞춤돌봄서비스 신청이 불가능한 사람은 모두 몇 명인가?

〈S동 독거노인 방문조사 결과〉

이름	성별	나이	소득수준	행정서비스 현황	특이사항
A	여	만 62세	차상위계층	–	우울형 집단
B	남	만 78세	기초생활수급자	국가유공자	–
C	남	만 81세	차상위계층	–	–
D	여	만 76세	기초연금수급자	–	–
E	여	만 68세	기초연금수급자	장애인 활동 지원	–
F	여	만 69세	–	–	–
G	남	만 75세	기초연금수급자	가사 간병방문	–
H	여	만 84세	–	–	–
I	여	만 63세	차상위계층	–	우울형 집단
J	남	만 64세	차상위계층	–	–
K	여	만 84세	기초연금수급자	보훈재가복지	–

① 4명   ② 5명

③ 6명   ④ 7명

66 8개의 칸이 일렬로 늘어서 있는 화단에 장미, 튤립, 백합을 심기로 했다. 다음 〈조건〉 따라 꽃을 심으려고 할 때, 항상 참이 아닌 진술은?

───── 〈조건〉 ─────

• 장미는 빨간색과 분홍색, 튤립은 빨간색, 분홍색, 노란색, 흰색, 백합은 주황색과 흰색이고, 종류별로 한 칸씩 심는다.
• 같은 색상이나 같은 종류의 꽃을 연속해서 심지 않는다.
• 양 가장자리는 빨간색 꽃을 심는다.
• 주황색 꽃은 노란색 꽃 옆에 심을 수 없다.
• 분홍색 꽃은 두 칸을 사이에 두고 심는다.
• 화단을 절반으로 나누었을 때, 오른쪽에는 백합을 심지 않는다.

① 왼쪽에서 1번째 칸에는 빨간색 튤립을 심는다.
② 분홍색 튤립의 양옆은 모두 백합이다.
③ 노란색 튤립의 양옆은 모두 장미이다.
④ 노란색 튤립은 분홍색 장미 바로 옆에 심는다.

※ 다음은 사물함 고유번호에 대한 설명이다. 이어지는 질문에 답하시오. **[67~70]**

〈사물함 고유번호〉

• 고유번호 부여방식

[배치건물] – [사용인원] – [개폐방식] – [사용기간] – [사용권한 획득방식] 순의 기호

• 배치건물

신관	구관	학생회관
가	나	다

• 사용인원

1인용	2인용	3인용	4인용
a	b	c	d

• 개폐방식

전자형	자물쇠형	개방형
0	1	2

• 사용기간

1개월 이내	1~3개월	6개월 이상 1년 미만	1년 이상
11	22	33	44

• 사용권한 획득방식

추첨식	경매식	선착순식	양도식
0a	1b	2c	3d

67 다음 〈보기〉를 참고할 때, 영석이가 사용을 희망하는 사물함의 고유번호로 옳은 것은?

─────〈보기〉─────

• 영석이는 학생회관에 위치한 사물함을 사용하고자 한다.
• 룸메이트와 함께 사용하기 위해 2인용 이상의 사물함을 사용하고자 한다.
• 사용편의를 위해 개방형을 선호한다.
• 배정받은 사물함을 1년 동안 사용할 계획이다.
• 선착순식으로 사물함을 획득하고자 한다.

① 가b0331b
② 나d2223d
③ 다a1443d
④ 다b2442c

68 다음 중 사물함 고유번호에 대한 설명이 적절하지 않은 것은?

① 가d1113d – 신관에 위치한 사물함이다.

② 가a0441b – 1인용 사물함이다.

③ 나b0330a – 전자형 사물함이다.

④ 다c1222c – 양도식으로 배정되는 사물함이다.

69 다음 중 고유번호가 '나b1331b'인 사물함에 대한 설명으로 적절한 것은?

① 신관에 위치한 사물함이다.

② 4인용 사물함이다.

③ 자물쇠형이다.

④ 13개월 동안 사용 가능하다.

70 다음 중 사물함 고유번호로 적절하지 않은 것은?

① 가c0223d

② 나a1442c

③ 나d2112c

④ 다b0001b

71 다음에서 설명하는 것에 대한 특징으로 옳지 않은 것은?

> 은행의 송금·결제망을 표준화시키고 개방해서 하나의 애플리케이션으로 모든 은행의 계좌 조회, 결제, 송금 등을 할 수 있는 금융 서비스를 말한다.

① 새로운 핀테크 기업의 시장 진입이 가능해진다.

② 사파리나 오페라 등의 웹브라우저에서는 사용이 어렵다.

③ 은행의 독점적인 서비스 제공 방식에서 종합 금융 플랫폼으로 발전한 것이다.

④ 은행이 가진 고객 데이터를 타 은행이나 핀테크 기업과 공유하여 이용하도록 하는 제도이다.

72 다음 중 많은 양의 데이터를 취급할 때 사용하는 방법으로, 해당 데이터의 특성의 파악을 용이하게 하는 기술은?

① 워드 클라우드(Word Cloud)

② 태그 클라우드(Tag Cloud)

③ 퍼블릭 클라우드(Public Cloud)

④ 커뮤니티 클라우드(Community Cloud)

73 다음 중 사람뿐만 아니라 모든 사물이 흩어져 있는 데이터를 수집하고 정리하고, 이를 온라인상의 콘텐츠를 이용하여 확산시키는 것은?

① 스플로그(Splog)

② 올블로그(Allbolg)

③ 메타블로그(Meta Blog)

④ 블로그젝트(Blogject)

74 다음 중 최신 정보로의 변경이 잦은 웹사이트에서 사용자들의 이해를 쉽게 하기 위해 변경된 정보를 간략하게 정리하여 제공하는 것을 지칭하는 용어는?

① Hoax   ② API

③ RSS   ④ XML

75 다음 중 랜섬웨어(Ransomware) 공격에 대한 설명으로 적절하지 않은 것은?

① 랜섬웨어는 주로 이메일, 웹사이트, P2P 서비스 등을 통해 퍼진다.

② 랜섬웨어에 걸렸을 경우 컴퓨터 포맷은 가능하나 파일을 열거나 복구하기가 힘들다.

③ 랜섬웨어 예방법으로는 컴퓨터를 켜기 전에 랜선을 뽑아 두거나 와이파이를 꺼두는 방법이 효과적이다.

④ 랜섬웨어 예방을 위해서는 랜섬웨어가 생기기 전의 윈도우가 효과적이므로 오래된 운영체계로 변경하도록 한다.

76 다음 중 학습효과를 증강시키고 시간과 비용의 효율적 활용을 위해 온라인 교육과 오프라인 교육을 복합적으로 진행하는 교육방식을 지칭하는 용어는?

① 이러닝(E-learning)

② 플립러닝(Flipped Learning)

③ 스마트러닝(Smart Learning)

④ 블렌디드러닝(Blended Learning)

77 다음 중 스마트 기기의 발달로 인해 발생한 현상으로 보기 어려운 것은?

① 스몸비(Smombie)

② 블랙피싱(Blackfishing)

③ 팝콘브레인(Popcorn Brain)

④ 유령진동증후군(Phantom Vibration Syndrome)

78 다음 중 일반적인 데이터 제거 방법으로 보기 어려운 것은?

① 데이터 와이핑(Data Wiping)

② 데이터 클리닝(Data Cleaning)

③ 데이터 다이어트(Data Diet)

④ 안티포렌식(Anti-forensic)

79 다음 중 데이터를 관련 정보나 주제를 중심으로 분류한 전통적인 방법과는 달리, 사람 또는 인공지능에 의해 키워드별로 분류한 방법을 지칭하는 용어는?

① 태그(Tag)
② 폭소노미(Folksonomy)
③ 택소노미(Taxonomy)
④ K-택소노미(K-Taxonomy)

80 다음 〈보기〉에서 인포그래픽스(Infographics)에 대한 설명으로 옳지 않은 것을 모두 고르면?

─〈보기〉─
㉠ 정보제공자(Informant)와 삽화(Graphics)의 합성어이다.
㉡ 많은 양의 정보의 타당성 여부를 검증할 때 사용하는 방법이다.
㉢ 이해하기 어려운 그래프나 이미지를 글로 설명하는 방법이다.
㉣ 그래프나 이미지뿐만 아니라 영상으로 표현하는 방법도 이에 포함된다.

① ㉢, ㉣
② ㉠, ㉡, ㉢
③ ㉡, ㉢, ㉣
④ ㉠, ㉢, ㉣

5권

하나은행 필기전형
정답 및 해설

온라인 모의고사 2회 무료쿠폰

쿠폰번호   ASSE-00000-6443C

[쿠폰 사용 안내]

1. **합격시대 홈페이지**(www.sdedu.co.kr/pass_sidae_new)에 접속합니다.
2. 홈페이지 우측 상단 '쿠폰 입력하고 모의고사 받자' 배너를 클릭합니다.
3. 쿠폰번호를 등록합니다.
4. 내강의실 > 모의고사 > 합격시대 모의고사 클릭 후 응시합니다.
※ 본 쿠폰은 등록 후 30일간 이용 가능합니다.
※ iOS / macOS 운영체제에서는 서비스되지 않습니다.

끝까지 책임진다! 시대에듀!

QR코드를 통해 도서 출간 이후 발견된 오류나 개정법령, 변경된 시험 정보, 최신기출문제, 도서 업데이트 자료 등이 있는지 확인해 보세요! **시대에듀 합격 스마트 앱**을 통해서도 알려 드리고 있으니 구글 플레이나 앱 스토어에서 다운받아 사용하세요. 또한, 파본 도서인 경우에는 구입하신 곳에서 교환해 드립니다.

제1회 모의고사 정답 및 해설

01	02	03	04	05	06	07	08	09	10
①	③	④	②	②	④	③	③	④	①
11	12	13	14	15	16	17	18	19	20
③	③	③	②	③	②	①	①	②	①
21	22	23	24	25	26	27	28	29	30
④	④	①	③	③	③	①	④	②	②
31	32	33	34	35	36	37	38	39	40
②	④	③	④	②	③	③	①	④	③
41	42	43	44	45	46	47	48	49	50
③	①	②	③	①	②	④	③	①	④
51	52	53	54	55	56	57	58	59	60
④	②	④	④	④	④	②	④	④	②
61	62	63	64	65	66	67	68	69	70
①	④	④	③	①	①	④	④	③	②
71	72	73	74	75	76	77	78	79	80
④	④	②	①	②	②	④	②	②	④

제 1영역 NCS 직업기초능력

01   정답 ①

먹고 난 뒤의 그릇을 씻어 정리하는 일을 뜻하는 단어는 '설거지'이다.

오답분석

② 왠지 : '왜 그런지 모르게. 또는 뚜렷한 이유도 없이'라는 의미로, 옳은 표기이다.
③ 드러나다 : '가려 있거나 보이지 않던 것이 보이게 됨'이라는 의미로, 옳은 표기이다.
④ ~로서 : 지위나 신분 또는 자격을 나타내는 격 조사로, 옳은 표기이다.

02   정답 ③

'바'는 '앞에서 말한 내용 그 자체나 일 따위를 나타내는 말'을 의미하는 의존 명사이므로 앞말과 띄어 쓴다.

오답분석

① -밖에 : 주로 체언이나 명사형 어미 뒤에 붙어 '그것 말고는', '그것 이외에는' 등의 뜻을 나타내는 보조사로, '하나밖에'와 같이 앞말에 붙여 쓴다.
② 살 : '나이를 세는 단위'를 의미하는 의존 명사이므로, '열 살이'와 같이 띄어 쓴다.
④ 쫓아내다 : 본용언이 합성어인 경우 본용언과 보조 용언을 붙여 쓰지 않으므로, '쫓아내 버렸다'와 같이 띄어 쓴다.

03   정답 ④

물고기를 낚을 때 쓰는 낚시 도구를 의미하는 단어의 옳은 표기는 '낚시대'가 아닌 '낚싯대'이다.

오답분석

① 자리매김하다 : '사회적 인식이나 사람들의 의식 속에서 제법 자리를 차지하다.'라는 의미로, 옳은 표기이다.
② 북적이다 : '많은 사람이 한곳에 모여 매우 수선스럽게 들끓다.'라는 의미로, 옳은 표기이다.
③ 북새통 : '많은 사람이 야단스럽게 부산을 떨며 법석이는 상황'을 의미하는 것으로, 옳은 표기이다.

04   정답 ②

'동족방뇨(凍足放尿)'는 '언 발에 오줌 누기'라는 뜻으로 임시변통은 될 수 있어도 그 효력이 오래가지 못하며, 결국 사태가 더 나빠짐을 비유적으로 이르는 말이다.

오답분석

① 밑 빠진 독에 물 붓기 : 노력이나 비용을 아무리 들여도 한이 없고 들인 보람도 없는 사물이나 상태를 비유적으로 이르는 말이다.
③ 가재는 게 편이다 : 모양이나 형편이 비슷하고, 인연이 있는 것끼리 서로 잘 어울리고 감싸 주기 쉽다는 뜻이다.
④ 백지장도 맞들면 낫다 : 아무리 쉬운 일이라도 서로 힘을 합하면 훨씬 쉽다는 뜻이다.

05
정답 ②

'소소하다'는 '작고 대수롭지 아니하다.'는 뜻으로 제시된 문장에 사용하기에 적절하지 않다.

- 잘게 다진 고기를 지단으로 뭉친 것과 향초를 얹은 국수가 나왔다.
- 그녀는 작은 일까지 세세하게 통제하는 오빠가 싫었다.
- 체가 너무 성기어서 / 성글어서 아무것도 거를 수가 없었다.

오답분석
① 잘다 : 알곡이나 과일, 모래 따위의 둥근 물건이나 글씨 따위의 크기가 작다. 또는 길이가 있는 물건의 몸피가 가늘고 작다.
③ 성기다 : 물건의 사이가 뜨다.
④ 세세하다 : 매우 자세하다. 또는 일 따위의 내용이 너무 잘아서 보잘것없다.

06
정답 ④

간접 경험에서 연민을 갖기 어렵다고 하더라도 교통과 통신이 발달하면서 고통을 대면하는 경우가 많아진 만큼 연민의 필요성이 커지고 있다. 따라서 이러한 주장을 현대인들이 연민을 느끼지 못한다는 제시문의 내용에 대한 반박으로 들 수 있다.

오답분석
①·② 제시문의 내용과 일치하는 주장이다.
③ 학자들이 주장하는 연민의 조건 중 하나이므로, 제시문에 대한 반론으로 적절하지 않다.

07
정답 ③

보기의 내용으로 볼 때 이전의 내용과 다른 '근본적인 설명'의 예가 나와야 한다. (다) 앞의 내용은 왜 왼손이 배변 처리에 사용되었는지 설명해 주지 못한다고 하였고, (다) 뒤의 문단에는 뇌의 좌우 반구 기능 분화의 내용을 다루는 다른 설명이 있다. 따라서 (다)가 보기의 문장이 들어갈 곳으로 가장 적절하다.

08
정답 ③

제시문은 최대수요입지론에 의해 업체가 입지를 선택하는 방법을 설명하는 글로, 최초로 입지를 선택하는 업체와 그 다음으로 입지를 선택하는 업체가 입지를 선정하는 기준 그리고 변인이 생기는 경우 두 업체의 입지를 선정하는 기준에 대한 내용이다. 따라서 (나) 최대수요입지론에서 입지를 선정할 때 고려하는 요인 – (가) 최초로 입지를 선정하는 업체의 입지 선정법 – (다) 다음으로 입지를 선정하는 업체의 입지 선정법 – (라) 다른 변인이 생기는 경우 두 경쟁자의 입지 선정법 순서로 연결되어야 한다.

09
정답 ④

제시문은 블록체인 기술에 대한 설명과 원리 및 장단점을 소개하는 내용이다. 그러므로 가장 먼저 블록체인 기술에 대해 소개하는 (라) 문단이 와야 한다. 이어서 블록체인 기술의 원리 중 블록에 대해 설명하는 (가) 문단과 블록에 적용되는 암호화 기술인 해싱에 대해 설명하는 (다) 문단이 오는 것이 적절하다. 마지막으로 블록체인 기술의 장점을 정리하고 그 한계점을 제시한 (나) 문단이 오는 것이 적절하다. 따라서 제시된 글을 논리적 순서대로 바르게 나열한 것은 (라) – (가) – (다) – (나)이다.

10
정답 ①

제시문은 천재가 선천적인 재능뿐만 아니라 후천적인 노력에 의해서 만들어지는 존재라고 주장하고 있다. 따라서 글의 논지를 강화하기 위한 내용으로 적절하지 않은 것은 ①이다.

오답분석
②·③·④ 제시문에서 언급한 절충적 천재(선천적 재능과 후천적 노력이 결합한 천재)에 대한 내용이다.

11
정답 ③

제시문은 우리나라가 지식 기반 산업 위주의 사회로 바뀌면서 내부 노동시장에 의존하던 인력 관리 방식이 외부 노동시장에서의 채용으로 변화함에 따라, 지식 격차에 의한 소득 불평등과 국가 간 경제적 불평등 현상이 심화되고 있다는 내용이다. 따라서 글의 제목으로 가장 적절한 것은 ③이다.

오답분석
① 정보통신 기술을 통해 전 지구적 노동시장이 탄생하여 기업을 비롯한 사회 조직들이 국경을 넘어 인력을 충원하고 재화와 용역을 구매하고 있다고 언급했다. 하지만 이러한 국가 간 노동 인력의 이동이 가져오는 폐해에 대해서는 언급하고 있지 않다.
② 지식 기반 경제로의 이행은 지식 격차에 의한 소득 불평등 심화 현상을 일으킨다. 하지만 이것에 대한 해결책은 언급하고 있지 않다.
④ 생산 기능은 저개발국으로 이전되고 연구 개발 기능은 선진국으로 모여들어 정보 격차가 확대되고 있다. 하지만 국가 간의 격차 축소 정책의 필요성은 언급하고 있지 않다.

12
정답 ③

제시문은 태양의 온도를 일정하게 유지해 주는 에너지원에 대해 설명하고 있다. 태양의 온도가 일정하게 유지되는 이유는 태양 중심부의 온도가 올라가 핵융합 에너지가 늘어나면 에너지의 압력으로 수소를 밖으로 밀어내어 중심부의 밀도와 온도를 낮춰주기 때문이다. 즉, 태양 내부에서 중력과 핵융합 반응의 평형 상태가 유지되기 때문에 태양은 50억 년간 빛을 낼 수 있었고, 앞으로도 50억 년 이상 더 빛날 수 있는 것이다. 따라서 빈칸에 들어갈 내용으로 '태양이 오랫동안 안정적으로 빛을 낼 수 있게 된다.'가 가장 적절하다.

13 정답 ③

제시문은 섬진강의 자연 생태가 가지고 있는 아름다움에 대해 이야기하는 (가) – '하지만'으로 시작하며 건강한 생태계 유지에 수량과 수질의 중요성을 강조하는 (다) – 최근 주변 토지이용현황에 의한 섬진강의 수량 부족에 대해 이야기하는 (나) – 수량 부족에 대한 해결로 통합물관리를 제시하며 궁극적인 목표에 대해 제시하는 (라) 순서로 연결되어야 한다.

14 정답 ②

제시문은 물 부족과 이에 따른 생태계의 부정적인 영향에 대해 이야기하고 있다. 따라서 소제목으로 가장 적절한 것은 ③이다.

오답분석

① 수질에 대해서 언급하고 있지만, 물이 많다는 내용은 언급되지 않았다.
③ 물 부족 국가의 아픔은 제시문에서 찾아볼 수 없다.
④ 지구온난화에 대한 내용은 언급되지 않았다.

15 정답 ③

마지막 문단에서 ㉧ '회사가 우체국 뒤에 있다.'와 ㉨ '우체국이 회사 앞에 있다.'는 서로 다른 물음에 대한 답이 된다는 것을 볼 때 ③은 적절하지 않은 내용임을 알 수 있다.

오답분석

① '영수가 그 새를 죽게 했다.'와 같은 장형 사동문은 그 행위가 간접적으로 해석된다.
② 문장의 동의성이란 형식이 다른 둘 이상의 문장이 동일한 의미 값을 갖는 것을 말하며 이러한 문장들을 '동의문'이라고 한다.
④ '영희가 욕을 먹었다.'와 '욕이 영희에게 먹혔다.'가 동의문이 되지 않는다는 점을 통해 알 수 있다.

16 정답 ②

'문방구'를 참조점으로 하여 목표인 '분식집'을 파악하는 것이다.

오답분석

① 예를 들어 '철수가 영희를 열심히 가르친다.'와 '영희가 철수에게 열심히 배운다.'를 통해 '열심히'라는 부사어를 넣으면 의미가 달라질 수 있음을 알 수 있다.
③ 한쪽이 참이라면 다른 쪽도 참, 한쪽이 거짓이면 다른 쪽도 거짓이 됨을 볼 때, 진리 조건적 의미가 동일함을 알 수 있다.
④ '-게 하다'에 의한 장형 사동문으로 볼 수 있다.

17 정답 ①

가뭄 사진을 본 이후로 지금껏 별다른 감흥을 주지 않았던 스프링 클러가 가뭄을 떠올리게 하는 변화를 가져왔으므로, 빈칸에는 역접의 접속어인 '하지만'이 들어가는 것이 가장 적절하다.

18 정답 ①

마지막 문단에서 동양은 서양으로부터 근대 과학 기술 문명의 도입과 소화로 물질적 발전을 이루었으나 불편과 갈등을 내포하고 있다고 하였다. 그러므로 동양 문화의 서양화는 성공하지 못한 것이다.

19 정답 ②

제시문은 먼저 '인문적'이라는 용어의 개념을 밝혀 논점을 드러내고, 현재 동양 문화의 문제점을 지적한 후 그에 대한 견해를 제시하였다.

20 정답 ①

㉠에서 '낚시'는 필요한 것만 취하는 도덕적인 행위를 가리키며 '그물질'은 무분별하게 남획하는 부도덕적 행위를 가리킨다. 따라서 ①은 이 의미를 잘못 이해한 것이다.

오답분석

②·③·④ '인'이라는 심성이 자연의 모든 생명체로 확대된 경우로 볼 수 있다.

21 정답 ④

세 번째 문단에서 저작권의 의의는 인류의 지적 자원에서 영감을 얻은 결과물을 다시 인류에게 되돌려주는 데 있다고 하였으므로 ④의 내용은 적절하지 않다.

22 정답 ④

제시문은 저작권이 지나치게 사적 재산권을 행사하는 도구로 인식되어 있는 현실의 문제점을 지적하며, 저작권을 사적 재산권의 측면에서가 아니라 공익적 측면에서 바라볼 필요가 있음을 이야기하고 있다.

23 정답 ①

60만 원의 36개월 후의 원리합계는 $60 \times 1.01^{36} = 60 \times 1.4 = 84$ 만 원이다. 매달 a원씩 갚는다고 하면 원리합계는 다음과 같다.

$a + a(1+1.01) + a(1+1.01)^2 + a(1+1.01)^3 + \cdots + a(1+1.01)^{35} = \dfrac{a\{(1.01)^{36}-1\}}{1.01-1} = 40a = 840,000$

$\therefore a = 21,000$

따라서 매달 21,000원씩 갚아야 한다.

24

정답 ③

2주 동안 듣는 사내 교육은 총 5회이다. 그러므로 금요일 교육이 없는 주의 월요일에 첫 교육을 들었다면 5주 차 월요일 교육을 듣기 전까지 10개의 교육을 듣게 된다. 5주 차 월요일, 수요일 교육을 듣고 6주 차 월요일의 교육이 13번째 교육이 된다.

이때 6주 차 월요일이 13번째 교육을 듣는 날이므로, 8월 1일 월요일을 기준으로 35일 후가 된다.

따라서 8월은 31일까지 있으므로 $1+35-31=5$일, 즉 9월 5일이 된다.

25

정답 ③

처음 설탕물의 농도를 $x\%$라 하면 다음 식이 성립한다.

$$\frac{\frac{x}{100}\times 200+5}{200-50+5}\times 100=3x$$

$$\rightarrow 200x+500=465x$$

$$\therefore x=\frac{100}{53}\fallingdotseq 1.9$$

따라서 처음 설탕물의 농도는 1.9%이다.

26

정답 ③

신입사원일 사건을 A, 남자일 사건을 B라고 하면 다음 식이 성립한다.

$$P(A)=0.8,\ P(A\cap B)=0.8\times 0.4=0.32$$

$$\rightarrow P(B|A)=\frac{P(A\cap B)}{P(A)}=\frac{0.32}{0.8}=0.4=40$$

따라서 신입사원을 뽑을 때, 남자일 확률은 40%이다.

27

정답 ①

박사원은 월~금요일까지만 일하므로 김사원이 7월 중 월~금요일에 일한 날이 함께 일한 날이다.

김사원은 이틀간 일하고 하루 쉬기를 반복하므로 7월에 일하는 경우는 다음과 같은 3가지이다.

ⅰ) 6월 30일에 쉬고, 7월 1일부터 일하는 경우 : 김사원이 7월에 21일을 일하게 된다. (×)

ⅱ) 6월 29일에 쉬고, 6월 30일과 7월 1일에 일하는 경우 : 김사원이 7월에 21일을 일하게 된다. (×)

ⅲ) 7월 1일에 쉬고, 7월 2일부터 일하는 경우 : 김사원이 7월에 20일을 일하게 된다. (○)

〈7월 달력〉

일	월	화	수	목	금	토
	1	2	3	4	5	6
7	8	9	10	11	12	13
14	15	16	17	18	19	20
21	22	23	24	25	26	27
28	29	30	31			

따라서 김사원이 7월 2일부터 일하는 경우 월~금요일까지 15일을 일하므로 김사원과 박사원이 7월에 함께 일한 날은 총 15일이다.

28

정답 ④

K씨의 집에서 H은행까지의 거리는 $2.1\text{km}=2,100\text{m}$이다.

걸은 거리를 $x\text{m}$라 하면 뛰어간 거리는 $(2,100-x)\text{m}$이므로, 다음 식이 성립한다.

$$\frac{x}{60}+\frac{2,100-x}{150}=30$$

$$\rightarrow 5x+4,200-2x=9,000$$

$$\rightarrow 3x=4,800$$

$$\therefore x=1,600$$

따라서 K씨가 걸은 거리는 $1,600\text{m}=1.6\text{km}$이다.

29

정답 ②

서진이와 민진이가 서로 이웃하여 앉을 확률은 $\frac{4!\times 2!}{5!}=\frac{2}{5}$ 이다.

따라서 서진이와 민진이 사이에 적어도 1명이 앉아 있을 확률은 $1-\frac{2}{5}=\frac{3}{5}$ 이다.

30

정답 ②

[3인실, 2인실, 1인실]로 배정되는 인원을 나타낼 때 다음과 같은 3가지 경우가 성립한다.

ⅰ) $[3,\ 2,\ 0]$: $_5C_3\times _2C_2=\frac{5\times 4\times 3}{3\times 2}\times 1=10$가지

ⅱ) $[3,\ 1,\ 1]$: $_5C_3\times _2C_1\times _1C_1=\frac{5\times 4\times 3}{3\times 2}\times 2\times 1=20$가지

ⅲ) $[2,\ 2,\ 1]$: $_5C_2\times _3C_2\times _1C_1=\frac{5\times 4}{2}\times\frac{3\times 2}{2}\times 1=30$가지

따라서 직원들이 방에 배정되는 경우는 총 $10+20+30=60$가지이다.

31

정답 ②

주어진 정보에 따라 만기환급금을 계산하면 다음과 같다.

$$30\times 40+30\times\frac{40\times 41}{2}\times\frac{0.03}{12}=1,261.5$$

따라서 A사원이 안내받을 만기환급금은 1,261.5만원이다.

32

정답 ④

처음 소금물의 양이 500g이고 농도가 10%이므로, 소금의 양은 $500\times\frac{10}{100}=50\text{g}$이다.

이 소금물을 끓여 증발시킨 물의 양을 $x\text{g}$이라 할 때, 증발시킨 후 소금물의 양은 $(500-x)\text{g}$이고 소금의 양은 변하지 않으므로 50g이다.

더 넣은 소금물의 양이 250g이고 농도가 2%이므로, 더 넣은 소금의 양은 $250 \times \dfrac{2}{100} = 5$g이다.

이에 따라 소금물의 양은 $(750-x)$g이고 소금의 양이 $50+5=55$g일 때 농도가 8%이므로, 다음 식이 성립한다.

$$\frac{55}{750-x} \times 100 = 8$$

$$\rightarrow 5,500 = 6,000 - 8x$$

$$\therefore x = \frac{500}{8} = 62.5$$

따라서 증발시킨 물의 양은 62.5g이다.

33
정답 ③

배의 속력을 $x$km/h라 하면 다음 식이 성립한다.

$(15+x) \times 4 = 200$

$\therefore x = \dfrac{200}{4} - 15 = 35$

따라서 배의 속력은 35km/h이다.

34
정답 ④

영국 1파운드를 구매하기 위해 필요한 원화는 $1,670 \times 1.02 = 1,703.4$원이다.

따라서 600,000원으로 살 수 있는 영국 파운드는 $\dfrac{600,000}{1,703.4} = 352$파운드이다.

35
정답 ④

500달러를 원화로 환전할 때 환전수수료는 1.75%이므로, $500 \times 1,310 \times (1-0.0175) = 643,537.5$원이다.

따라서 643,537.5원을 베트남 동으로 환전할 때 환전수수료는 10%이므로, $643,537.5 \times \dfrac{100}{6 \times 1.1} = 9,750,568$동이다.

36
정답 ③

2년 동안의 수익률과 연말에 달성한 금액을 정리하면 다음과 같다.

구분	수익률	연말 금액
작년 말	200%	400만 원×3=1,200만 원
올해 말	−60%	1,200만 원×0.4=480만 원

따라서 원금 400만 원에서 480만 원이 되었으므로 누적 수익률은 20%이다.

> 누적 수익률과 평균 수익률은 같지 않다. 또한 산술평균으로 계산하면 수익률은 $\dfrac{200\% + (-60\%)}{2} = 70\%$가 나오지만 실제로는 그렇지 않다.

37
정답 ③

월복리 적금 상품의 연이율이 1.8%이므로 월이율은 $\dfrac{0.018}{12} = 0.0015 = 0.15\%$이며, 만기 시 원리합계는 다음과 같다.

$$\frac{60 \times 1.0015 \times (1.0015^{12}-1)}{1.0015-1} = \frac{60 \times 1.0015 \times (1.018-1)}{0.0015} = 721.08만 원$$

따라서 이자는 $721.08 - (60 \times 12) = 721.08 - 720 = 1.080$이므로, 10,800원이다.

38
정답 ①

2023년	2024년	2025년	확률
C등급	A등급	C등급	0.1×0.1=0.01
	B등급		0.22×0.33=0.0726
	C등급		0.68×0.68=0.4624

따라서 H금융기관의 신용등급이 2025년에도 C등급을 유지할 가능성은 $0.01+0.0726+0.4624=0.545$이다.

39
정답 ④

$50 \sim 54$세의 격차는 $48.2-39.8=8.4\%$p인 데 비해 $25 \sim 29$세의 격차는 $74.2-65.4=8.8\%$p이다.

오답분석

①·② 자료를 통해 쉽게 확인할 수 있다.

③ 한국 $25 \sim 29$세 여성경제활동 참가율은 47.8이고, 스웨덴 $25 \sim 29$세 여성경제활동 참가율은 73.8이므로 26%p의 차이를 보이고 있다.

40
정답 ③

한국은 66.1%에서 47.8로 감소했으므로 다음과 같다.

$$\frac{47.8-66.1}{66.1} \times 100 = -27.7\%$$

스웨덴은 72.5%에서 73.8로 증가했으므로 다음과 같다.

$$\frac{73.8-72.5}{72.5} \times 100 = 1.8\%$$

41
정답 ③

오답분석

① 2023년 뉴미디어와 2019년 신문의 광고비는 20,000백만 원 이상이다. 또한 2022년 옥외 광고비보다 신문 광고비가 더 높아야 하나 반대로 되어 있다.

② 2021년 잡지 광고비가 라디오 광고비보다 더 높아야 하나 반대로 되어 있다.

④ 2023년 뉴미디어 광고비는 20,000백만 원 이상이다. 또한 2022년 신문 광고비가 옥외 광고비보다 더 높아야 하나 반대로 되어 있다.

상세한 수치를 하나하나 비교하기보다 눈에 띄는 수치를 기준으로 잡아 변환된 자료에서 빠르게 확인해야 한다.

42 정답 ①

고슴도치와 거북이가 경주한 거리는 2가지 방법으로 구할 수 있다.

ⅰ) 고슴도치의 속력과 걸린 시간(경현이의 예상시간, 30초)을 곱하여 거리를 구하는 경우

$3\text{m/분} \times 30\text{초} = 3 \times \dfrac{30}{60} = 1.5\text{m}$

ⅱ) 거북이의 속력과 걸린 시간(영수의 예상시간, 2.5분)을 곱하여 거리를 구하는 경우

$3\text{m/분} \times \dfrac{1}{5} \times 2.5\text{분} = 0.6 \times 2.5 = 1.5\text{m}$

따라서 고슴도치와 거북이가 경주한 거리는 1.5m이다.

43 정답 ②

주4일 근무제 시행에 따라 소득이 줄어들 것이라고 생각하는 직원들은 '대체로 그렇다'와 '매우 그렇다'에 응답한 사람이므로, 그 비율은 다음과 같다.

$\dfrac{(56+12)}{167} \times 100 ≒ 41\%$

44 정답 ③

주4일 근무제 시범시행 이후 소득의 변화가 없다고 대답한 직원들의 비율은 다음과 같다.

$\dfrac{76}{142} \times 100 ≒ 54\%$

45 정답 ①

㉠ 전체헌혈 중 단체헌혈이 차지하는 비율은 다음과 같다.

• 2018년 : $\dfrac{962}{962+1,951} \times 100 ≒ 33.0\%$

• 2019년 : $\dfrac{965}{965+2,088} \times 100 ≒ 31.6\%$

• 2020년 : $\dfrac{940}{940+2,143} \times 100 ≒ 30.5\%$

• 2021년 : $\dfrac{953}{953+1,913} \times 100 ≒ 33.3\%$

• 2022년 : $\dfrac{954}{954+1,975} \times 100 ≒ 32.6\%$

• 2023년 : $\dfrac{900}{900+1,983} \times 100 ≒ 31.2\%$

따라서 조사기간 동안 매년 20%를 초과한다.

㉡ 전년 대비 단체헌혈의 증감률은 다음과 같다.

• 2019년 : $\dfrac{965-962}{962} \times 100 ≒ 0.3\%$

• 2020년 : $\dfrac{940-965}{965} \times 100 ≒ -2.6\%$

• 2021년 : $\dfrac{953-940}{940} \times 100 ≒ 1.4\%$

• 2022년 : $\dfrac{954-953}{953} \times 100 ≒ 0.1\%$

따라서 단체헌혈 증감률의 절댓값이 가장 큰 해는 2020년이다.

오답분석

㉢ 2020년 대비 2021년 개인헌혈의 감소율은 $\dfrac{1,913-2,143}{2,143} \times 100 ≒ -10.7\%$이다.

㉣ 2021년부터 2023년까지 헌혈률 전년 대비 증감 추이는 '감소－증가－감소'이고, 개인헌혈은 '감소－증가－증가'이다.

46 정답 ②

'부서별 신청자 수 현황'에 따르면 전체 부서의 직원은 $8+10+9+13=40$명이며, 그중 컴퓨터활용을 신청한 직원은 $2+4+2+3=11$명이다. 따라서 '컴퓨터활용'을 신청한 직원은 전체 부서 직원에서 $\dfrac{11}{40} \times 100 = 27.5\%$를 차지한다.

47 정답 ④

영어회화를 신청한 직원은 9명이고, 수강료는 1인당 10만원이며, 회계이론을 신청한 직원은 3명이고, 수강료는 1인당 12만 원이다. 따라서 두 수업에 지원해 주는 금액은 총 $(9 \times 10)+(3 \times 12)=90+36=126$만 원이다.

48 정답 ③

'한 달 수업일수 및 하루 수업시간' 그래프에서 수업별 한 달 동안 받는 수업시간을 계산하면 다음과 같다.

• 영어회화 : $6 \times 1=6$시간
• 컴퓨터활용 : $8 \times 1.5=12$시간
• 회계이론 : $5 \times 2=10$시간
• 영어문서 작성 : $6 \times 2=12$시간

따라서 한 달에 가장 적은 시간을 수업하는 프로그램은 '영어회화'이며, 한 달 수강료는 10만 원이다.

49 정답 ①

제시된 명제를 정리하면 다음과 같다.
달리기를 잘한다. → 영어를 잘한다. → 부자이다.
따라서 달리기를 잘하는 '나는 부자이다.'는 반드시 참이다.

50
정답 ④

제시된 명제를 정리하면 다음과 같다.
• 깔끔한 사람 → 정리정돈을 잘함 → 집중력이 좋음 → 성과 효율이 높음
• 주변이 조용함 → 집중력이 좋음 → 성과 효율이 높음
따라서 '깔끔한 사람은 주변이 조용하다.'는 옳지 않다.

오답분석
① 세 번째·첫 번째 명제로 추론할 수 있다.
② 두 번째·네 번째 명제로 추론할 수 있다.
③ 세 번째·첫 번째·네 번째 명제로 추론할 수 있다.

51
정답 ④

제시된 명제를 기호화하여 정리하면 다음과 같다.
'회계팀 팀원'을 p, '회계 관련 자격증을 가지고 있다.'를 q, '돈 계산이 빠르다.'를 r이라고 하면, 첫 번째 명제는 $p \to q$이며, 마지막 명제는 $\sim r \to \sim p$이다.
이때 마지막 명제의 대우는 $p \to r$이므로, 마지막 명제가 참이 되기 위해서는 $q \to r$이 필요하다.
따라서 빈칸에 들어갈 명제는 $q \to r$의 대우에 해당하는 $\sim r \to \sim q$인 ④이다.

52
정답 ②

먼저 B의 진술이 거짓일 경우 A와 C는 모두 프로젝트에 참여하지 않으며, C의 진술이 거짓일 경우 B와 C는 모두 프로젝트에 참여한다. 즉, B와 C의 진술은 동시에 거짓이 될 수 없으므로 둘 중 한 명의 진술은 반드시 참이 된다.
ⅰ) B의 진술이 참인 경우
　A는 프로젝트에 참여하지 않으며, B와 C는 모두 프로젝트에 참여한다. B와 C 모두 프로젝트에 참여하므로 D는 프로젝트에 참여하지 않는다.
ⅱ) C의 진술이 참인 경우
　A의 진술은 거짓이므로 A는 프로젝트에 참여하지 않으며, B는 프로젝트에 참여한다. C는 프로젝트에 참여하지 않으나, B가 프로젝트에 참여하므로 D는 프로젝트에 참여하지 않는다.
따라서 반드시 프로젝트에 참여하는 사람은 B이다.

53
정답 ②

먼저 A가 출장을 간다면 다음 두 가지 경우로 나뉜다.

A출장	→ B출장, C안 감
	→ B안 감, C출장

다음으로 C가 출장을 가면 D와 E 중 한 명이 출장을 안 가거나 둘 모두 안 가는 3가지 경우가 생긴다. C가 출장을 가지 않으면 D와 E는 출장 여부를 정확히 모르므로 4가지 경우가 발생한다. 또한 B가 출장을 가지 않으면 F는 출장을 가므로, 이를 정리하면 다음과 같다.

A출장	→ B출장,　C안 감	→ D출장, E안 감	→ F출장 또는 안 감
		→ D안 감, E출장	
		→ D안 감, E안 감	
		→ D출장, E출장	
	→ B안 감,　C출장	→ D출장, E안 감	→ F출장
		→ D안 감, E출장	
		→ D안 감, E안 감	

따라서 직원 A가 출장을 간다면 최소 인원은 직원 B와 둘이서 출장을 가는 경우이다.

54
정답 ④

첫 번째 명제에서 A는 B보다 먼저 먹거나 A와 B는 같이 먹는 두 가지 경우가 가능하다.
ⅰ) A가 B보다 먼저 먹는 경우
　C와 D는 세 번째 명제에 따라 각각 12시, 1시 팀이 되고, 마지막 명제에서 E는 F보다 먼저 먹으므로 E와 F도 각각 12시, 1시 팀이 될 것이다. 따라서 12시 팀은 A, C, E이고, 1시 팀은 B, D, F이다.
ⅱ) A와 B가 같이 먹는 경우
　- A와 B가 12시에 먹는 경우
　　C와 D는 각각 12시, 1시 팀이 되고, E와 F도 각각 12시, 1시 팀이 된다. 따라서 12시 팀은 A, B, C, E이고, 1시 팀은 D, F이다.
　- A와 B가 1시에 먹는 경우
　　두 번째 명제에서 C는 A와 같이 먹으므로 C는 1시 팀, D는 12시 팀이 되고, E와 F는 각각 12시, 1시 팀이 된다. 따라서 12시 팀은 D, E이고, 1시 팀은 A, B, C, F이다.

오답분석
① A와 B는 같이 먹을 수도 있다.
② 'ⅰ)'에 따르면 B와 C는 따로 먹는다.
③ 'ⅰ)'에 따르면 12시 팀과 1시 팀의 인원수는 같다.

55
정답 ④

ⓛ 다수의 풍부한 경제자유구역 성공 사례를 활용하는 것은 강점에 해당하지만, 외국인 근로자를 국내주민과 문화적으로 동화시키려는 시도는 위협을 극복하는 것과는 거리가 멀다. 따라서 해당 전략은 ST전략으로 적절하지 않다.
ⓔ 경제자유구역 인근 대도시와의 연계를 활성화하면 오히려 인근 기성 대도시의 산업이 확장된 교통망을 바탕으로 경제자유구역의 사업을 흡수할 위험이 커진다. 또한 인근 대도시와의 연계 확대는 경제자유구역 내 국내·외 기업 간의 구조 및 운영상 이질감을 해소하는 데 직접적인 도움이 된다고 보기 어렵다.

㉠ 경제호황으로 인해 자국을 벗어나 타국으로 진출하려는 해외기업이 증가하는 기회상황에서 성공적 경험을 통해 축적된 우리나라의 경제자유구역 조성 노하우로 이들을 유인하여 유치하는 전략은 SO전략으로 적절하다.

㉢ 기존에 국내에 입주한 해외기업의 동형화 사례를 활용하여 국내기업과 외국계 기업의 운영상 이질감을 해소하고 생산성을 증대시키는 전략은 WO전략에 해당한다.

56 　　　　　　　　　　　　　　　　　정답 ④

가입기간이 12개월 이상일 경우 적용되는 기본금리는 연 1.50%로 6개월 이상의 연 1.45%보다 높지만, 상품의 가입기간은 6개월부터 24개월까지이므로 24개월을 초과하여 계약할 수 없다.

① 만 19 ~ 34세의 청년고객을 대상으로 한 상품이므로 창업을 계획 중이더라도 연령이 높은 장년층은 가입이 불가능하다.
② 매월 1 ~ 50만 원 이내의 자유적립 상품이므로 월초에 10만 원을 입금하였더라도 한 달 내 40만 원 이하의 금액을 추가로 입금할 수 있다.
③ 월복리 상품은 매월 입금하는 금액마다 입금일부터 만기일 전까지의 기간에 대하여 월별 이자를 원금에 가산하여 이자를 정산한다.

57 　　　　　　　　　　　　　　　　　정답 ②

먼저 해당 고객의 경우 24개월의 기간으로 상품에 가입하였으므로 기본금리는 12개월 이상의 연 1.50%가 적용된다. 다음으로 보유하고 있는 개인사업자계좌의 잔액은 변동 없이 500만 원을 유지하고 있으므로 개인사업자계좌 실적의 우대조건을 만족하고, 상품에 가입할 때 개인정보 수집 및 이용에 전체 동의하였으므로 마케팅 동의 우대조건도 만족한다. 그러나 인터넷 뱅킹이나 스마트 뱅킹의 비대면 채널에서의 이체 실적이 없으므로 비대면 채널 이체 실적의 우대조건은 만족하지 않는다. 따라서 고객이 적용받을 수 있는 금리는 총 1.5+1.0+0.2=2.7%이다.
• 기본금리 : 1.5%
• 우대금리 : 1.0(개인사업자계좌 실적)+0.2(마케팅 동의)=1.2%p
• 총금리 : 1.5+1.2=2.7%

58 　　　　　　　　　　　　　　　　　정답 ④

연회비는 생략하고 할인되는 금액만 계산하면 다음과 같다.

구분	해당되는 카드혜택	할인 금액
Q 카드	• 통신요금 10% 청구할인 : 할인 ×(∵ H은행 아닌 W은행에서 자동이체) • 대중교통요금 월 5% 청구할인 : 3,000원 • 도시가스비 10% 청구할인 : 2,000원 • 손해보험료 15% 청구할인 : 15,000원	3,000 +2,000 +15,000 =20,000원
L 카드	• 통신요금 5% 청구할인 : 할인 ×(∵ H은행 아닌 W은행에서 자동이체) • 수도세 20% 청구할인 : 4,000원 • S커피 이용요금 3,000원 정액할인(∵ 다른 조건 없으므로 할인받음) • 외식비 20,000원 정액할인	4,000 +3,000 +20,000 =27,000원
U 카드	• 자동차보험료 5% 청구할인 : 4,000원 • 주유비 10% 청구할인 : 8,000원 • 손해보험료 10% 청구할인 : 10,000원 • 기타 공과금 10% 청구할인 : 3,000원	4,000 +8,000 +10,000 +3,000 =25,000원

따라서 할인 금액이 가장 많은 카드는 L카드이며, 할인 금액은 27,000원이다.

59 　　　　　　　　　　　　　　　　　정답 ①

W은행 계좌에서 자동이체하던 통신요금을 H은행 계좌에서 자동이체하는 것으로 바꾸었다는 것은 통신요금 할인 혜택이 추가로 적용됨을 뜻한다. 할인으로 혜택받은 금액에서 연회비를 빼면, 최종 혜택 금액을 알 수 있다.

구분	카드혜택	혜택 금액
Q 카드	통신요금 10% 청구할인 : 6,000원	20,000+6,000 -1,000 =25,000원
L 카드	통신요금 5% 청구할인 : 3,000원	27,000+3,000 -6,000 =24,000원
U 카드	-	25,000-13,000 =12,000원

따라서 통신요금 자동이체 계좌를 H은행 계좌로 바꾼 다음 연회비까지 고려할 때 혜택 금액이 가장 많은 카드는 Q카드이며, 혜택 금액은 25,000원이다.

60
정답 ②

우선 네 번째 조건에 따르면 A ~ E 중 공터와 이웃한 곳은 D로, 학원은 D에 위치하고 있음을 알 수 있다.

다섯 번째 조건에 따르면 공원은 A ~ E 중 유일하게 13번 도로와 이웃하고 있는 B에 위치하고 있다.

마지막 조건에 따르면 학원(D)이 이웃하고 있는 7번 도로, 12번 도로와 이웃하고 있는 곳은 A ~ E 중 E로, 놀이터는 E에 위치하고 있음을 알 수 있다.

남아 있는 A, C 중 주차장으로부터 직선거리가 더 가까운 곳은 A이므로, 학교는 A에, 병원은 C에 위치하고 있음을 알 수 있다. 이를 지도에 나타내면 다음과 같다.

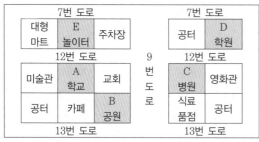

61
정답 ①

제시된 조건을 기호화하여 정리하면 다음과 같다.

• B → ~E
• ~B and ~E → D
• A → B or D
• C → ~D
• C → A

C가 워크숍에 참석하는 경우 D는 참석하지 않으며, A는 참석한다. A가 워크숍에 참석하면 B 또는 D 중 한 명이 함께 참석하므로 B가 A와 함께 참석한다. 또한 B가 워크숍에 참석하면 E는 참석하지 않으므로 결국 워크숍에 참석하는 직원은 A, B, C이다.

62
정답 ④

스마트 OTP는 금융거래에서 정보보안을 강화하는 데 주목적이 있다. 따라서 보안과 관련된 전략 과제에 적절한 실행 방안이다. 그러나 문제에 제시된 전략 과제 중에는 보안과 관련된 것이 없으므로 적절하지 않다.

오답분석

① '2. 모바일 뱅킹 서비스 친숙도 증대'의 실행 방안으로 적절하다.
② '1. 최초 접근 채널 다양화'의 실행 방안으로 적절하다.
③ '7. 이용단계 간소화 및 오류 제거'의 실행 방안으로 적절하다.

63
정답 ④

조건의 명제를 논리 기호화하여 정리하면 다음과 같다.

• 첫 번째 명제 : (~연차 ∨ 출퇴근) → 주택
• 두 번째 명제 : 동호회 → 연차

• 세 번째 명제 : ~출퇴근 → 동호회
• 네 번째 명제 : (출퇴근 ∨ ~연차) → ~동호회

먼저 두 번째 명제의 경우 동호회행사비 지원을 도입할 때에만 이라는 한정 조건이 있으므로 역(연차 → 동호회) 또한 참이다. 만약 동호회행사비를 지원하지 않는다고 가정하면 두 번째 명제의 역의 대우(~동호회 → ~연차)와 세 번째 명제의 대우(~동호회 → 출퇴근)에 따라 첫 번째 명제가 참이 되므로, 출퇴근교통비 지원과 주택마련자금 지원을 도입하게 된다. 그러나 다섯 번째 조건에 따라 주택마련자금 지원을 도입했을 때 다른 복지제도를 도입할 수 없으므로 모순이 된다. 그러므로 동호회행사비를 지원하는 것이 참인 것을 알 수 있다.

동호회행사비를 지원한다면, 네 번째 명제의 대우[동호회 → (~출퇴근 ∧ 연차)]에 따라 출퇴근교통비 지원은 도입되지 않고, 연차 추가제공은 도입된다. 그리고 다섯 번째 명제의 대우에 따라 주택마련자금 지원은 도입되지 않는다. 따라서 H은행이 도입할 복지제도는 동호회행사비 지원과 주택마련자금 지원 2가지이다.

64
정답 ③

B과장은 현재 4급이기 때문에 3급으로 승진하기 위해서는 직급 임기 4년, 인사고과 점수 93점 이상, 과장급 4년 이상의 보직 기간을 충족해야 한다.

• 직급 임기 : 2017년 4월 3부터 임기하여 2021년 4월 3일자로 임기가 4년을 경과하므로 임기 조건 충족
• 보직 : 현재 과장으로 조건 충족
• 보직 기간 : 4년으로 조건 충족
• 인사고과 점수 : 92점으로 조건 미달

따라서 B과장은 인사고과 점수 미달로 승진 대상자에서 제외되므로 인사고과 점수를 1점 이상 더 높게 받아야 한다.

65
정답 ①

C대리는 현재 5급이기 때문에 4급으로 승진하기 위해서는 직급 임기 4년, 인사고과 점수 90점 이상, 대리급 4년 이상의 보직 기간을 충족해야 한다.

• 직급 임기 : 2020년 1월 1일부터 임기하여 2024년 1월 1일자로 임기가 4년을 경과하므로 임기 조건 충족(∵ 2024년 1월 1일 승진 기준)
• 보직 : 현재 대리로 조건 충족
• 보직 기간 : 4년으로 조건 충족
• 인사고과 점수 : 93점으로 조건 충족

따라서 C대리는 승진 대상자로, 추가로 충족해야 할 요건은 없다.

66
정답 ①

A부장은 현재 3급이기 때문에 2급으로 승진하기 위해서는 직급 임기 5년을 충족해야 한다.

2021년 1월 1일부터 임기하였으므로, 2026년 1월 1일자로 임기가 5년을 경과한다.

따라서 A부장이 2급으로 승진하는 해는 2026년이다.

67

정답 ④

비용이 17억 원 이하인 업체는 A, D, E, F이며, 이 중 1차로 선정
할 업체를 구하기 위해 가중치를 적용한 점수는 다음과 같다.
- A업체 : $(18 \times 1) + (11 \times 2) = 40$점
- D업체 : $(16 \times 1) + (12 \times 2) = 40$점
- E업체 : $(13 \times 1) + (10 \times 2) = 33$점
- F업체 : $(16 \times 1) + (14 \times 2) = 44$점

따라서 1차로 선정할 3개 업체는 40점인 A, D, F이며, 이 중 친환
경소재 점수가 16점으로 가장 높은 F업체가 최종 선정된다.

68

정답 ④

비용이 17억 2천만 원 이하인 업체는 A, C, D, E, F이며, 이 중
1차로 선정할 업체를 구하기 위해 가중치를 적용한 점수는 다음과
같다.
- A업체 : $(11 \times 3) + (15 \times 2) = 63$점
- C업체 : $(13 \times 3) + (13 \times 2) = 65$점
- D업체 : $(12 \times 3) + (14 \times 2) = 64$점
- E업체 : $(10 \times 3) + (17 \times 2) = 64$점
- F업체 : $(14 \times 3) + (16 \times 2) = 74$점

따라서 1차 선정될 업체는 C와 F이며, 이 중 입찰 비용이 더 낮은
업체인 F업체가 최종 선정된다.

69

정답 ③

두 번째 조건에 의해 B는 6층에 입주해야 하고, 세 번째 조건에
의해 F - D - E 순으로 높은 층에 입주해야 한다.
A와 C는 1 ~ 3층에 거주해야 하므로 E는 3층부터, D는 4층부터
입주가 가능하다. 이를 표로 정리하면 다음과 같다.

구분	1	2	3	4	5	6
A				×	×	×
B	×	×	×	×	×	○
C				×	×	×
D	×	×	×	○	×	×
E				×	×	×
F	×	×	×	○	×

따라서 A, C, E가 입주할 경우의 수는 $3 \times 2 \times 1 = 6$가지이다.

70

정답 ②

주어진 조건에 따라 들어가야 할 재료 순서를 배치해 보면 다음과
같다.

첫 번째	두 번째	세 번째	네 번째	다섯 번째	여섯 번째	일곱 번째
(바)	(다)	(마)	(나)	(사)	(라)	(가)

따라서 두 번째 넣어야 할 재료는 (다)이다.

71

정답 ④

알고리즘(Algorithm)은 어떤 문제를 해결하기 위한 명령들로 구
성된 일련의 순서화된 절차를 의미한다. 문제를 논리적으로 해결
하기 위해 필요한 절차, 방법, 명령어들을 모아놓은 것, 이를 적용
해 문제를 해결하는 과정을 모두 알고리즘이라고 한다. 알고리즘
은 소프트웨어 연구에서 중요한 요소이다. 아랍의 수학자인 알카
리즈미의 이름에서 유래했으며, 아라비아 숫자를 사용하여 연산
을 행하는 수순을 의미한다.

72

정답 ④

데이터 라벨링(Data Labelling)은 사진 · 문서 등 사람이 만든 데이
터를 인공지능(AI)이 스스로 인식할 수 있는 형태로 재가공하는 작업
이다. AI가 학습할 데이터인 동영상이나 사진에 등장하는 사물 등에
라벨을 달아 주입하면 된다. AI는 이를 바탕으로 데이터들을 학습하
면서 유사한 이미지를 인식하며 고품질의 알고리즘을 구축한다.

73

정답 ②

개방성은 프라이빗 블록체인의 특징과는 거리가 멀다. 프라이빗
블록체인은 개방성과는 반대인 폐쇄성을 띄는 블록체인으로 보안
성이 높은 특징을 가지고 있다.

74

정답 ①

OTP(One Time Password)는 개별 단말기를 통해 인증 시마다
새로운 암호를 전달받아 그 암호를 입력해야만 잠금을 해제할 수
있는 체계의 보안방식이다.

75

정답 ②

블록체인(Block Chain)은 거래 정보를 중앙 서버가 아닌 네트워
크 참가자 모두가 공동으로 기록하고 관리한다.

76

정답 ②

클라우드 컴퓨팅은 인터넷을 통해 이루어지는 기술이므로 완전한
보안성을 보장할 수 없다. 따라서 사용자 스스로 보안 설정을 철저
히 하고, 정기적으로 보안 강화를 위한 조치를 취해야 한다.

오답분석
① 필요에 따라 자원을 유연하게 조절할 수 있으므로 확장성이 높다.
③ 인터넷만 연결되어 있으면 사용이 가능하므로 이용하는 데 제
약이 적다.
④ 다양한 서비스와 융합되어 데이터 교환 등이 용이하므로 개방
성이 높다.

77

출력 데이터가 제공되지 않아도 데이터의 내부 패턴을 스스로 찾아내는 비지도 학습이 가능하다.

> **머신러닝 방식의 종류**
> • 지도 학습(Supervised Learning) : 입력 데이터와 상응하는 정답을 함께 제공하여 학습하는 방식
> • 비지도 학습(Unsupervised Learning) : 입력 데이터만으로 패턴이나 구조를 파악하여 학습하는 방식
> • 강화 학습(Reinforcement Learning) : 주체가 환경과 상호작용하여 행동하고, 이에 따른 보상을 최대화하는 방향으로 학습하는 방식

78
정답 ②

빅데이터 기술을 대량의 데이터를 다루는 기술로 데이터의 양과 다양성으로 인해 정확성을 보장할 수 없다. 따라서 정확한 분석을 위해 추가적인 데이터 전처리나 검증 과정이 반드시 필요하다.

79
정답 ②

㉠ 금융회사, 비금융회사, 핀테크회사 등의 참여자가 임베디드 금융 시장에서 얻는 이익은 근본적으로 비금융회사가 고객에게 제공하는 서비스를 통해 얻은 수익에서 비롯된다. 비금융회사는 고객에게 서비스를 제공하는 주체로서, 자사가 보유한 방대한 고객 데이터와 기존 서비스를 금융 서비스에 접목해 고객에게 적합한 상품을 추천하고 자사의 제품 판매 향상을 통해 얻은 수익의 일부를 금융회사와 핀테크회사에 제공하는 것이다. 따라서 임베디드 금융 시장의 참가자 중에 가장 큰 역할을 하는 주체는 비금융회사라고 할 수 있다.

㉣ 임베디드 금융의 한 형태인 서비스형 은행(BaaS; Banking as a Service)에 대한 설명이다. 임베디드 금융은 비금융회사가 금융회사의 금융 상품을 단순 중개・재판매하는 것을 넘어 IT・디지털 기술을 활용해 자사의 플랫폼에 결제, 대출 등의 비대면 금융 서비스(핀테크)를 내재화(Embed)하는 것을 뜻한다.

오답분석

㉡ 임베디드 금융의 시장 구조는 비금융회사의 기존 서비스에 금융 서비스를 추가함으로써 얻은 수익을 비금융회사, 금융회사, 핀테크회사가 나눠 갖는 방식으로 이루어져 있다.

㉢ IT・디지털 기술의 발달 및 코로나19 장기화 사태 이후 소비 형태가 온라인화되면서 더 빠르고 간편하게 비대면 금융 서비스를 이용하려는 수요가 급증하며 금융기관의 디지털 전환이 가속화되고 있다. IT・디지털 기술의 발달과 금융 규제의 완화 추세 등은 임베디드 금융이 고속 성장하는 원동력이 되고 있다.

80
정답 ④

㉢ 은행이 소비자로부터 개인정보의 사용을 허락받은 경우에 은행은 정보를 한데 모아 관리하고 맞춤 컨설팅을 제공할 수 있다. 즉, 먼저 개인(정보주체)이 은행에 전송요구권을 행사해야 은행이 여러 금융기관에 산재된 신용정보를 개인이 한꺼번에 확인할 수 있게 해주고, 여러 가지 금융정보와 컨설팅을 제공할 수 있다.

㉣ 정보제공자에 대한 설명이다. 정보주체(개인), 마이데이터 사업자(서비스 제공자), 정보제공자 등과 함께 금융 부문 마이데이터의 주요 당사자를 이루는 중계기관은 일부 정보제공자를 대신해 개인 신용정보 전송 업무를 맡는데, 이때 중계기관은 종합신용정보집중기관, 금융결제원, 상호저축은행중앙회, 각 협동조합의 중앙회 및 새마을금고중앙회, 중앙기록관리기관, 그 밖에 이와 유사한 기관으로서 금융위원회가 지정하는 기관 등을 말한다(신용정보법 시행령). 한편 마이데이터 사업자는 서비스 제공자로서, 정보주체가 정보제공자에게 개인 신용정보의 전송을 요구할 수 있도록 돕고, 전송 정보를 활용해 통합 조회 서비스와 신용도, 재무 위험, 소비 패턴을 분석해 금융상품 자문, 자산 관리 등의 서비스를 제공한다.

오답분석

㉠ 마이데이터는 개인이 정보 통제・관리의 주체가 되어 각 기관에 흩어져 있는 신용・금융정보 등 자신의 개인정보를 한데 모아 적극적으로 저장・관리하는 것은 물론 이러한 정보를 신용 관리・자산관리에 능동적으로 활용하는 과정 또는 그러한 체계를 뜻한다. 쉽게 말해 은행, 보험사, 증권사 등 여러 금융기관들에 분산된 개인의 정보를 단일한 플랫폼에서 관리하는 것이다.

㉡ 마이데이터는 개인의 정보 주권을 보장하기 위해 정보 관리의 중심 주체를 기관에서 개인으로 전환하자는 취지로 도입되었으며, 우리나라는 개인정보 보호법, 정보통신망 이용촉진 및 정보보호 등에 관한 법률(정보통신망법), 신용정보의 이용 및 보호에 관한 법률(신용정보법)의 '데이터 3법'을 통해 '마이데이터 산업'이라고도 부르는 본인신용정보관리업의 법적・제도적 기반을 마련했다.

제2회 모의고사 정답 및 해설

01	02	03	04	05	06	07	08	09	10
④	④	③	②	③	④	④	④	③	②
11	12	13	14	15	16	17	18	19	20
④	④	①	③	③	③	②	③	②	④
21	22	23	24	25	26	27	28	29	30
③	②	①	④	②	④	④	④	①	④
31	32	33	34	35	36	37	38	39	40
②	②	④	①	③	④	④	②	②	④
41	42	43	44	45	46	47	48	49	50
②	②	①	③	①	③	④	③	②	②
51	52	53	54	55	56	57	58	59	60
④	①	④	③	④	②	④	④	④	④
61	62	63	64	65	66	67	68	69	70
③	③	②	②	③	②	④	④	①	①
71	72	73	74	75	76	77	78	79	80
①	①	④	③	①	③	②	④	④	④

제 1영역 NCS 직업기초능력

01
정답 ④

동사는 의미에 따라 '-는' 또는 '-은'의 어미와 활용할 수 있지만, 형용사는 '-은'으로만 활용할 수 있다. 따라서 '걸맞다'는 '두 편을 견주어 볼 때 서로 어울릴 만큼 비슷하다.'는 의미의 형용사이므로, '걸맞은'으로 활용한다.

02
정답 ④

'가열차다'는 '싸움이나 경기 따위가 가혹하고 격렬하다.'는 의미를 지닌 '가열하다'의 잘못된 표기이므로 '가열하게'가 옳은 표기이다.

오답분석

① 가납사니 : 쓸데없는 말을 지껄이기 좋아하는 수다스러운 사람
② 느껍다 : 어떤 느낌이 마음에 북받쳐서 벅차다.
③ 무람없이 : 예의를 지키지 않으며 삼가고 조심하는 것이 없게

03
정답 ③

'苦盡甘來(고진감래)'는 '쓴 것이 다하면 단 것이 온다.'는 말로, 고생 끝에 즐거움이 온다는 뜻이다.

오답분석

① 脣亡齒寒(순망치한) : '입술이 없으면 이가 시리다.'는 말로, 서로 의지하고 있어서 한쪽이 사라지면 다른 한 쪽도 온전하기 어렵다는 뜻이다.
② 堂狗風月(당구풍월) : '서당개 삼 년이면 풍월을 읊는다.'는 말로, 그 분야에 전문성이 없는 사람도 오래 있으면 지식과 경험을 얻는다는 뜻이다.
④ 朝三暮四(조삼모사) : '아침에는 세 개, 저녁에는 네 개'라는 말로, 간사한 꾀로 남을 속인다는 뜻이다.

04
정답 ②

㉠ 딴생각 : '주의를 기울이지 않고 다른 데로 쓰는 생각'을 의미하는 하나의 단어이므로 붙여 쓴다.
㉡ 사사(師事) : '스승으로 섬김. 또는 스승으로 삼고 가르침을 받음'을 이르는 말로, 이미 '받다'라는 의미를 자체적으로 지니고 있기 때문에 '사사받다'가 아닌 '사사하다'가 옳은 표기이다.
㉢ 파투 : '일이 잘못되어 흐지부지됨'을 비유적으로 이르는 말로, '파토'는 잘못된 표현이다.

05
정답 ③

제시문에서는 비현금 결제의 편리성, 경제성, 사회의 공공 이익에 기여 등을 이유로 들어 비현금 결제를 지지하고 있다. 따라서 비현금 결제 방식이 경제적이지 않다는 논지로 반박하는 것이 적절하다.

오답분석

①·② 제시문의 주장에 반박하는 것이 아니라 주장을 강화하는 근거에 해당한다.
④ 개인의 선택의 자유가 확대된다고 해서 공공 이익에 부정적 영향을 미치는 것은 아니며, 이는 제시문에서 제시한 근거와도 관련이 없으므로 적절하지 않다.

06
정답 ④

탄소배출권거래제는 의무감축량을 초과 달성했을 경우 초과분을 거래할 수 있는 제도이다. 따라서 온실가스의 초과 달성분을 구입 혹은 매매할 수 있음을 추측할 수 있으며, 빈칸 이후 마지막 문단에서도 탄소배출권을 일종의 현금화가 가능한 자산으로 언급함으로써 이러한 추측을 뒷받침하고 있다. 따라서 ④가 빈칸에 들어갈 내용으로 가장 적절하다.

오답분석
① 청정개발체제에 대한 설명이다.
② 제시문에 탄소배출권거래제가 가장 핵심적인 유연성체제라고는 언급되어 있지 않다.
③ 탄소배출권거래제가 탄소배출권이 사용되는 배경이라고는 볼 수 있으나, 다른 감축의무국가를 도움으로써 탄소배출권을 얻을 수 있다는 내용은 제시문에서 확인할 수 없다.

07
정답 ④

제시문은 중세 유럽에서 유래된 로열티 제도가 산업 혁명부터 현재까지 지적 재산권에 대한 보호와 가치 확보를 위해 발전되었음을 설명하고 있다. 따라서 글의 제목으로 가장 적절한 것은 '로열티 제도의 유래와 발전'이다.

08
정답 ④

체계적 위험은 분산투자로 제거할 수 없다.

오답분석
① 비체계적 위험에 대한 설명이다.
② 기업의 특수 사정으로 인한 위험은 예측하기 어려운 상황에서 돌발적으로 일어날 수 있다. 이를 비체계적 위험이라 하는데, 여러 주식에 분산투자함으로써 제거할 수 있다.
③ 포트폴리오의 종목 수가 증가함에 따라 비체계적 위험은 점차 감소하게 된다.

09
정답 ③

보기의 문장은 홍차가 귀한 취급을 받았던 이유에 대하여 구체적으로 설명하고 있다. 따라서 '홍차의 가격이 치솟아 무역적자가 심화되자, 영국 정부는 자국 내에서 직접 차를 키울 수는 없을까 고민하지만 별다른 방법을 찾지 못했고, 홍차의 고급화는 점점 가속화됐다.'의 뒤, 즉 (다)에 위치하는 것이 가장 적절하다.

10
정답 ②

(나)의 앞 문장에서 움은 봄이 올 것이라는 꿈을 꾸며 추위를 견디고 있음을 설명하고 있으며, 뒤 문장에서는 무언가를 꿈꾸어야 어려움을 견딜 수 있다고 설명하고 있다. 이를 자연스럽게 연결하는 (나)를 삭제하는 것은 적절하지 않다.

오답분석
① 나뭇잎들이 다 떨어졌다고 하였으므로, 기운찬 의미를 가지는 '왕성한'보다는 '앙상한'이 적절하다.
③ 앞뒤 문장의 흐름을 볼 때 화제를 바꾸는 '그렇다면'으로 고치는 것이 적절하다.
④ (라) 문장을 볼 때 튼실하지 못하다는 것은 흙과 호응하지 않으므로 '흙이 없거나'로 고치는 것이 적절하다.

11
정답 ④

제시문은 종교 해방을 위해 나타난 계몽주의의 발현 배경과 계몽주의가 추구한 방향에 대해 설명하고 그 결과 나타난 긍정적 요소와 부정적 요소를 설명하는 글이다. 따라서 (라) 인간의 종교와 이를 극복하게 한 계몽주의 - (가) 계몽주의의 추구 방향 - (다) 계몽주의의 결과로 나타난 효과 - (나) 계몽주의의 결과로 나타난 역효과 순서로 연결되어야 한다.

12
정답 ④

제시문은 우리나라가 인구감소 시대에 돌입함에 따른 공공재원의 효율적 활용 필요성에 대한 내용이다. 따라서 (나) 문제제기 : 인구감소 시대에 돌입 - (라) 문제분석 : 공공재원 확보·확충의 어려움 - (가) 문제해결 : 공공재원의 효율적 활용 방안 - (다) 향후 과제 : 공공재원의 효율적 활용 등에 관한 논의 필요 순서로 연결되어야 한다.

13
정답 ①

제시문은 '탕평'의 의미를 연나라, 월나라 사람의 이야기 등 구체적인 사례를 이용하여 설명하고 있다.

14
정답 ③

제시문의 첫 문단에 보면 '극을 세운다.'의 뜻이 분명히 드러나 있다. '이처럼 극을 세운 도는 마침내 탕평으로 돌아가게 되는데, 탕평의 요점은 한쪽으로의 치우침과 사사로운 마음을 막는 것보다 더 좋은 것이 없다는 것이다.'라는 문장에 근거해 치우침을 지양하는 ③이 ⊙의 의미로 가장 적절하다.

15
정답 ③

두 번째 문단을 통해 로렌츠 곡선의 가로축은 누적 인구 비율, 세로축은 소득 누적 점유율을 나타낸다는 것을 알 수 있다.

16
정답 ③

네 번째 문단에 따르면 거래에 참여하는 사람들 간에는 목적이나 재산 등의 측면에서 큰 차이가 존재하는 것이 보통이다. 이런 경우에는 상품의 가격이 우리의 상식으로는 도저히 이해하기 힘든 수준까지 일시적으로 뛰어오르는 현상(거품)이 나타날 가능성이 있다.

오답분석
①·④ 네 번째 문단에서 확인할 수 있다.
② 마지막 문단에서 확인할 수 있다.

17
정답 ②

근로계약서 작성은 2024.08.26.(월) 예정이며, 추후 문자 통보한다고 명시되어 있으므로 ②는 지원자의 문의로 적절하지 않다.

18
정답 ③

채용일정에 따르면 최종합격자 등록 후 배치부서 통보 및 근로계약서 작성이 진행된다. 따라서 근로계약서 작성 후 최종합격자 등록을 하는 진행 절차인 ③은 적절하지 않다.

19
정답 ②

제시문은 재즈가 어떻게 생겨났고 재즈가 어떠한 것들을 표현해내는 음악인지에 대해 설명하고 있다. 따라서 제목으로 ②가 가장 적절하다.

20
정답 ④

㉠은 비디오아트의 선대 양식을 찾을 수 없는 것은 비디오아트 자체의 정형화된 형태, 곧 비교의 기준이 될 수 있는 어떤 유용한 준거가 아직 마련되어 있지 않은 데 그 원인이 있다는 것이다. 또한 선대 예술 양식과의 관계를 이해하기 위해 비디오아트의 물리적·미학적 특성을 살펴본다는 내용이므로, ④는 ㉠의 논리적 전제로 볼 수 없다.

21
정답 ③

두 번째 문단에서 행동에 따라 세 집단으로 분류하기는 하였으나, 마지막 문단에서 '무엇이 옳다 말할 수는 없다.'고 하였으므로 옳고 그름을 나누었다는 ③은 적절하지 않다.

오답분석
① 첫 번째 문단에서 '갑작스럽게 이런 트렌드가 시작된 이유는 무엇일까?'하는 질문을 던져 독자의 궁금증을 유발하였다.
② 두 번째 문단에서 버린 후의 행보를 기준으로 세 집단으로 나누고 집단별 특징을 설명하였다.
④ 마지막 문단에서 'BYE'와 'BUY'의 동음이의어를 사용하여 글의 핵심을 표현하였다.

22
정답 ②

두 번째 문단에 따르면 물건의 소비를 경험의 소비로 바꾼 사람들은 육체적 만족이 아닌 정신적 만족을 추구한다.

23
정답 ①

두 사람이 만난다고 할 때 현민이가 걸은 거리와 형빈이가 걸은 거리의 합이 공원 둘레의 길이이다. 두 사람이 걸은 시간을 x분이라고 하면 다음 식이 성립한다.

$60x + 90x = 1,500$
$\therefore x = 10$

따라서 두 사람은 동시에 출발한 지 10분 후에 만나게 된다.

24
정답 ④

A, B, C 세 사람이 가위바위보를 할 때 나올 수 있는 모든 경우는 $3 \times 3 \times 3 = 27$가지이다.

이때 A만 이기는 경우를 순서쌍으로 나타내면 (보, 바위, 바위), (가위, 보, 보), (바위, 가위, 가위) 3가지가 나온다.

따라서 A만 이길 확률은 $\dfrac{3}{27} = \dfrac{1}{9}$이다.

25
정답 ②

작업량에 대한 식은 '1=(작업 시간)×(작업 속도)'이다.

• A사원의 작업 속도 : $\dfrac{1}{24}$

• B사원의 작업 속도 : $\dfrac{1}{120}$

• C사원의 작업 속도 : $\dfrac{1}{20}$

세 사람의 작업 속도를 더하면 $\dfrac{1}{24} + \dfrac{1}{20} + \dfrac{1}{120} = \dfrac{12}{120} = \dfrac{1}{10}$이다.

따라서 세 사람이 함께 일을 진행하면 10일이 걸린다.

26
정답 ④

매월 적립해야 하는 금액을 a원이라 하면 2025년 4월 말에 지급받는 적립 총액은 $(a \times 1.005 + a \times 1.005^2 + a \times 1.005^3 + \cdots + a \times 1.005^{40})$만 원이다.

$a \times 1.005 + a \times 1.005^2 + a \times 1.005^3 + \cdots + a \times 1.005^{40}$
$= \dfrac{a \times 1.005 \times (1.005^{40} - 1)}{1.005 - 1} = 2,211$

$\rightarrow 44.22a = 2,211$
$\therefore a = 50$

따라서 기태가 매월 적립해야 하는 금액은 50만 원이다.

27
정답 ④

40%의 소금물 100g에 들어있는 소금의 양은 $\dfrac{40}{100}\times100=40$g 이다.

따라서 물을 넣은 후의 농도는 $\dfrac{40}{100+60}\times100=25\%$이다.

28
정답 ④

소희의 속력은 30km/h$=\dfrac{30}{60}$km/min$=500$m/min이므로, 예성이의 분당 속력을 xm/min라 하면 $500\times12+500\times20=20x$이다.

따라서 예성이의 분당 속력은 $\dfrac{500\times12+500\times20}{20}=800$m/min 이다.

29
정답 ①

단리 예금에서 이자는 예치금에 대해서만 발생하므로 이자 공식은 다음과 같다.

(단리 예금 이자)$=a\times r\times n$ (a는 예치금, r은 월 이자율, n은 기간)

따라서 은경이가 받을 이자는 $5,000\times\dfrac{0.6}{100}\times15=450$이므로, $4,500,000$원이다.

30
정답 ④

오염물질의 양은 $\dfrac{14}{100}\times50=7$g이므로, 깨끗한 물을 xg 더 넣어 오염농도를 10%로 만든다면 다음 식이 성립한다.

$$\dfrac{7}{50+x}\times100=10$$

$$\rightarrow 700=10\times(50+x)$$

$$\therefore x=20$$

따라서 깨끗한 물을 20g 더 넣어야 한다.

31
정답 ②

5개의 숫자 중 4개의 숫자를 뽑는 경우의 수는 $_5C_4=5$가지이다.

뽑힌 4개의 숫자 중 가장 큰 숫자와 가장 작은 숫자 2개를 제외하고 나머지 숫자 2개의 순서만 정하면 되므로, 최소 $5\times2=10$번의 시도를 하면 비밀번호를 반드시 찾을 수 있다.

32
정답 ②

100만 원을 맡겨서 다음 달에 104만 원이 된다는 것은 이자율이 4%라는 뜻이다.

50만 원을 입금하면 다음 달에는 (원금)$+$(이자액)$=52$만 원이 된다. 따라서 다음 달 잔액은 $52-30=22$만 원이고, 그 다음 달 총잔액은 $220,000\times1.04=228,800$원이 된다.

33
정답 ④

제시된 연차 계산법에 따라 A씨의 연차를 구하면 다음과 같다.

• 기간제 : $(6\times365)\div365\times15=90$일
• 시간제 : $(8\times30\times6)\div365\fallingdotseq4$일

따라서 $90+4=94$일이다.

34
정답 ①

• 스타 적금의 만기환급금

$(40$만 원$\times40)+40$만 원$\times\dfrac{40\times41}{2}\times\dfrac{0.03}{12}=1,682$만 원

• 부자 적금의 만기환급금

30만 원$\times\dfrac{(1.03)^{\frac{49}{12}}-(1.03)^{\frac{1}{12}}}{(1.03)^{\frac{1}{12}}-1}=30$만 원$\times\dfrac{1.128-1.002}{0.002}$

$=1,890$만 원

따라서 두 금액의 차이는 $1,890-1,682=208$만 원으로, $2,080,000$원이다.

35
정답 ③

A고객은 최대 한도금액인 1천만 원을 대출하고자 한다. 또한 전화로 신청해서 비대면 가산금리가 적용되며, 우대금리는 조건에 모두 해당되어 최대 연 1%p이다. 고객 A의 금리는 다음과 같다.

기준금리(A)	가산금리 (B)	기본금리 (C=A+B)	우대금리 (D)	최저금리 (C−D)
3개월 KORIBOR 연 1.4%	연 2.6%p	연 4%	연 1%p	연 3%

대출기간은 2년이기 때문에 만기 시 대출이자는 $10,000,000\times0.03\times\dfrac{24}{12}=600,000$원이다.

36
정답 ④

1년되는 날 대출을 상환하기 때문에 중도상환해약금이 발생한다. 1년 이내는 (중도상환금액)$\times0.7\%\times$[(만기까지 남아있는 기간)$\div$(대출기간)]이므로 $10,000,000\times0.007\times\dfrac{12}{24}=35,000$원이다.

37
정답 ④

선택지수를 구하는 식에 각 조건을 대입하면 다음과 같다.

• A숙소 : $4\times1,000,000\times0.7+200,000\times0.8=2,960,000$
• B숙소 : $4\times1,000,000\times0.7+80,000\times0.8=2,864,000$
• C숙소 : $3\times1,000,000\times0.7+50,000\times0.8=2,140,000$
• D숙소 : $4\times1,000,000\times0.7+40,000\times0.8=2,832,000$

따라서 선택지수가 $2,500,000$ 이상이면서 비용이 가장 적은 곳은 D숙소이다.

38 정답 ②

2015년 강북 지역의 주택전세가격을 100이라고 한다면, 그래프는 전년 대비 평균 증감률을 나타내므로 2016년에는 전년 대비 약 5% 증가해 $100 \times 1.05 = 105$이고, 2017년에는 전년 대비 약 10% 증가해 $105 \times 1.1 = 115.5$라고 할 수 있다.

따라서 2017년 강북 지역의 주택전세가격은 2015년 대비 약 $\dfrac{115.5 - 100}{100} \times 100 = 15.5\%$ 증가했다고 볼 수 있다.

오답분석
① 전국 주택전세가격의 증감률은 2014년부터 2023년까지 모두 양(+)의 값이므로 매년 증가하고 있다고 볼 수 있다.
③ 2020년 이후 서울의 주택전세가격 증가율이 전국 평균 증가율보다 높은 것을 확인할 수 있다.
④ 강남 지역의 주택전세가격 증가율이 가장 높은 시기는 2017년인 것을 확인할 수 있다.

39 정답 ②

경현이의 전체 영어 평균점수는 다음과 같다.

$$\frac{315 + 320 + 335 + 390 + 400 + 370}{6} = \frac{2,130}{6} = 355점$$

따라서 355점보다 높았던 달은 9월, 10월, 11월에 봤던 시험으로 총 3번임을 알 수 있다.

40 정답 ④

2023년 5 ~ 8월까지 생활용품의 인터넷 쇼핑 거래액의 총합은 $288,386 + 260,158 + 274,893 + 278,781 = 1,102,218$백만 원으로, 약 11,022억 원이다.

41 정답 ②

7월 중 모바일 쇼핑 거래액이 가장 높은 상품은 '여행 및 교통 서비스'이다. 이 상품의 8월 인터넷 쇼핑과 모바일 쇼핑 거래 차액은 $1,017,259 - 566,972 = 450,287$백만 원이다.

42 정답 ②

5 ~ 8월 동안 모바일 쇼핑 거래액이 가장 낮은 상품은 모두 애완용품임을 확인할 수 있다.

오답분석
① 5 ~ 8월 동안 모든 상품은 모바일 쇼핑 거래액이 인터넷 쇼핑 거래액보다 크다.
③ 음식 서비스를 제외한 다른 상품의 전월 대비 6월의 인터넷 쇼핑 거래액은 감소했으며, 전자통신기기와 여행 및 교통 서비스는 8월에도 감소하였다.
④ 5월 대비 7월 모바일 쇼핑 거래액이 증가한 상품은 애완용품, 여행 및 교통 서비스, 음식 서비스 총 세 가지이다.

43 정답 ①

60대 이상은 '읽음'의 비율이 '읽지 않음'의 비율보다 낮다.

오답분석
② 여성이 남성보다 종이책 독서를 하는 비율이 $61.5 - 58.2 = 3.3\%$p 높다.
③ 사례 수가 가장 적은 연령대는 20대이고, '읽지 않음'을 선택한 인원은 $1,070 \times 0.265 ≒ 284$명이다.
④ 40대의 '읽음'과 '읽지 않음'을 선택한 인원의 차이는 $1,218 \times (0.619 - 0.381) ≒ 290$명이다.

44 정답 ③

$3,000 \times (0.582 + 0.615) = 3,000 \times 1.197 = 3,591$명

45 정답 ①

해상 교통서비스 수입액이 많은 국가부터 나열하면 '인도 - 미국 - 한국 - 브라질 - 멕시코 - 이탈리아 - 터키' 순서이다.

46 정답 ③

해상 교통서비스 수입보다 항공 교통서비스 수입이 더 높은 국가는 미국과 이탈리아이다.

오답분석
① 터키의 교통서비스 수입에서 항공 수입이 차지하는 비중은 $\dfrac{4,003}{10,157} \times 100 ≒ 39.4\%$이다.
② 전체 교통서비스 수입액이 첫 번째(미국)와 두 번째(인도)로 높은 국가의 차이는 $94,344 - 77,256 = 17,088$백만 달러이다.
④ 제시된 자료를 통해 확인할 수 있다.

47 정답 ④

2022년 건수의 합계에서 차량기지별 건수를 빼면 (라)의 수치를 구할 수 있다.
$145 - (21 + 28 + 17 + 30 + 20) = 29$

오답분석
① (가) : $4,588 - (611 + 644 + 1,009 + 692 + 766) = 866$
② (나) : $241 - (36 + 31 + 49 + 25 + 27) = 73$
③ (다) : $33 + 24 + 51 + 31 + 32 + 31 = 202$

48 　　　　　　　　　　　　정답 ③

ⓛ 2021년 고덕 차량기지의 안전체험 건수 대비 인원수는 $\frac{633}{33}$ ≒ 19.2명으로, 도봉 차량기지의 안전체험 건수 대비 인원수인 $\frac{432}{24}$ = 18명보다 크다.

ⓒ 2020년부터 2022년까지 고덕 차량기지의 전년 대비 안전체험 건수와 인원수의 증감 추이는 '증가 – 감소 – 감소'로 동일하다.

오답분석

ⓕ 2020년 방화 차량기지의 안전체험 건수는 2019년보다 증가한 73건이므로 옳지 않은 설명이다.

ⓔ $\frac{(385-692)}{692} \times 100$ ≒ -44%로, 50% 미만의 감소율로 감소하였다.

49 　　　　　　　　　　　　정답 ②

제시된 명제를 정리하면 다음과 같다.
어떤 꽃은 향기롭다. → 향기로운 꽃은 주위에 나비가 많다. → 나비가 많은 꽃은 아카시아이다.
따라서 '어떤 꽃은 아카시아이다.'는 반드시 참이다.

50 　　　　　　　　　　　　정답 ②

제시된 명제를 정리하면 다음과 같다.
여름은 겨울보다 비가 많이 내림 → 비가 많이 내리면 습도가 높음 → 습도가 높으면 먼지와 정전기가 잘 일어나지 않음
따라서 비가 많이 내리면 습도가 높고, 습도가 높으면 먼지가 잘 나지 않으므로, 비가 많이 오지 않는 겨울이 여름보다 먼지가 잘 난다.

오답분석

③ 첫 번째·네 번째 명제를 통해 추론할 수 있다.
④ 네 번째·첫 번째 명제의 대우를 통해 추론할 수 있다.

51 　　　　　　　　　　　　정답 ④

'낡은 것을 버리다.'를 p, '새로운 것을 채우다.'를 q, '더 많은 세계를 경험하다.'를 r 이라고 하면, 첫 번째 명제는 $p \rightarrow q$이며, 마지막 명제는 $\sim q \rightarrow \sim r$이다. 첫 번째 명제의 대우는 $\sim q \rightarrow \sim p$이므로 마지막 명제가 참이 되기 위해서는 $\sim p \rightarrow \sim r$이 필요하다.
따라서 빈칸에 들어갈 명제는 $\sim p \rightarrow \sim r$인 ④이다.

52 　　　　　　　　　　　　정답 ①

첫 번째와 네 번째 조건에서 여학생 X와 남학생 B가 동점이 아니므로, 여학생 X와 남학생 C가 동점이다.
세 번째 조건에서 여학생 Z와 남학생 A가 동점임을 알 수 있고, 두 번째 조건에서 여학생 Y와 남학생 B가 동점임을 알 수 있다.
따라서 남은 남학생 D는 여학생 W와 동점임을 알 수 있다.

53 　　　　　　　　　　　　정답 ④

A ~ E의 진술을 차례대로 살펴보면 A는 B보다 먼저 탔으므로 서울역 또는 대전역에서 승차하였다. 이때 A는 자신이 C보다 먼저 탔는지 알지 못하므로 C와 같은 역에서 승차하였음을 알 수 있다. 다음으로 B는 A와 C보다 늦게 탔으므로 첫 번째 승차 역인 서울역에서 승차하지 않았으며, C는 가장 마지막에 타지 않았으므로 마지막 승차 역인 울산역에서 승차하지 않았다.
한편, D가 대전역에서 승차하였으므로 같은 역에서 승차하는 A와 C는 서울역에서 승차하였음을 알 수 있다.
또한 마지막 역인 울산역에서 혼자 승차하는 경우에만 자신의 정확한 탑승 순서를 알 수 있으므로 자신의 탑승 순서를 아는 E가 울산역에서 승차하였다. 이를 표로 정리하면 다음과 같다.

구분	서울역		대전역		울산역
탑승객	A	C	B	D	E

따라서 'E는 울산역에서 승차하였다.'는 항상 옳다.

오답분석

① A는 서울역에서 승차하였다.
② B는 대전역, C는 서울역에서 승차하였으므로 서로 다른 역에서 승차하였다.
③ C는 서울역, D는 대전역에서 승차하였으므로 서로 다른 역에서 승차하였다.

54 　　　　　　　　　　　　정답 ③

A는 엘리베이터보다 계단이 더 가까운 곳에 살고 있으므로 1001호나 1002호에 살고 있다. C와 D는 계단보다 엘리베이터에 더 가까운 곳에 살고 있다고 하였으므로 1003호와 1004호에 살고 있다. D는 A 바로 옆에 살고 있으므로, D는 1003호에 살고 있고, A는 1002호에 살고 있음을 알 수 있다. 이를 정리하면 다음과 같다.

계단	1001호	1002호	1003호	1004호	엘리베이터
	B	A	D	C	

따라서 B가 살고 있는 곳에서 엘리베이터 쪽으로는 3명이 살고 있으므로, ③은 옳지 않다.

55 　　　　　　　　　　　　정답 ④

SWOT 분석에서 약점(W)은 자신의 내부에서 비롯되어 목표 성취를 방해할 수 있는 요인이며, 위협(T)은 외부 환경에서 비롯되어 목표 성취에 장해가 될 수 있는 요인이다.
따라서 ⓔ은 외부로부터 비롯되는 위협(T)이 아니라 대학생 A의 성격에 잠재하고 있는 약점(W)에 해당한다.

오답분석

① 자신의 내부에 이미 갖추고 있으며 목표 성취에 도움이 될 수 있는 강점(S)에 해당한다.
② 자신의 내부에서 비롯되어 목표 성취를 방해할 수 있는 약점(W)에 해당한다.
③ 외부 환경에서 비롯되어 목표 성취에 도움이 될 수 있는 기회(O)에 해당한다.

56 정답 ②

ⓒ 화장품은 할인 혜택에 포함되지 않는다.
ⓒ 침구류는 가구가 아니므로 할인 혜택에 포함되지 않는다.

57 정답 ④

알파벳 순서에 따라 숫자로 변환하면 다음과 같다.

A	B	C	D	E	F	G	H	I	J	K	L	M
1	2	3	4	5	6	7	8	9	10	11	12	13
N	O	P	Q	R	S	T	U	V	W	X	Y	Z
14	15	16	17	18	19	20	21	22	23	24	25	26

'INTELLECTUAL'의 품번을 규칙에 따라 정리하면 다음과 같다.
- 1단계 : 9(I), 14(N), 20(T), 5(E), 12(L), 12(L), 5(E), 3(C), 20(T), 21(U), 1(A), 12(L)
- 2단계 : $9+14+20+5+12+12+5+3+20+21+1+12$ $=134$
- 3단계 : $|(14+20+12+12+3+20+12)-(9+5+5+21+1)|=|93-41|=52$
- 4단계 : $(134+52)\div4+134=46.5+134=180.5$
- 5단계 : 180.5를 소수점 첫째 자리에서 버림하면 180이다.

따라서 제품의 품번은 '180'이다.

58 정답 ②

ⓐ 해당 적금은 영업점과 비대면 채널(인터넷 / 스마트뱅킹)에서 모두 판매되고 있다.
ⓒ 우대금리를 적용받는 연금의 종류에는 타행의 연금이라도 '연금'이라는 문구가 포함되면 인정되므로, 타행의 연금에 가입한 경우에도 만기 전전월 말 이전의 가입기간 중 2개월 이상 당행 계좌로 연금이 입금되어 우대금리 요건을 충족시킨다면 우대금리를 적용받을 수 있다.

오답분석

ⓒ 신고는 서류양식을 갖추어 통보만 하면 효력이 발생하는 것을 의미하지만, 약관에 따르면 질권설정을 위해서는 은행이 내용을 실질적으로 검토하여 허락을 하는 승인이 필요하다.
ⓔ 우대금리는 만기해지 시에만 적용되므로, 중도에 해지하는 경우에는 요건을 충족하는 항목이 있더라도 우대금리를 적용받을 수 없다.

59 정답 ④

최과장은 가입기간 중 급여를 당행 계좌로 입금받고 있으므로 우대금리를 0.2%p 적용받고, 비대면 채널로 가입하였으므로 0.1%p의 우대금리를 적용받는다. 그러므로 기본금리를 포함하여 총 1.0%의 금리를 적용받는다.
따라서 최과장이 만기에 수령할 원리금은 다음과 같다.

$(200,000\times12)+\left(200,000\times\dfrac{12\times13}{2}\times\dfrac{0.01}{2}\right)=2,413,000$원

60 정답 ④

D에 따르면 대출금리 평균은 $\dfrac{3.74+4.14+5.19+7.38+8.44}{5}$

$\fallingdotseq5.78\%$가 되어야 하지만, 6.17%이므로 옳지 않다.
제시된 대출금리의 평균은 $1\sim3$등급, $7\sim10$등급의 금리를 모두 동일하게 계산하면 다음과 같다.

$$\dfrac{[(1\sim3등급)\times3]+4등급+5등급+6등급+[(7\sim10등급)\times4]}{10}$$

$$=\dfrac{(3.74\times3)+4.14+5.19+7.38+(8.44\times4)}{10}\fallingdotseq6.17\%$$

오답분석

① A : 가산 금리는 최초 계약기간 또는 6개월 중 짧은 기간으로 정하기에 1년이라면 적어도 중간에 6개월이 경과한 후에는 금리가 조정된다.
② B : (최종금리)=(기준금리)+(가산금리)−(우대금리)임으로 기준금리가 상승하면 최종금리도 상승한다.
③ C : '신용등급별 금리' 표와 같이 10등급 쪽으로 갈수록 대출금리와 가산금리 모두 증가한다.

61 정답 ③

모두 대출금과 계약기간이 동일하고 같은 상환 방식으로 상환하므로 지불해야 할 상환액이 많은 순서는 최종금리가 높은 순서와 같다. 다음은 각자 적용될 수 있는 우대금리를 정리하여 최종금리를 계산한 표이다. 이때 대출금리는 기준금리와 가산금리의 합이다.

(단위 : %)

구분	신용등급	우대금리 적용이 안 되는 사항	대출금리	우대금리	최종금리
갑	2	M카드 사용액이 30만 원이다.	3.74	0.2	3.54
을	6	–	7.38	0.2+0.1+0.2=0.5	6.88
병	4	–	4.14	0.3+0.2+0.2=0.7	3.44
정	7	아파트관리비와 펌뱅킹을 자동이체로 내고 있다.	8.44	0.3+0.3=0.6	7.84
무	5	–	5.19	0.2+0.3+0.3+0.3=1.1	4.09

따라서 최종금리가 가장 높은 '정'이 상환액을 가장 많이 내고, '병'이 가장 적게 내며 차례는 '정>을>무>갑>병' 순서이다.

62
정답 ③

블록마다 ATM기기를 설치했을 경우 순이익(연)은 [(월평균 유동인구)×12×(ATM기기 연평균 이용률)×(1인당 연평균 수수료)]−[(월임대료)×12]로 구할 수 있다.

- 1블록 : $(73,600×12×0.1×1,000)−(1,500,000×12)$
  $=70,320,000$원
- 2블록 : $(72,860×12×0.45×1,000)−(3,500,000×12)$
  $=351,444,000$원
- 3블록 : $(92,100×12×0.35×1,000)−(3,000,000×12)$
  $=350,820,000$원
- 4블록 : $(78,500×12×0.4×1,000)−(3,000,000×12)$
  $=340,800,000$원
- 5블록 : $(62,000×12×0.45×1,000)−(800,000×12)$
  $=325,200,000$원
- 6블록 : $(79,800×12×0.4×1,000)−(3,000,000×12)$
  $=347,040,000$원

따라서 '2블록, 3블록, 6블록'이라고 제안하여야 한다.

63
정답 ②

ATM기기 설치 후 연 순이익을 구하는 방식은 62번 문제와 동일하다. 단, 지도를 참고하여 '대로'와 인접하면 월 평균 임대료에서 1.5배, 인접하지 않으면 0.8배를 곱하여야 한다.
'2블록, 3블록, 6블록' 모두 대로와 인접해 있으므로, 다음과 같이 계산할 수 있다.

- 2블록(B) : $(72,860×12×0.45×1,000)−(3,500,000×12×1.5)=330,444,000$원
- 3블록(C) : $(92,100×12×0.35×1,000)−(3,000,000×12×1.5)=332,820,000$원
- 6블록(F) : $(79,800×12×0.4×1,000)−(3,000,000×12×1.5)=329,040,000$원

따라서 3블록인 C가 가장 적합하다.

64
정답 ②

- 입력 장치 : 키보드, 스캐너, 마우스 − 14개
- 출력 장치 : 스피커, LCD 모니터, 레이저 프린터 − 11개
- 저장 장치 : 광디스크, USB 메모리 − 19개

따라서 재고량 조사표에서 출력 장치는 11개가 되어야 한다.

[65~66]

한글 자음을 순서에 따라 숫자로 변환하면 다음과 같다.

ㄱ	ㄴ	ㄷ	ㄹ	ㅁ	ㅂ	ㅅ
1	2	3	4	5	6	7
ㅇ	ㅈ	ㅊ	ㅋ	ㅌ	ㅍ	ㅎ
8	9	10	11	12	13	14

한글 모음을 순서에 따라 영어로 변환하면 다음과 같다.

ㅏ	ㅐ	ㅑ	ㅒ	ㅓ	ㅔ	ㅕ
a	b	c	d	e	f	g
ㅖ	ㅗ	ㅘ	ㅙ	ㅚ	ㅛ	ㅜ
h	i	j	k	l	m	n
ㅝ	ㅞ	ㅟ	ㅠ	ㅡ	ㅢ	ㅣ
o	p	q	r	s	t	u

65
정답 ③

ㄱ=1, ㅣ=u, ㄷ=3, ㅏ=a, ㄹ=4, ㅣ=u, ㅁ
규칙에 따라 받침은 변환하지 않는다.

66
정답 ②

11=ㅋ, e=ㅓ, ㅁ, 13=ㅍ, r=ㅠ, 12=ㅌ, e=ㅓ

오답분석

① 검수자 : 1e□7n9a
③ 임대리 : 8u□3b4u
④ 함사요 : 14a□7a8m

67
정답 ④

GS1246는 2017년 9월에 생산된 엔진의 시리얼 번호를 의미한다.

오답분석

① 제조년 번호에 O는 해당되지 않는다.
② 제조월 번호에 I는 해당되지 않는다.
③ 제조년 번호에 S는 해당되지 않는다.

68
정답 ④

DU6549는 2014년 10월에 생산된 엔진이다.

오답분석

① FN4568 : 2016년 7월에 생산된 엔진이다.
② HH2314 : 2018년 4월에 생산된 엔진이다.
③ WS2356 : 1999년 9월에 생산된 엔진이다.

69

정답 ①

마지막 구간의 도로 길이를 구하면 다음과 같다.

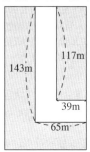

조건에 의해 직원과 직원 사이의 거리는 양쪽 도로에서 모두 같아야 하므로 117, 39, 143, 65의 최대공약수를 구해야 한다. 117, 39, 143, 65의 최대공약수는 13이므로 13m 간격으로 직원을 세우면 된다.

양끝과 꼭짓점에 한 명을 반드시 세워야 하므로, 안쪽 도로에 배치될 인원수는 $\frac{117+39}{13}+1=13$명이고, 바깥쪽 도로에 배치될 인원수는 $\frac{143+65}{13}+1=17$명이다.

따라서 총인원은 30명이고 이에 책정된 비용이 150만 원이므로, 한 사람당 받을 수 있는 일당은 $150 \div 30 = 5$만 원이다.

70

정답 ①

크기는 $2.5 \times 1.2 = 3m^2$이고, 기본판($2m^2$)을 초과하는 나머지 부분($1m^2$)에 대해 3,000원씩 추가되므로 $1 \times 3,000 = 3,000$원이 추가된다. 즉, 배너 크기에 관한 비용은 $15,000 + 3,000 = 18,000$원이다. 배너는 3색으로 디자인되었기 때문에 3,000원이 추가된다. 또한 요청서를 보낸 날은 월요일이고 행사 일정상 같은 주 금요일까지 완료해달라고 하였으므로, 일주일 내로 완성해야 하는 경우 부과되는 10%의 수수료도 포함된다. 여기에 H은행은 서울에 위치하므로 배송료 3,000원을 더해 배너 제작 비용을 계산하면, $(18,000 + 3,000) \times 1.1 + 3,000 = 26,100$원이다.

제2영역 디지털상식

71

정답 ①

SSO(Single Sign-On)는 최초 1회의 본인인증을 통해 타 사이트 이용 시 별도의 본인인증과정 없이도 이용할 수 있도록 하는 기술이다.

오답분석

② OTP(One Time Password) : 임의로 발급된 임시 암호를 통해 사용자를 인증하는 기능이다.
③ USN(Ubiquitous Sensor Network) : 물체에 센서를 붙여 이를 통해 물체의 정보를 취득할 수 있게 하는 기술이다.
④ RFID(Radio Frequency Identification) : 물체에 부착된 라벨 등을 통해 물체의 정보를 취득하는 기술이다.

72

정답 ①

USB는 플래시 메모리 기술을 이용한 비휘발성 메모리 장치이다. 전기적으로 데이터를 지우고 다시 쓸 수 있어 보조기억장치로 쓰인다.

오답분석

② RAM(Random Access Memory) : 컴퓨터의 주기억장치로 전원이 없어지면 데이터가 사라지는 특징이 있다.
③ CPU(Central Processing Unit) : 컴퓨터의 중앙처리장치로 산술논리장치, 기억장치, 제어장치로 이루어져 있다.
④ 메인보드 : 메인보드를 구성하고 있는 펌웨어는 하드웨어를 제어하는 롬(ROM; Read Only Memory)에 저장된 기본 프로그램 메인보드 컴퓨터의 기본적인 부품을 장착한 기판이다.

73

정답 ④

TIFF(Tagged Image File Format)는 '태그가 붙은 이미지 파일 형식'이라는 뜻으로, 1986년 미국의 앨더스사(현재의 어도비사)와 마이크로소프트사가 공동 개발한 이미지 파일 포맷이다. 이미지에 대한 무손실 압축을 지원하며 RGB와 Lab, CMYK 색상을 모두 지원한다.

74

정답 ③

데이터 전송 속도의 척도에는 암호화와 형식 변환의 데이터 신호 속도(bps), 변조 속도(Baud), 데이터 전송 속도(cps, cpm), 베어러(Bearer) 속도가 있다.

75 정답 ①

앰비언트(Ambient)는 공기처럼 우리 주위에 존재한다는 의미이며, 앰비언트 컴퓨팅은 사람이 먼저 컴퓨터 프로그램을 파악하고 원하는 것을 실행하기 위해 다루는 것이 아닌, 컴퓨터가 먼저 사람을 인지하고 상호작용하는 것을 뜻한다. 탑재된 센서를 통해 인간을 먼저 인식하고 상황에 따라 자동으로 요구사항을 충족하는 시스템이다.

76 정답 ③

비밀키는 암호 작성 및 해독 기법에서 암호화 및 복호화를 위해 비밀 메시지를 교환하는 당사자만이 알고 있는 키이다.

77 정답 ②

Exploit(취약점) 공격은 컴퓨터의 소프트웨어나 하드웨어 및 컴퓨터 관련 전자 제품의 버그, 보안 취약점 등 설계상 결함을 이용해 공격자의 의도된 동작을 수행하도록 만들어진 절차나 일련의 명령, 스크립트, 프로그램 또는 특정한 데이터 조각을 말하며, 이러한 것들을 사용한 공격 행위를 이르기도 한다.

오답분석

③ SQL Injection : 데이터베이스를 비정상적으로 조작하는 공격 방법이다.
④ XSS : 공격자가 웹 서버에 게시물을 통해 악성 스크립트를 업로드하고, 사용자는 해당 게시물을 클릭했을 때 악성 스크립트가 실행되는 기법이다.

78 정답 ④

스미싱은 문자메시지(SMS)와 피싱(Phishing)의 조합어로, 인터넷 접속이 가능한 스마트폰의 문자 메시지를 이용한 휴대폰 해킹을 뜻한다.

79 정답 ④

딥페이크는 컴퓨터가 마치 사람처럼 학습하는 기술인 딥러닝을 활용한 기술로, 영상에 특정 인물을 합성한 편집물이다. 최근 딥페이크를 악용한 범죄로 인해 피해자들이 생겨나면서 사회적인 문제가 되고 있다.

오답분석

① GIS : 지리정보를 디지털화하여 분석과 가공을 할 수 있는 기술이다.
② 메타버스 : 3차원에서 실제 생활과 법적으로 인정되는 활동인 직업, 금융, 학습 등이 연결된 가상 세계를 의미한다.
③ 혼합현실 : 증강현실(AR)과 가상현실(VR)의 장점을 이용한 기술로, 현실 세계와 가상의 정보를 결합한 것이다.

80 정답 ④

ⓒ 골격이 되는 코드로, 폭포수 모형의 단점을 보완하며 유지보수 단계가 개발 단계 안에 포함되고, 요구사항을 충실히 반영한다.
ⓔ 프로토타입 모형은 사용자의 요구 사항을 정확히 파악하기 위해 실제 개발될 소프트웨어에 대한 견본(시제품)을 만들어 최종 결과물을 예측하는 모형이다.

오답분석

ⓐ 프로타이밍 개발에 필요한 작업 단계는 '요구 수집 – 빠른 설계 – 프로토타입 구축 – 고객 평가 – 프로토타입 조정 – 구현'이다.
ⓑ 목표 시스템을 직접 보는 것이 아닌 예측하는 모형이다.

제3회 모의고사 정답 및 해설

01	02	03	04	05	06	07	08	09	10
④	①	③	④	③	④	②	②	④	③
11	12	13	14	15	16	17	18	19	20
④	②	④	③	③	④	①	④	①	②
21	22	23	24	25	26	27	28	29	30
①	④	④	③	①	④	②	②	③	④
31	32	33	34	35	36	37	38	39	40
③	③	①	③	③	④	③	④	③	①
41	42	43	44	45	46	47	48	49	50
①	③	①	②	④	①	④	③	③	④
51	52	53	54	55	56	57	58	59	60
④	④	①	②	④	③	②	①	①	②
61	62	63	64	65	66	67	68	69	70
②	④	③	①	④	②	③	④	④	④
71	72	73	74	75	76	77	78	79	80
②	②	③	②	②	①	②	②	③	④

제 1 영역 NCS 직업기초능력

01
정답 ④

'-데'는 경험한 지난 일을 돌이켜 말할 때 쓰는 회상을 나타내는 종결어미이며, '-대'는 '다(고)해'의 준말이다. 또한 '-대'는 화자가 문장 속의 주어를 포함한 다른 사람으로부터 들은 이야기를 청자에게 간접적으로 전달하는 의미를 갖고 있다. 따라서 ④는 영희에게 들은 말을 청자에게 전달하는 의미로 쓰였으므로 '맛있대'로 쓰는 것이 옳다.

02
정답 ①

'썩이다'와 '썩히다'는 둘 다 동사 '썩다'의 사동사이지만 의미가 다르다. ①의 '썩히니'는 '걱정이나 근심으로 몹시 괴로운 상태가 되게 한다.'는 뜻을 나타내므로, '썩히다'가 아닌 '썩이다'의 활용형인 '썩이니'를 써야 한다.
• 썩이다 : 걱정이나 근심으로 몹시 괴로운 상태가 되게 한다.

• 썩히다 : 1. 유기물을 부패하게 하다.
　　　　　2. 물건이나 사람 또는 사람의 재능 따위가 쓰여야 할 곳에 제대로 쓰이지 못하고 내버려진 상태에 있게 하다.
　　　　　3. 본인의 의사와 관계없이 어떤 곳에 얽매여 있게 한다.

03
정답 ③

'사상누각(沙上樓閣)'은 '모래 위에 세워진 누각'이라는 뜻으로, 기초가 튼튼하지 못하면 곧 무너지고 만다는 것을 의미한다.

오답분석

① 혼정신성(昏定晨省) : 밤에는 부모의 잠자리를 보아 드리고 이른 아침에는 부모의 안부를 여쭈어 본다는 뜻으로, 부모님께 효성을 다하는 모습을 나타내는 말이다.
② 표리부동(表裏不同) : 겉으로 드러나는 언행과 속으로 가지는 생각이 다르다는 의미이다.
④ 격화소양(隔靴搔癢) : 신을 신고 발바닥을 긁는다는 뜻으로, 성에 차지 않거나 철저하지 못한 안타까움을 이르는 말이다.

04
정답 ④

㉠ 소개하다 : '서로 모르는 사람들 사이에서 양편이 알고 지내도록 관계를 맺어 주다.'의 의미로 단어 자체가 사동의 의미를 지니고 있으므로 '소개시켰다'가 아닌 '소개했다'가 옳은 표현이다.
㉡ 쓰여지다 : 피동 접사 '-이-'와 '-어지다'가 결합한 이중 피동 표현이므로 '쓰여진'이 아닌 '쓰인'이 옳은 표현이다.
㉢ 부딪치다 : '무엇과 무엇이 힘 있게 마주 닿거나 마주 대다.'의 의미인 '부딪다'를 강조하여 이르는 말이고, '부딪히다'는 '부딪다'의 피동사이다. 따라서 ㉢에는 의미상 '부딪치다'의 활용형인 '부딪쳤다'가 들어가야 한다.

05
정답 ③

제시문에서는 한국 사람들이 자기보다 우월한 사람들을 준거집단으로 삼기 때문에 이로 인한 상대적 박탈감으로 행복감이 낮다고 설명하고 있으므로, 이를 반증하는 사례를 통해 반박해야 한다. 만약 자신보다 우월한 사람들을 준거집단으로 삼으면서도 행복감이 낮지 않은 나라가 있다면 이에 대한 반박이 되므로 ③이 적절하다.

06
정답 ④

첫 번째 문단에서 '사피어 – 워프 가설'을 간략하게 소개하고, 두 번째 ~ 세 번째 문단을 통해 '사피어 – 워프 가설'을 적용할 수 있는 예를 들고 있다. 이후 세 번째 ~ 다섯 번째 문단을 통해 '사피어 – 워프 가설'을 언어 우위론적 입장에서 설명할 수 있는 가능성이 있으면서도, 언어 우위만으로 모든 설명이 되지는 않음을 밝히고 있다. 따라서 제시문은 '사피어 – 워프 가설'의 주장에 대한 설명(언어와 사고의 관계)과 함께, 그것을 하나의 이론으로 증명하기 어려움을 말하고 있다.

07
정답 ②

제시문은 제4차 산업혁명으로 인한 노동 수요 감소로 인해 나타날 수 있는 문제점으로 대공황에 대한 위험을 설명하면서도, 긍정적인 시각으로 노동 수요 감소를 통해 인간적인 삶 향유가 이루어질 수 있다고 말한다. 따라서 제4차 산업혁명의 밝은 미래와 어두운 미래를 나타내는 ②가 제목으로 적절하다.

08
정답 ②

빈칸 앞의 접속 부사 '따라서'에 집중한다. 빈칸에는 '공공미술이 아무리 난해해도 대중과의 소통 가능성이 늘 열려있다.'는 내용을 근거로 하여 추론할 수 있는 결론이 와야 문맥상 자연스럽다. 그러므로 '공공미술에서 예술의 자율성은 소통의 가능성과 대립하지 않는다.'는 ②가 들어가는 것이 가장 적절하다.

09
정답 ④

제10조 제3항에 따르면 차주등급은 '정상차주에 대하여 7개 이상, 부도차주에 대하여 1개 이상'으로 등급을 세분화하므로, 정상차주와 부도차주 모두 7개로 동일할 수도 있다. 따라서 ④는 적절하지 않은 설명이다.

오답분석

① 제7조 제2항에 따르면 '비소매 신용평가는 경기변동이 반영된 1년 이상의 장기간을 대상으로 신용평가를 실시'하므로 옳은 설명이다.
② 제9조 제2항에 따라 옳은 설명이다.
③ 제9조 제3항에 따라 옳은 설명이다.

10
정답 ③

보기의 '또한'이라는 접속사를 보면 외래문화나 전통문화의 양자택일에 대한 내용이 문장 앞에 있어야 함을 알 수 있다. ⓒ 다음의 내용이 근대화는 계승과 변화가 다 필요하고 외래문화의 수용과 토착화를 동시에 요구한다는 것이기 때문에 보기의 문장은 ⓒ에 들어가는 것이 적절하다.

11
정답 ④

제시문은 메기 효과에 대한 글이므로 가장 먼저 메기 효과의 기원에 대해 설명한 (마) 문단으로 시작해야 하고, 메기 효과의 기원에 대한 과학적인 검증 및 논란에 대한 (라) 문단이 오는 것이 적절하다. 이어서 경영학 측면에서의 메기 효과에 대한 내용이 있어야 하는데, (다) 문단의 경우 앞의 내용과 뒤의 내용이 상반될 때 쓰는 접속 부사인 '그러나'로 시작하므로 (가) 문단이 먼저, (다) 문단이 이어서 오는 것이 적절하다. 그리고 마지막으로 메기 효과에 대한 결론인 (나) 문단으로 끝내는 것이 논리적이다.

12
정답 ②

메기 효과는 과학적으로 검증되지 않았지만 적정 수준의 경쟁이 발전을 이룬다는 시사점을 가지고 있다고 하였으므로 낭설에 불과하다고 하는 것은 제시문을 이해한 내용으로 적절하지 않다.

오답분석

① (라) 문단의 거미와 메뚜기 실험에서 죽은 메뚜기로 인해 토양까지 황폐화되었음을 볼 때, 거대 기업의 출현은 해당 시장의 생태계까지 파괴할 수 있음을 알 수 있다.
③ (나) 문단에서 성장 동력을 발현시키기 위해서는 규제 등의 방법으로 적정 수준의 경쟁을 유지해야 한다고 서술하고 있다.
④ (가) 문단에서 메기 효과는 한국, 중국 등 고도 경쟁사회에서 널리 사용되고 있다고 서술하고 있다.

13
정답 ④

먼저 해외로 뻗어가고 있는 한국의 문화를 소개하는 (라) 문단이 오는 것이 적절하며, 뒤이어 선진국의 문화가 국제적인 것은 아니라는 내용의 (나) 문단이 오는 것이 자연스럽다. 다음으로는 에티오피아의 사례를 이야기하며 문화의 국제화 방향을 정의하는 (바) 문단이 오고, 그 뒤를 이어 남한과 북한의 문화적 차이를 언급하며 그중 언어의 차이를 이야기하는 (마) 문단과 또 다른 문화적 차이인 교통 문화의 차이를 이야기하는 (다) 문단이 차례로 와야 한다. 마지막으로는 남북한과 같이 문화적 차이가 나타나기도 하지만 세계적으로 문화의 경계가 모호해지면서 또 다른 문화의 모습이 나타난다는 (가) 문단이 오는 것이 적절하다.

14
정답 ③

• 동화(同化) : 성질, 양식, 사상 따위가 다르던 것이 서로 같게 됨
• 교류(交流) : 문화나 사상 따위가 서로 통함

오답분석

• 이화(異化) : 성질, 양식, 사상 따위가 서로 달라짐
• 교체(交替) : 사람이나 사물을 다른 사람이나 사물로 대신함

15　정답 ③

두 번째 문단에서 지구의 내부가 지각, 상부 맨틀, 하부 맨틀, 외핵, 내핵으로 이루어진 층상 구조라고 밝혔으므로 지구 내부의 구조를 확인할 수 있다.

16　정답 ④

네 번째 문단에서 시나위는 즉흥곡이라고 하지만, 초보자는 감히 엄두를 내기 어려울 정도로 기량이 뛰어난 경지에 이르러야 가능하다고 하였으므로 ④가 적절하다.

17　정답 ①

㉠·㉡ 각각 두 번째 문단과 마지막 문단에서 확인할 수 있다.

오답분석

㉢·㉣ 네 번째 문단의 악보로 정리된 시나위를 연주하는 것은 시나위 본래 취지에 어긋난다는 내용과, 두 번째 문단의 곡의 일정한 틀은 유지한다는 내용을 보면 즉흥성을 잘못 이해한 것임을 알 수 있다.

18　정답 ④

'자극'과 '반응'은 조건과 결과의 관계이다. 따라서 가장 유사한 관계는 ④이다.

오답분석

① 개별과 집합의 관계
② 대등 관계이자 상호보완 관계
③ 존재와 생존의 조건 관계

19　정답 ①

제시문은 언어의 일반적인 특성인 언어 습득의 균등성, 언어판단의 직관성, 언어의 개방성 등을 구체적인 사례를 들어 설명함으로써 독자의 이해를 돕고 있다.

오답분석

②는 대조, ③은 구분, ④는 과정에 대한 설명이다.

20　정답 ②

'너는 냉면 먹어라. 나는 냉면 먹을게.'에서 조사 '-는'은 '차이 보조사'로서 차이나 대조의 의미를 지니고 있다. 그러므로 똑같이 냉면을 먹으려면 '우리 냉면 먹자.'고 해야 할 것이고, '는'을 사용하려면 '너는 냉면 먹어라. 나는 쫄면 먹을게.'라는 식으로 다른 대상을 말해야 한다.

21　정답 ①

제시문에서 정보화 사회의 문제점으로 다루고 있는 것은 '정보 격차'로, 지식과 정보에 접근할 수 없는 사람들이 소득을 얻는 데 불리할 수밖에 없다고 주장한다. 때문에 정보가 상품화됨에 따라 정보를 둘러싼 불평등은 더욱 심화될 것이라고 전망하고 있다. 인터넷이나 컴퓨터 유지비 측면에서의 격차 발생은 글의 주장을 강화시키는 것으로, 이 문제에 대한 반대 입장이 될 수 없다.

22　정답 ④

제시문은 자동화와 같은 과학 기술이 풍요를 생산하는 문명의 이기로 비춰지는 것을 고정관념이라고 정의하고 있다.
반면, 구구단이 실생활에 도움을 준다고 믿는 것은 자동화나 과학 기술처럼 의도하지 않은 결과를 가져온다고 볼 수 없으므로 고정관념의 사례로 적절하지 않다.

오답분석

① 행복과 물질은 반드시 비례하지 않지만, 비례한다고 믿는 경우이다.
② 값싼 물건보다 고가의 물건이 반드시 좋다고 할 수 없다.
③ 경제 상황에 따라 저축보다 소비가 미덕이 되는 경우도 있다.

23　정답 ④

현재 삼촌의 나이를 x세, 민지의 나이를 y세라고 하면 다음 식이 성립한다.
$x-4=4(y-4)\cdots$ ㉠
$x+3=2(y+3)+7\cdots$ ㉡
㉠, ㉡을 연립하면
$-7=2y-29$
$\therefore\ y=11,\ x=32$
따라서 삼촌의 나이는 32세이고 민지의 나이는 11세이므로, 삼촌과 민지의 나이의 차는 $32-11=21$세이다.

24　정답 ③

상민이가 내려온 거리를 $x$km라 하면 올라간 거리는 $(5-x)$km이므로 올라간 시간은 $\frac{5-x}{2}$, 내려온 시간은 $\frac{x}{3}$이다.

$\frac{5-x}{2}+\frac{x}{3}=2$
$\rightarrow\ 15-3x+2x=12$
$\therefore\ x=3$
따라서 상민이가 내려온 거리는 3km이다.

25

정답 ①

더 넣은 소금의 양을 xg이라고 하면 다음 식이 성립한다.

$$\frac{12}{100} \times 100 + x = \frac{20}{100} \times (100 + x)$$

$1,200 + 100x = 2,000 + 20x$

$\therefore x = 10$

따라서 더 넣은 소금의 양은 10g이다.

26

정답 ④

두 사람이 출발한 지 x분 후에 두 번째로 만난다면 다음과 같다.

• (형이 걸은 거리)$=80x$m
• (동생이 걸은 거리)$=60x$m

두 번째 만났을 때 두 사람이 걸은 거리의 합이 연못의 길이의 2배이므로 (형이 걸은 거리)+(동생이 걸은 거리)$=2\times$(연못의 둘레의 길이)이다.

$80x + 60x = 2 \times 2,100$

$\rightarrow 140x = 4,200$

$\therefore x = 30$

따라서 형과 동생이 두 번째로 만나는 시간은 30분 후이다.

27

정답 ②

• 2년 만기, 연이율 0.3%인 연복리 예금 상품에 1,200만 원을 예치 시 만기 금액

$1,200 \times (1.003)^2 \fallingdotseq 1,207.2$만 원

• 2년 만기, 연이율 3.6%인 월복리 적금 상품에 매월 50만 원씩 납입 시 만기 금액

$$\frac{50 \times \left(1 + \frac{0.036}{12}\right) \times \left\{\left(1 + \frac{0.036}{12}\right)^{24} - 1\right\}}{\left(1 + \frac{0.036}{12}\right) - 1}$$

$$= \frac{50 \times 1.003 \times (1.003^{24} - 1)}{1.003 - 1} = \frac{50 \times 1.003 \times (1.075 - 1)}{0.003}$$

$\fallingdotseq 1,253.7$만 원

따라서 받을 수 있는 금액의 차이는 $1,253.7 - 1,207.2 = 46.5$만 원이다.

28

정답 ②

• 어른들이 원탁에 앉는 경우의 수 : $(3-1)!=2$가지이다.
• 어른들 사이에 아이들이 앉는 경우의 수 : $3!=6$가지이다.

따라서 원탁에 앉을 수 있는 모든 경우의 수는 $2\times6=12$가지이다.

> 원순열은 서로 다른 물건들을 원형으로 배열하는 순열이다. 이때 서로 다른 n개의 물건을 원형으로 배열하는 경우의 수는 $(n-1)!$가지이다.

29

정답 ③

A, B, C 세 사람이 화분에 물을 주는 주기(15일, 12일, 10일)의 최소공배수를 계산한다.

```
5 ) 15  12  10
3 )  3  12   2
2 )  1   4   2
     1   2   1
```

최소공배수가 $5\times3\times2\times2=60$이므로, 세 사람이 함께 물을 주는 주기는 60일이다. 6월은 30일, 7월은 31일까지 있으므로 6월 2일에 물을 주었다면 7월 2일은 30일 후이며, 8월 2일은 $30+31=61$일 후가 된다.

따라서 6월 2일 물을 주고 다음에 같은 날 물을 주는 날은 60일 후인 8월 1일이다.

30

정답 ④

지영이가 먼저 10만 원을 지불하고 남은 금액은 240만 원이다. 매달 갚아야 할 금액을 a만 원이라고 하면, 매달 지영이가 a원을 갚고 남은 금액은 다음과 같다.

• 1개월 후 : $240 \times 1.01 - a$
• 2개월 후 : $240 \times 1.01^2 - a \times 1.01 - a$
• 3개월 후 : $240 \times 1.01^3 - a \times 1.01^2 - a \times 1.01 - a$

$$\vdots$$

• 6개월 후 : $240 \times 1.01^6 - a \times 1.01^5 - a \times 1.01^4 - a \times 1.01^3 - a \times 1.01^2 - a \times 1.01 - a = 0$

$$240 \times 1.01^6 = \frac{a(1.01^6 - 1)}{1.01 - 1}$$

$$\rightarrow 240 \times 1.06 = \frac{a \times (1.06 - 1)}{0.01}$$

$$\therefore a = 240 \times 1.06 \times \frac{0.01}{0.06} = 42.4$$

따라서 지영이는 매달 424,000원씩 갚아야 한다.

31

정답 ③

증발시킬 물의 양을 xg이라고 하면 다음 식이 성립한다.

$$\frac{9}{100} \times 800 = \frac{16}{100} \times (800 - x)$$

$\rightarrow 7,200 = 12,800 - 16x$

$\therefore x = 350$

따라서 350g을 증발시켜야 한다.

32 정답 ③

전 직원의 수를 100명이라 가정하고 남직원과 여직원의 인원을 구하면 다음 표와 같다.

(단위 : 명)

구분	남직원	여직원	합계
경력직	$60 \times 0.25 = 15$	$40 \times 0.15 = 6$	21
신입	$60 - 15 = 45$	$40 - 6 = 34$	79
합계	$100 \times \dfrac{3}{5} = 60$	$100 \times \dfrac{2}{5} = 40$	100

따라서 경력직 사원 중 한 명을 뽑을 때 그 사원이 여직원일 확률은 $\dfrac{6}{21} = \dfrac{2}{7}$ 이다.

다른 풀이

전 직원에서 경력직 남직원과 여직원의 비율은 $\dfrac{3}{5} \times 0.25 + \dfrac{2}{5} \times 0.15 = 0.15 + 0.06 = 0.21$이다. 이 중에서 여직원일 확률은 $(\dfrac{2}{5} \times 0.15) \div 0.21 = \dfrac{0.06}{0.21} = \dfrac{2}{7}$ 임을 알 수 있다.

> 경력직만 물어봤으므로 신입은 제외하고 경력직의 인원만 구하여 빠르게 확률을 구한다.

33 정답 ①

중도해지 시 이율은 중도해지이율이 적용되고, 현재 가입기간은 18개월이기 때문에 중도해지이율은 24개월 미만인 [약정금리(1%)]×50%가 적용된다. 따라서 해지 시 세전 환급금은
$3,000,000원 \times \left(1 + 0.01 \times 0.50 \times \dfrac{18}{12}\right) = 3,022,500원$이 된다.

34 정답 ④

현재 시각 환율을 기준으로 1,500유로 환전에 필요한 금액을 각각 구하면 다음과 같다.

• 영업점을 방문하여 환전할 경우
  : $1,277.06 \times 1,500 = 1,915,590원$

• 인터넷뱅킹을 이용하여 환전할 경우(유로화 환전 수수료 80% 할인쿠폰 적용)
  - (환전 수수료)=(현찰 살 때)-(매매기준율)
  - 환전 수수료 80% 할인된 수수료 금액 : (환전 수수료)×(1-0.8)=$(1,277.06 - 1,252.15) \times 0.2 = 4,982원$
  ∴ $(1,252.15 + 4,982) \times 1,500 = 1,885,698원$

35 정답 ②

국내 간 외화송금 시 인터넷뱅킹 수수료는 5,000원이고, 영업점의 수수료는 송금 금액에 따라 다른데 JPY 100=0.92 USD이므로 800,000엔을 미국 USD로 변환하면 $8,000 \times 0.92 = 7,360$달러이다. USD 10,000 이하이므로 수수료는 7,000원이다.
따라서 두 수수료의 차이는 2,000원이다.

36 정답 ④

해외로 송금할 경우 송금 금액과 각각의 수수료를 고려하면 다음과 같다.

• 송금 금액 : $4,000 \times 1,132.90 = 4,531,600원$
• 송금 수수료 : $15,000 \times 0.7 = 10,500원(\because$ USD 5,000 이하)
• 중계은행 수수료 : $18 \times 1,132.90 = 20,392.2원$
• 전신료 : 8,000원
따라서 $4,531,600 + 10,500 + 20,392.2 + 8,000 ≒ 4,570,492원$이 된다.

37 정답 ③

H사의 연간 총투자 금액은 다음과 같다.

• 2019년 : $1,500 + 1,000 + 800 + 500 = 3,800억$ 원
• 2020년 : $1,600 + 950 + 750 + 500 = 3,800억$ 원
• 2021년 : $1,700 + 850 + 700 + 550 = 3,800억$ 원
• 2022년 : $1,800 + 800 + 700 + 600 = 3,900억$ 원
따라서 연간 총투자 금액은 2022년만 상승하였다.

오답분석

① 수도 사업에 대한 투자 금액은 매년 100억 원씩 증가하였다.
② 댐 사업에 대한 투자 금액은 2021년과 2022년이 700억 원으로 동일하다.
④ 2019 ~ 2021년의 총투자 금액의 50%는 1,900억 원, 2022년의 총투자 금액의 50%는 1,950억 원으로 연간 총투자 금액의 50%를 넘는 사업은 없다.

38 정답 ④

2023년 단지 사업의 투자 금액은 800억 원이고, 기타 사업의 투자 금액은 600억 원이므로 두 사업의 투자 금액 비율은 4 : 3이다. 따라서 210억 원을 투자 금액에 정비례해 배분하면 4 : 3=120 : 90이므로, 2024년 단지 사업에 투자할 금액은 $800 + 120 = 920$억 원이다.

39 정답 ③

먼저 기획팀의 성과평가 결과에 대해 성과급 지급 기준(가중치 적용)에 따라 점수를 산정하면 다음과 같다.

(단위 : 점)

구분	1/4분기	2/4분기	3/4분기	4/4분기
유용성	3.2	3.2	4	3.2
안전성	3.2	2.4	3.2	3.2
서비스 만족도	1.2	1.6	2	1.6
성과평가 점수	7.6	7.2	9.2	8.0
성과급(만 원)	80	80	100+10	90

따라서 기획팀의 성과급의 1년 총액은 80+80+110+90=360만 원이다.

40 정답 ①

성과평가 등급이 A이면 직전 분기 차감액의 50%를 가산하여 지급한다. 따라서 4/4분기의 성과급 지급액은 마케팅팀(100만 원)+전략팀(100만 원+5만 원)+영업팀(100만 원+10만 원)으로 315만 원이다.

41 정답 ①

해당 상품의 단리이자를 구하면 $500,000 \times \dfrac{24 \times 25}{2} \times \dfrac{0.024}{12} = 300,000$원이 나오고, 적금의 원금은 $500,000 \times 24 = 1,200$만 원이다.

따라서 만기환급금은 $12,000,000 + 300,000 = 12,300,000$원이다.

42 정답 ③

중도상환을 하기 때문에 대출이율과 관계없이 중도상환수수료를 지불해야 한다.

중도상환수수료는 (중도상환금액)×(중도상환수수료율)×[(잔여기간)÷(대출기간)]이므로

$50,000,000 \times 0.02 \times \dfrac{24}{60} = 400,000$원임을 안내해야 한다.

43 정답 ①

3월의 평균 판매량은 $108,600 \div 30 = 3,620$개, 2월의 평균 판매량은 $102,300 \div 30 = 3,410$개이다.

따라서 그 차이는 $3,620 - 3,410 = 210$개이다.

44 정답 ②

3월은 31일까지 있고, 2월은 28일까지 있다.
- 3월의 실제 평균 판매량 : $108,600 \div 31 \fallingdotseq 3,503$개
- 2월의 실제 평균 판매량 : $102,300 \div 28 \fallingdotseq 3,653$개

따라서 그 차이는 $3,653 - 3,503 = 150$개이다.

45 정답 ④

8월의 전달 대비 판매량의 변화율을 구하려면 7월과 8월의 판매량을 구해야 한다.

7월의 판매량은 1월의 판매량에 판매량의 증가분을 더하면 구할 수 있다. 매달 평균 5,000개씩 증가하였으므로 7월의 판매량은 $90,000 + 5,000 \times 6 = 120,000$개이다.

다음으로 8월의 판매량을 구해야 하는데, 8월 1일에 3,500개를 판매하고 매일 평균 100개씩 증가한다고 가정하였다.

이 경우 등차수열의 합 공식을 이용하여 8월 판매량을 구할 수 있으므로 8월 31일 판매량은 $3,500 + (100 \times 30) = 6,500$개이다.

8월 판매량은 $\dfrac{31 \times (3,500 + 6,500)}{2} = 155,000$개이다.

따라서 8월의 전달 대비 판매량 변화율은 다음과 같다.

$\dfrac{155,000 - 120,000}{120,000} \times 100 \fallingdotseq 29\%$

46 정답 ①

도시 A는 C보다 인구가 두 배 이상이지만 인구 1,000명당 자동차 대수는 절반이므로 자동차 대수는 A가 더 많다. 마찬가지로 도시 D는 B보다 인구가 절반 정도이지만 인구 1,000명당 자동차 대수는 두 배 이상이므로 자동차 대수는 D가 더 많다. 또한 C는 D보다 인구와 인구 1,000명당 자동차 대수가 많으므로 자동차 대수는 C가 더 많다.

따라서 자동차 대수가 많은 순서대로 나열하면 A - C - D - B이다.

47 정답 ④

- A의 1인당 자동차 대수
  $204 \div 1,000 = 0.204 \rightarrow 0.204 \times 3 = 0.612$
- B의 1인당 자동차 대수
  $130 \div 1,000 = 0.13 \rightarrow 0.13 \times 3 = 0.39$
- C의 1인당 자동차 대수
  $408 \div 1,000 = 0.408 \rightarrow 0.408 \times 3 = 1.224$
- D의 1인당 자동차 대수
  $350 \div 1,000 = 0.35 \rightarrow 0.35 \times 3 = 1.05$

48 정답 ③

C의 총 자동차 대수 : $(530,000 \times 408) \div 1,000 = 216,240$대
∴ C의 도로 1km당 자동차 대수 $= 216,240 \div 318 = 680$대

49   정답 ③

제시된 명제에 따르면 가장 큰 B종 공룡보다 A종 공룡은 모두 크다. 일부의 C종 공룡은 가장 큰 B종 공룡보다 작다.
따라서 '어떤 C종 공룡은 가장 작은 A종 공룡보다 작다.'는 반드시 참이다.

50   정답 ④

제시된 명제를 통해서 컴퓨터 게임과 모바일 게임을 잘하면 똑똑하고, 똑똑한 사람은 상상력이 풍부하고, 상상력이 풍부하면 수업에 방해되는 것을 알 수 있다.
따라서 컴퓨터 게임을 잘하는 사람은 수업에 방해가 되므로 ④는 옳지 않다.

오답분석

① 두 번째ㆍ첫 번째ㆍ세 번째ㆍ네 번째 명제를 통해 추론할 수 있다.
② 세 번째ㆍ네 번째 명제를 통해 추론할 수 있다.
③ 두 번째ㆍ첫 번째 명제를 통해 추론할 수 있다.

51   정답 ④

'눈을 자주 깜빡인다.'를 A, '눈이 건조해진다.'를 B, '스마트폰을 이용할 때'를 C라 하면, 첫 번째ㆍ두 번째 명제는 각각 $\sim$A → B, C → $\sim$A이므로 C → $\sim$A → B가 성립한다.
따라서 빈칸에는 C → B인 '스마트폰을 이용할 때는 눈이 건조해진다.'가 들어가는 것이 적절하다.

52   정답 ④

A의 진술과 C의 진술이 서로 모순되므로 둘 중 한 명은 진실을 말하고 있다.
ⅰ) A가 참인 경우
    범인은 B가 된다. 그러나 이 경우 B, C, D 모두 거짓을 말하는 것이나, D의 진술이 거짓일 경우 A와 B는 범인이 아니므로 모순이다.
ⅱ) C가 참인 경우
    B와 C는 범인이 아니며 A, B, D의 진술은 모두 거짓이다. A의 진술이 거짓이므로 B는 범인이 아니고, B의 진술이 거짓이므로 C와 D 두 명 중 범인이 있다. 마지막으로 D의 진술도 거짓이므로 A와 B는 범인이 아니다. 따라서 물건을 훔친 범인은 D이다.

53   정답 ①

㉠ 외국인을 위한 안내 책자를 배포하고 외국의 다양한 대중 매체를 적극 활용함으로써 외국인 관광객 편의성 미흡, 해외 홍보 매체의 다양성 부족 등의 약점(W)을 보완하는 동시에 제주 여행객 증가율 둔화라는 위협(T)을 해소하려는 'WT 전략'이다.

㉡ 유네스코 세계지질공원 지정, 다양한 관광 자원, 잘 정비된 탐방 인프라 등의 강점(S)을 내세우고, 자매도시ㆍ우호도시 결연이라는 기회(O)를 살려 외국인 관광객 유치 증대를 이루려는 'SO 전략'이다.
㉢ 한국의 IT 기술 수준이 세계 최정상 수준이라는 기회(O)를 활용해 지질 명소별 방문객 불균형, 대중교통 이용 불편 등의 약점(W)을 해소할 수 있는 앱을 개발하려는 'WO 전략'이다.
㉣ '제주 지오 앱(Geo App)'이라는 강점(S)을 활용해 관광객 수용 한계 근접으로 인한 혼잡이라는 위협(T)을 해소하려는 'ST 전략'이다.

54   정답 ②

가입일 기준으로 급여계좌 및 급여 여부, 신용카드 및 체크카드 실적이 12개월간 유지될 때의 A ~ D의 우대금리는 다음과 같다.
- A : 0.3+0.5=0.8%
- B : 0.3+0.5+0.2=1%
- C : 0.3+0.3+0.2=0.8%
- D : 계좌 압류 상태이므로 이자 지급 제한을 받는다.
따라서 B의 우대금리가 가장 높다.

55   정답 ④

예치기간이 12개월일 때 Star 정기예금의 최종 적용금리와 UP 정기예금의 최종 적용금리의 차이는 $3.68-2.42=1.26$%p이다.

오답분석

① 예치기간이 3개월일 때 Star 정기예금의 최종 적용금리와 Up 정기예금의 최종 적용금리의 차이는 $3.51-1.85=1.66$%p이다.
② 예치기간이 6개월일 때 Star 정기예금의 최종 적용금리와 Up 정기예금의 최종 적용금리의 차이는 $3.65-2.10=1.55$%p이다.
③ 예치기간이 9개월일 때, Star 정기예금의 최종 적용금리와 Up 정기예금의 최종 적용금리의 차이는 $3.65-2.30=1.35$%p이다.

56   정답 ③

- CBP-<u>WK</u>4A-P31-B0803 : 배터리 형태 중 WK는 없는 형태임
- PBP-DK1E-<u>P21</u>-A8B12 : 고속충전 규격 중 P21은 없는 규격임
- NBP-LC3B-P31-B<u>32</u>30 : 생산날짜의 2월은 30일이 없음
- <u>CNP</u>-LW4E-P20-A7A29 : 제품분류 중 CNP는 없는 분류임
따라서 보기에서 시리얼넘버가 잘못 부여된 제품은 모두 4개이다.

57

정답 ②

고객이 설명한 제품정보를 정리하면 다음과 같다.

- 설치형 : PBP
- 도킹형 : DK
- 20,000mAH 이상 : 2
- 60W 이상 : B
- USB-PD3.0 : P30
- 2022년 10월 12일 : B2012

따라서 S주임이 데이터베이스에 검색할 시리얼넘버는 PBP-DK2B-P30-B2012이다.

58

정답 ①

'A-5층, C-1층'이고, C와 B 간의 층수의 차이가 B와 A 간의 층수의 차이와 같으므로 B-3층임을 알 수 있다. D는 E보다 더 높은 층에 있으므로 D-4층, E-2층이 된다. 즉 다음과 같다.

5층	A
4층	D
3층	B
2층	E
1층	C

따라서 B와 E는 인접 층이다.

59

정답 ①

위치 도면에 도로별 가중치를 나타내면 다음과 같다.

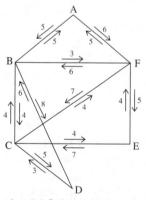

i) A에서 출발하는 경우의 수는 A-B구간, A-F구간 두 가지이다. A-F구간은 실시간 교통정보에 의해서 출발시간인 오후 4시 30분에는 교통정체로 인해 이동시간이 3배로 늘어나고, 가중치가 A-B구간보다 크다. 소모비와 시간을 최소로 한다는 조건에 따라 A에서 출발할 때 두 가지 경우 중 A-B구간을 선택하고, A로 돌아올 때 F-A구간을 선택한다.

ii) A~F 사이 도로의 수는 9개이고 모든 도로를 한 번씩 지날 때 걸리는 최소 시간은 9×30=270분=4시간 30분이다. 오후 4시 30분에서 4시간 30분이 지난 시각은 오후 9시이고, 조건에 의하여 C-F구간은 6시부터 9시까지 통제되므로 C-F구간은 6시 전에 지나가야 한다. i)에 의하여 A-B구간

을 첫 번째(4:30~5:00)로 지나고, B지점에서 C-F구간을 지나가기 위해서는 B-C구간 또는 B-F구간을 두 번째로 지나가야 한다. 즉, C-F구간 또는 F-C구간은 세 번째 (5:30~6:00)로 지나야 한다.

iii)

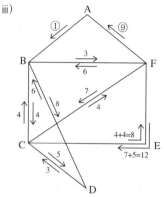

C-F(C-F, F-C)구간을 세 번째로 두고 가중치를 고려해 보면 다음과 같다.

- (B-C의 가중치)=(C-B의 가중치)=4
- (B-F-C의 가중치)=3+7=10
  (C-F-B의 가중치)=4+6=10
  ∴ (B-F-C의 가중치)=(C-F-B의 가중치)
- (B-D-C의 가중치)=8+3=11
  (C-D-B의 가중치)=5+6=11
  ∴ (B-D-C의 가중치)=(C-D-B의 가중치)
- (C-E-F의 가중치)=4+4=8
  (F-E-C의 가중치)=7+5=12
  ∴ (C-E-F의 가중치)<(F-E-C의 가중치)

즉, B-F-C, B-D-C구간의 경우 방향과 관계없이 가중치의 합이 같지만, C-E-F구간의 경우 방향에 따라 가중치의 합이 다르다. 따라서 C-E-F구간을 선택해야 전체 가중치의 합이 작아진다.

i), ii), iii)에 의하여 K씨가 선택할 수 있는 경로는 다음과 같다.

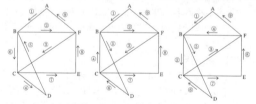

따라서 K씨가 선택할 수 있는 경로의 수는 3가지이다.

60

정답 ①

59번의 경로의 수에서 B-F구간은 오후 4시 30분과 5시 30분 사이에 지나는 경우를 제외하면 된다. B-F구간을 두 번째(5:00~5:30)로 지나는 경우는 2가지이므로 K씨가 가중치와 시간을 고려해 선택할 수 있는 경로의 수는 1가지이다.

61　　　　　　　　　　　　　정답 ②

첫 번째, 두 번째 조건에 따라 로봇은 '3번 – 1번 – 2번 – 4번' 또는 '3번 – 2번 – 1번 – 4번' 순서로 전시되어 있으며, 사용 언어는 세 번째, 네 번째, 다섯 번째 조건에 따라 '중국어 – 영어 – 한국어 – 일본어' 또는 '일본어 – 중국어 – 영어 – 한국어' 순이다. 제시된 조건에 의해 3번 로봇의 자리가 정해지게 되는데, 3번 로봇은 일본어를 사용하지 않는다고 하였으므로 사용 언어별 순서는 '중국어 – 영어 – 한국어 – 일본어' 순이다. 또한, 2번 로봇은 한국어를 사용하지 않는다고 하였으므로 '3번 – 2번 – 1번 – 4번' 순서이다. 따라서 3번 로봇이 가장 왼쪽에 위치해 있다.

오답분석

① 1번 로봇은 한국어를 사용한다.
③ 4번 로봇은 일본어를 사용한다.
④ 중국어를 사용하는 3번 로봇은 영어를 사용하는 2번 로봇의 옆에 위치해 있다.

62　　　　　　　　　　　　　정답 ④

2023년에 충주, 대청, 주암, 용담, 합천, 남강, 임하, 보령의 8개 댐에 대하여 3차원 수질예측 기술을 활용한 댐·저수지 수질 예보제를 시행했다. 안동다목적댐은 8개의 댐에 포함되지 않는다.

63　　　　　　　　　　　　　정답 ③

경계 단계에는 기상상황, 하천수문 등을 고려하여 방류량을 산정해야 한다.

64　　　　　　　　　　　　　정답 ①

다희는 철수보다 늦게 내리고 영수보다 빨리 내렸으므로, '철수 – 다희 – 영수' 순서로 내렸다. 또한 희수는 만수보다 한 층 더 가서 내렸으므로, '만수 – 희수' 순서로 내렸다. 희수는 영수보다 3층 전에 내렸으므로 '희수 – ○○ – ○○ – 영수' 순서로 내렸다. 이를 정리하면 '만수 – 희수 – 철수 – 다희 – 영수' 순서이고, 영수가 마지막에 내리지 않았으므로, 태영이가 8층에 내렸다.
따라서 홀수 층에서 내린 사람은 영수, 철수, 만수이다.

65　　　　　　　　　　　　　정답 ④

'나'에서 '라'로 이동이 불가능하므로 ④의 경로로는 이동할 수 없다.

66　　　　　　　　　　　　　정답 ②

그림을 살펴보면 '나'는 '다'와만 연결이 되어 있고, '다'는 '마'와만 연결이 되어 있는 것을 발견할 수 있다. 따라서 어떤 순서이든 상관없이 '나'와 '다'와 '마'는 '나 – 다 – 마' 또는 '마 – 다 – 나'의 순서로 연결되어 있어야 한다.

• '나 – 다 – 마'의 순서로 연결이 된 경우 : '나'는 집만 연결이 되어 있기 때문에 가능한 경우는 '집 – 나 – 다 – 마 – 라 – 가' 또는 '집 – 나 – 다 – 마 – 가 – 라' 2가지이다.
• '마 – 다 – 나'의 순서로 연결이 된 경우 : 마지막이 '나'로 끝나야 하기 때문에 '집 – 가 – 라 – 마 – 다 – 나' 또는 '집 – 라 – 가 – 마 – 다 – 나' 2가지이다.
따라서 총 4가지이다.

67　　　　　　　　　　　　　정답 ③

$60+100+50+70+40=320$km

오답분석

① $70+40+70+50+100=330$km
② $70+40+70+70+100=350$km
④ $90+100+70+70+40=370$km

68　　　　　　　　　　　　　정답 ④

연결 도로별 연료 소비량은 다음과 같다.

(단위 : L)

구분	집	가	나	다	라	마
마	10	7	–	7	2.5(과)	–
라	4.5	5	–	–	–	–
다	–	–	10	–	–	–
나	×	–	–	–	–	–
가	15	–	–	–	–	–

집에서 '나'로 가는 것이 차단되었으므로 '라'로 가야 한다. 중간에 집을 경유하면 그만큼 연결로가 추가되므로 집을 경유하지 않도록 한다. 그러므로 '집 → 라 → 가 → 마 → 다 → 나'가 된다.
따라서 $4.5+5+7+7+10=33.5$L를 사용하였으므로, 연료비는 $33.5×1,000=33,500$원이다.

69　　　　　　　　　　　　　정답 ④

H은행 100세 플랜 적금 상품은 예금자 보호가 적용되는 상품이나, 예금자보호법에 따라 H은행에 있는 고객의 모든 예금보호대상 금융상품에 적용되므로 다른 상품과 구별하여 보호받는다는 설명은 적절하지 않다.

70

해당 적금의 만기시점 세전금리는 기본금리에 우대금리를 가산해 구한다.

기본금리는 상품설명서 내 [만기금리] → [기본금리] 항목에서 확인할 수 있는데, A고객의 계약기간이 5년이므로 연 3.00%임을 확인할 수 있다.

우대금리는 A고객의 상담내역에서 [우대금리] 중 우대조건 항목에 해당하는 것이 있는지 비교한 후, 해당하는 항목의 우대금리를 모두 합하면 된다.

- 우대조건 ㉠ : A고객은 H은행과 이전에 거래한 적이 없으며, 해당 적금상품만을 가입하였으므로 우대조건에 해당하지 않는다.
- 우대조건 ㉡ : A고객은 배우자와 함께 가입하였고, 신규금액이 각각 10만 원 이상이므로 우대조건에 해당한다.
- 우대조건 ㉢ : A고객은 매월 20만 원씩 납입, 계약기간은 5년이고 만기까지 연체 없이 납입할 예정이므로 우대조건에 해당한다.
- 우대조건 ㉣ : A고객은 행원의 추천에 따라 'H은행 100세 플랜 연금'을 신규로 가입하여 6개월 이상 보유할 예정이므로 우대조건에 해당한다.
- 우대조건 ㉤ : A고객은 H은행에 방문하여 행원과 해당 적금에 대해 상담을 받아 계약하였으므로, 우대조건에 해당하지 않는다.

따라서 우대조건 ㉡ · ㉢ · ㉣을 충족하였으므로 우대금리는 0.1 +0.2+0.2=0.5%p이며, 만기시점의 세전금리는 3.00+0.5= 3.50%이다.

제**2**영역 디지털상식

71

섭테크(Sup Tech)란 감독을 의미하는 'Supervision'과 기술을 의미하는 'Technology'의 합성어로, 감독업무에 기술을 접목시켜 금융감독업무의 효율성을 높인 기술을 말한다.

오답분석

① 핀테크(Fin Tech) : 금융을 의미하는 'Finance'와 기술을 의미하는 'Technology'의 합성어로 금융 관련 IT 기술을 활용하는 기업을 말한다.

③ 애드테크(AD Tech) : 광고를 뜻하는 'AD'와 기술을 의미하는 'Technology'의 합성어로, 빅데이터 등의 정보기술을 광고에 접목시킨 것을 말한다.

④ 프롭테크(Prop Tech) : 부동산을 의미하는 'Property'와 기술을 의미하는 'Technology'의 합성어로, 부동산 산업 내 IT 기술이 도입된 것을 말한다.

72

오답분석

① 스푸핑(Spoofing) : 공격 또는 침입을 목적으로 하여 데이터를 위조하는 해킹 기법의 일종이다. 승인받은 사용자인 것처럼 위장해 시스템에 접근하거나 네트워크상에서 허가된 주소로 위장해 접근 제어 목록(ACL; Access Control List)을 우회 · 회피하는 공격 · 침입 수법이다.

③ 부인 봉쇄(부인 방지) : 메시지의 수신, 발신 자체를 부인하는 것을 막을 수 있는 방법이다.

④ 스트리핑(Striping) : 동일 데이터를 여러 대의 디스크에 분산 저장함으로써 입출력을 가능하게 하는 기술이다.

73

브랜디드 콘텐츠(Branded Contents)는 기업이 자사의 마케팅을 위해 음향 및 영상 등과 같은 콘텐츠 작업에 참여하여 제작한 내용물을 말하며, 단순히 광고를 하는 것이 아닌 이야기를 통해 홍보하기 때문에 대중들이 쉽게 광고임을 인지하지 못하는 효과가 있다.

오답분석

① 퍼블리시티(Publicity) : 기업이 유료로 영상 매체 등에서 광고를 하는 것과는 달리, 기업에 관한 정보 또는 제품을 영상 매체 등에 무료로 제공함으로써 광고하는 기법을 말한다.

② 애드버토리얼(Advertorial) : 일반적인 광고와는 달리 기사 형태를 취하고 있어 사람들의 관심을 받기 쉬우며, 기사형태를 띠고 있지만 기사가 아닌 광고이기 때문에 특정 제품이나 기업에 대한 내용을 다루고 있다.

④ POP(Point of Purchase) : 제품을 판매하는 장소에서 대중들의 시선을 끌도록 행동을 취하고 제품에 대해 설명함으로써 제품의 구매가 이루어지도록 하는 광고기법을 말한다.

74
정답 ②

에지 컴퓨팅(Edge Computing)은 분산 컴퓨팅 모델에 적합하다.

오답분석

① 데이터를 중앙으로 보내지 않고, 데이터가 생긴 곳 또는 근거리에서 처리하기 때문에 데이터 처리 시간이 단축되고, 인터넷 대역폭 사용량이 감소한다.
③ 클라우드 환경의 일부로 보기 때문에 클라우드렛, 중앙이 아닌 주변에서 처리되기 때문에 포그 컴퓨팅이라고도 불린다.
④ 데이터를 실시간으로 빠르게 대응하는 점 등을 이용하여 자율주행자동차 등에 사용된다.

75
정답 ②

트로이 목마(Trojan Horse)는 컴퓨터 사용자의 자료삭제·정보 탈취 등 사이버테러를 목적으로 사용되는 악성 프로그램이다. 사용자 몰래 개인정보 등을 취득하기 위한 목적으로 만들어졌기 때문에 일반적인 바이러스와 달리 다른 파일을 감염시키는 행동을 하지 않는다. 트로이 목마에 걸렸을 때에는 해당 파일만 삭제하면 치료가 가능하다.

76
정답 ①

부인 방지성은 메시지(전자우편)의 송수신이나 교환 후, 또는 통신이나 처리가 실행된 후에 그 사실을 사후에 증명함으로써 사실 부인을 방지하는 보안 기술을 말한다.

> **워터마킹의 요구 조건**
> 비가시성(보이지 않음), 강인성(변형에도 지워지지 않는 성질), 명확성, 보안성, 원본 없이 추출(권리정보 추출성)

77
정답 ②

디지털 트윈(Digital Twin)은 현실의 자산과 관련하여 발생할 수 있는 분명한 정보를 얻고자 할 때, 해당 자산을 디지털 환경 속에 가상화하여 실험하는 기술을 말한다.

오답분석

① 트윈슈머(Twinsumer) : 온라인상에서 자신과 성향이 비슷한 사람으로부터 정보를 얻어 소비하는 사람들을 말한다.
③ 디지털 전환(Digital Transformation) : 정보통신기술을 우리 사회에 접목시켜 사회 구조를 변화시키는 것을 말한다.
④ 데이터 마이닝(Data Mining) : 미래의 의사결정에서 최선의 결정을 할 수 있도록, 많은 양의 데이터 속에서 데이터 사이의 연관성을 찾아내는 기술을 말한다.

78
정답 ②

오답분석

① SSL : 웹 브라우저와 서버를 위한 보안 방법으로 비대칭형 암호 시스템을 사용한다.
③ SSH : 암호 통신을 이용해서 다른 컴퓨터에 접속한 후 명령을 실행하거나 파일을 조작하는 규약이다.
④ SMTP : 전자 우편의 송신을 담당하는 프로토콜이다.

79
정답 ③

파일 전송(FTP; File Transfer Protocol)은 인터넷을 통하여 파일을 송수신할 수 있는 서비스이다.

80
정답 ④

• 인트라넷 : 기업 내부의 정보망을 인터넷에 흡수하여 경영의 합리화와 효율성 증대를 추구한다.
• 엑스트라넷 : 인트라넷의 적용 범위를 확대해서 기업 대 기업을 대상으로 하는 정보 시스템이다.
• 가상 사설망 : 인터넷과 같은 공중망을 마치 전용선으로 사설망을 구축한 것처럼 사용하는 방식이다.

제4회 모의고사 정답 및 해설

01	02	03	04	05	06	07	08	09	10
②	②	④	③	④	③	②	③	②	④
11	12	13	14	15	16	17	18	19	20
①	④	④	④	③	①	④	③	③	④
21	22	23	24	25	26	27	28	29	30
③	②	④	④	①	①	①	②	③	②
31	32	33	34	35	36	37	38	39	40
②	④	①	①	②	③	①	②	④	③
41	42	43	44	45	46	47	48	49	50
④	④	③	①	②	④	④	①	④	④
51	52	53	54	55	56	57	58	59	60
②	④	③	②	④	③	④	②	④	②
61	62	63	64	65	66	67	68	69	70
②	②	④	①	③	③	④	④	③	④
71	72	73	74	75	76	77	78	79	80
②	①	④	③	④	④	②	②	③	②

제1영역 NCS 직업기초능력

01
정답 ②

②의 '틀립니다'는 '같지 않다.'라는 뜻이므로, '틀리다'가 아닌 '다르다'의 활용형인 '다릅니다'를 써야 한다.
- 다르다 : 비교가 되는 두 대상이 서로 같지 아니하다.
- 틀리다 : 셈이나 사실 따위가 그르게 되거나 어긋나다.

02
정답 ②

©의 '데'는 '일'이나 '것'의 뜻을 나타내는 의존 명사로 사용되었으므로 '수행하는 데'와 같이 띄어 쓴다.

오답분석

㉠ 만하다 : 어떤 대상이 앞말이 뜻하는 행동을 할 타당한 이유를 가질 정도로 가치가 있음을 나타내는 보조 형용사이다. 보조 용언은 띄어 씀을 원칙으로 하나, ㉠과 같은 경우 붙여 씀도 허용하므로 앞말에 붙여 쓸 수 있다. 따라서 '괄목할 만한'과 '괄목할만한' 모두 옳다.

© -만 : 다른 것으로부터 제한하여 어느 것을 한정함을 나타내는 보조사로 사용되었으므로 앞말에 붙여 쓴다.

03
정답 ④

밑줄 친 '봉착(逢着)하게'는 '맞닥뜨리다, 당면하다.'라는 뜻이다. 문맥적 의미는 '원하지 않은 일의 결과와 부딪히게 됨'이므로 능동적이고 긍정적인 의미보다는 부정적이고 피동적인 의미를 갖고 있다. 그러므로 ④의 '맞아들이게'라는 능동적인 표현은 바꾸어 쓰기에 적합하지 않다.

04
정답 ③

- 매립(埋立) : 우묵한 땅이나 하천, 바다 등을 돌이나 흙 따위로 채움
- 굴착(掘鑿) : 땅이나 암석 따위를 파고 뚫음

오답분석

① 당착(撞着) : 말이나 행동 따위의 앞뒤가 맞지 않음
  모순(矛盾) : 어떤 사실의 앞뒤, 또는 두 사실이 이치상 어긋나서 서로 맞지 않음
② 용인(庸人)·범인(凡人) : 평범한 사람
④ 체류(滯留)·체재(滯在) : 객지에 가서 머물러 있음

05
정답 ④

제시문은 통계 수치의 의미를 정확하게 이해하고 도구와 방법을 올바르게 사용해야 하며, 특히 아웃라이어의 경우를 생각해야 한다고 주장하고 있다. 따라서 글의 중심 내용으로 가장 적절한 것은 ④이다.

오답분석

①·② 집단을 대표하는 수치로서의 '평균' 자체가 숫자놀음과 같이 부적당하다고 언급하지 않았다.
③ 아웃라이어가 있는 경우에 평균보다는 최빈값이나 중앙값이 대푯값으로 더 적당하다.

06
정답 ③

첫 번째로 1965년 노벨상 수상자인 게리 베커에 대한 내용으로 이야기를 도입하며 베커가 주장한 '시간의 비용' 개념을 소개하는 (라)가 오고, (라)를 보충하는 내용으로 베커의 '시간의 비용이 가변적'이라는 개념을 언급한 (가), 베커와 같이 시간의 비용이 가변적이라고 주장한 경제학자 린더의 주장을 소개한 (다), 마지막으로 베커와 린더의 공통적 전제인 사람들에게 주어진 시간이 고정된 양이라는 사실과 기대수명이 늘어남으로써 시간의 가치가 달라질 것이라는 내용의 (나)가 순서대로 연결되는 것이 적절하다. 따라서 (라) – (가) – (다) – (나)이다.

07
정답 ②

제시문에서는 파레토 법칙의 개념과 적용된 사례를 설명한 후 파레토 법칙이 잘못 적용된 사례를 통해 함부로 다양한 사례에 적용하는 것이 잘못된 해석을 낳을 수 있음을 지적하고 있다. 따라서 글의 주제로 가장 적절한 것은 ②이다.

08
정답 ③

인플레이션이란 물가수준이 계속하여 상승하는 현상이다. 제시문에서 올해 공공요금 인상의 영향으로 농축산물 가공식품 등 물가가 계속하여 상승하고 있다고 우려하고 있다. 따라서 빈칸에 들어갈 가장 적절한 용어는 '인플레이션'이다.

오답분석
① 스태그네이션 : 장기적인 경제 침체를 뜻하는 말로, 일반적으로 연간 경제 성장률이 2 ~ 3% 이하로 하락하였을 때를 말한다. 제시문에서는 경제 성장률이 아닌 물가 상승률에 대해 다루고 있으므로 적절하지 않다.
② 디플레이션 : 물가수준이 계속하여 하락하는 현상으로, 계속하여 물가가 상승하고 있다는 제시문과 맞지 않는 내용이다.
④ 디스인플레이션 : 물가를 현재 수준으로 유지하면서 인플레이션 상황을 극복하기 위한 경제조정정책이다. 제시문은 인플레이션 상황에 대해 다루고 있지만, 이를 극복하기 위한 경제조정정책에 대해서는 다루고 있지 않다.

09
정답 ②

면허를 발급하는 것은 면허 발급 방식이며, 보조금을 지급받는 것은 보조금 지급 방식으로 둘 사이의 연관성은 없다.

오답분석
① 과거에는 공공 서비스가 경합성과 배제성이 모두 약한 사회 기반 시설 공급을 중심으로 제공되었다. 이런 경우 서비스 제공에 드는 비용은 주로 세금을 비롯한 공적 재원으로 충당을 한다.
③ 정부는 위탁 제도를 도입함으로써 정부 조직의 규모를 확대하지 않으면서 서비스의 전문성을 강화할 수 있다.
④ 공공 서비스의 다양화와 양적 확대가 이루어지면서 행정 업무의 전문성 및 효율성이 떨어지는 문제점이 나타나기도 한다.

10
정답 ④

비정규직 중 시간제업무보조원을 폐지하고 일반직이 아닌 단순 파트타이머로 대체·운용한다.

11
정답 ①

외국환은 별다른 제약이 없는 내국환과는 달리 외국과의 대차 관계를 발생시키는 모든 거래에 적용되므로 한 나라의 국제수지와 매우 밀접한 연관을 가지고 있다.

오답분석
② 1997년 말 외채는 1,500억 달러였는 데 반하여, 외환 보유고는 80억 달러였다는 점을 통해 알 수 있다.
③ 우리나라의 외국환 보유액은 1970년에 약 6억 달러, 1975년에 약 15억 달러, 1980년에 약 65억 달러, 1985년에 약 77억 달러, 1988년에는 약 123억 달러로 증가 추세에 있었으며, 1990년대에 들어서도 증가 속도는 느려졌으나 여전히 증가하고 있었다.
④ 우리나라는 귀중한 외화가 무제한으로 해외로 유출되거나 그 반대로 투기성 외화가 일시적으로 크게 들어오는 것을 방지하기 위하여 국제수지의 상태에 따라 외국환 거래를 정부의 관리하에 두고 있다.

12
정답 ④

효과적인 외국환 이용을 위한 앞으로의 방안은 제시문의 내용에서 찾아볼 수 없다.

오답분석
① 수출 부진에서 오는 외화가득률 하락, 핵심 기업들의 경영 악화 및 줄 이은 도산, 관치금융과 정경유착에 의한 불합리한 투자 및 부조리, OECD(경제협력개발기구) 가입에 따른 갑작스러운 금융시장 개방, YS 정권 말기의 권력 누수 현상과 경제관리 소홀 등을 원인으로 볼 수 있다.
② 우리나라에서는 1961년 12월에 제정된 「외국환관리법」을 중심으로 외국환을 관리하고 있다. 또한 「외국환관리법」·「외국환관리규정」·「외자도입법」·「외자관리법」·「한국은행법」 등의 법령을 통하여 조정하고 있다.
③ 우리나라의 국제간 대차 관계를 결제하는 지급 수단으로 널리 사용되고 있는 것은 외국환어음·전신환·우편환이다.

13
정답 ④

블록체인 기술이 등장하게 된 배경을 설명하고, 이어 블록체인의 기반 기술과 여러 활용 분야를 설명하고 있으므로 글의 전개 방식으로 ④가 가장 적절하다.

14
정답 ④

참여자 간의 합의를 통해서 발생하는 적합한 거래와 정보만 블록체인으로 유지하는데, 이것을 분산합의라고 한다.

오답분석
① 블록체인은 중개 기관에 의존적인 기존의 거래방식에서 벗어나 거래 당사자 간의 직접적인 거래를 통해 신뢰성을 보장한다.
② 블록체인은 크게 P2P 네트워크, 암호화, 분산장부, 분산합의의 4가지 기반기술로 구성되어 있다.
③ 해시트리와 공개키 기반 디지털 서명 기법 사용은 암호화에 해당하는 특징이다.

15
정답 ③

총재, 부총재를 포함한 모든 금융통화위원은 대통령이 임명한다.

오답분석
① 마지막 문단에 따르면 면밀한 검토가 필요한 사안에 대해서는 본회의 외에 별도 심의위원회가 구성되어 검토한다.
② 한국은행 총재는 금융통화위원회 의장을 겸임한다.
④ 정기회의는 의장이 필요하다고 인정하거나, 금융통화위원 최소 2인의 요구가 있을 때 개최된다.

16
정답 ①

제시문은 환경 영향 평가 제도에 대한 개념과 도입 원인에 대한 내용이다. 따라서 (가) 환경 영향 평가 제도는 부정적인 환경 영향을 줄이는 방안을 마련하는 수단 – (다) 개발로 인한 환경 오염과 생태계가 파괴되어 해결이 어려워짐 – (나) 이러한 이유로 환경 영향 평가 제도가 도입됨 – (라) 환경 영향 평가 제도는 환경 보전에 대한 인식 제고와 개발과 보전 사이의 균형을 맞추는 역할을 수행함 순서로 연결되어야 한다.

17
정답 ④

제시문에서는 변혁적 리더십과 거래적 리더십의 차이를 비교하여 변혁적 리더십의 특징을 효과적으로 설명하고 있다.

18
정답 ③

신영복의 『당신이 나무를 더 사랑하는 까닭』은 소나무 숲의 장엄한 모습을 보고 그에 대한 감상과 깨달음을 적은 수필이다. 글쓴이는 가상의 청자인 '당신'을 설정하여 엽서의 형식으로 서술하고 있으며, 이를 통해 독자들은 '당신'의 입장에서 글쓴이의 메시지를 전달받는 것 같은 효과와 친근감을 느낄 수 있다. 즉, '당신'은 소나무를 사랑하는 사람이자 나무의 가치를 이해할 수 있는 독자를 의미하며, 글쓴이는 그러한 '당신'과 뜻을 같이하고 있음을 알 수 있다. 따라서 소나무에 대한 독자의 의견을 비판한다는 ③은 적절하지 않다.

오답분석
①・②・④ 이기적이고 소비적인 인간과 대조적인 존재로 소나무를 설정하여 무차별적인 소비와 무한 경쟁의 논리가 지배하는 현대 사회를 비판하고, 소나무처럼 살아가는 바람직한 삶의 태도를 제시한다.

19
정답 ③

한글은 자음과 모음의 기본자를 조음기관의 모양과 역학의 삼재를 상형하여 만들고, 그 밖의 자음과 모음은 기본자에 다른 소리의 성질이 덧붙는 것을 보고 가획하여 만든 표음문자이며, 그중에서도 자음과 모음 낱낱의 소리를 각각의 문자로 나타낸 음소문자이다.

20
정답 ④

한글이 과학적으로 우수한 문자이나 다른 나라의 문자까지 한글로 교체하려는 태도는 바람직하지 않다.

21
정답 ③

(다) 문단의 '이처럼 우리가 계승해야 할 민족 문화의 전통으로 여겨지는 것이 …'로 볼 때 ③의 내용이 (다) 문단 앞에 오는 것이 적절하다.

22
정답 ②

보기의 내용은 '인간이 발명한 문명의 이기(利器), 즉 비행기나 배 등은 결국 인간의 신화적 사유의 결과물이다.'로 요약할 수 있다. 그러므로 보기가 들어가기에 적절한 곳은 (나)이다. 왜냐하면 (나)의 앞부분에서 '문명의 이기(利器)의 근본은 신화적 상상력'이라 했고, 보기가 그 예에 해당하기 때문이다.

23
정답 ④

첫날 경작한 논의 넓이를 1이라고 할 때, 마지막 날까지 경작한 논의 넓이는 다음과 같다.

1일	2일	3일	4일	5일	6일	7일	8일
1	2	4	8	16	32	64	128

전체 경작한 논의 넓이가 128이므로 논 전체의 $\frac{1}{4}$ 넓이는 32이다.

따라서 A씨는 경작을 시작한 지 6일째 되는 날 논 전체의 $\frac{1}{4}$ 을 완료하게 된다.

24
정답 ④

- 20%의 소금물 300g에 들어있는 소금의 양 : $\dfrac{20}{100} \times 300 = 60$g

- 15%의 소금물 200g에 들어있는 소금의 양 : $\dfrac{15}{100} \times 200 = 30$g

$$\dfrac{60+30}{300+200+x} \times 100 = 10$$

$$\rightarrow 600+300 = 300+200+x$$

$$\therefore x = 400$$

따라서 물을 400g 더 넣어야 한다.

25
정답 ①

남자 5명 중에서 2명을 택하고 이들을 대표와 부대표로 정하는 것은 순서를 고려해야 한다. 즉, 5명 중에서 2명을 택하는 순열이므로 $_5P_2 = 5 \times 4 = 20$가지이다.

여자의 경우 $_4P_2 = 4 \times 3 = 12$가지이다.

따라서 선출할 수 있는 경우의 수는 총 $_5P_2 \times _4P_2 = 20 \times 12 = 240$가지이다.

26
정답 ①

6월 18일을 기준으로 40일 전은 5월 9일이다.

3월 1일에서 69일 후는 5월 9일이다.

따라서 $69 \div 7 = 9 \cdots 6$이므로, 최종 명단이 발표되는 날은 일요일이다.

27
정답 ①

주택청약을 신청한 집합을 A, 펀드는 B, 부동산 투자는 C라고 가정하고, 밴다이어그램 공식을 사용하여 2개만 선택한 직원 수를 구하면 다음과 같다.

$A \cup B \cup C$
$= A + B + C - [(A \cap B) + (B \cap C) + (C \cap A)] + (A \cap B \cap C)$
$=$ [전체 직원 수는 각 항목에 해당하는 총인원에서 중복(3개 또는 2개)으로 선택한 직원 수를 제외한 것]

$(A \cap B) + (B \cap C) + (C \cap A)$의 값을 x라고 하면 다음과 같다.

$A \cup B \cup C$
$= A + B + C - [(A \cap B) + (B \cap C) + (C \cap A)] + (A \cap B \cap C)$
$\rightarrow 60 = 27 + 23 + 30 - x + 5$

$$\therefore x = 25$$

$(A \cap B) + (B \cap C) + (C \cap A)$의 값은 25이며, 여기에 $A \cap B \cap C$ 3개 모두 선택한 직원 수가 3번 포함되어 있다.

따라서 2개만 선택한 직원 수는 $25 - 5 \times 3 = 10$명임을 알 수 있다.

28
정답 ③

집에서 회사까지의 거리를 $x$km라고 하면 다음 식이 성립한다.

$$\dfrac{x}{16} - \dfrac{x}{40} = \dfrac{45}{60}$$

$$\rightarrow 3x = 60$$

$$\therefore x = 20$$

따라서 집에서 회사까지의 거리는 20km이므로, 집에서 회사까지 자전거를 타고 가는 데 걸리는 시간은 $\dfrac{20}{16} \times 60 = 75$분이다.

29
정답 ①

문제 B를 맞힐 확률을 p라 하면 다음 식이 성립한다.

$$\left(1 - \dfrac{3}{5}\right) \times p = \dfrac{24}{100}$$

$$\rightarrow \dfrac{2}{5}p = \dfrac{6}{25}$$

$$\therefore p = \dfrac{3}{5}$$

따라서 문제 A는 맞히고 문제 B는 맞히지 못할 확률은 $\left(1 - \dfrac{3}{5}\right) \times \left(1 - \dfrac{3}{5}\right) = \dfrac{4}{25}$이므로 16%이다.

30
정답 ②

A의 집과 B의 집 사이의 거리를 $x$km, A의 집에서 전시회장 주차장까지 걸린 시간을 y시간이라고 하자.

A의 집과 B의 집 사이의 거리와 B의 집에서 전시회장 주차장까지 거리를 구하면 다음과 같다.

$$70 \times \left(y + \dfrac{30}{60}\right) - 55 \times y = x \cdots \text{㉠}$$

$$70 \times \left(y + \dfrac{30}{60}\right) = 49\text{km} \rightarrow y + \dfrac{30}{60} = \dfrac{49}{70} \rightarrow y + 0.5 = 0.7$$

$$\therefore y = 0.2$$

㉠에 y를 대입하면 $x = 49 - 55 \times 0.2 = 38$이다.

따라서 A의 집과 B의 집 사이의 거리는 38km이다.

31
정답 ②

매년 말에 일정 금액(x억 원)을 n년 동안 일정한 이자율(r)로 은행에 적립하였을 때 금액의 합(S)은 다음과 같다.

$$S = \dfrac{x\{(1+r)^{n+1} - 1\}}{r}$$

연이율 r은 10%이고, 복리 합인 S는 1억 원이므로

$$1 = \dfrac{x\{(1.1)^{20} - 1\}}{0.1}$$

$$\therefore x = \dfrac{1 \times 0.1}{5.7} = \dfrac{1}{57} \fallingdotseq 0.01754$$

만의 자리 미만은 절사한다고 하였으므로 매년 말에 적립해야 하는 금액은 175만 원이다.

32

정답 ④

창구 이용 시 500달러의 경우 총송금수수료는 D은행이 12,000원 [5,000원(수수료)+7,000원(전신료)]으로 가장 저렴하다.

오답분석

① 창구 이용 시 1,500달러의 경우 총송금수수료는 F은행이 14,500원[7,000원(수수료)+7,500원(전신료)]으로 가장 저렴하다.

② 인터넷 이용 시 450달러의 경우 총송금수수료는 A은행이 5,000원[수수료 면제+5,000원(전신료)]으로 가장 저렴하다.

③ 창구 이용 시 2만 5,000달러의 경우 총송금수수료는 F은행이 37,500원[3만 원(수수료)+7,500원(전신료)]으로 가장 비싸다.

33

정답 ①

A은행과 E은행을 제외하고 3,000달러를 창구 송금 시 총송금수수료가 가장 저렴한 은행은 F은행으로 19,500원이며, 7,000달러를 인터넷 송금 시 총송금수수료가 가장 저렴한 은행은 D은행으로 10,000원이다.

따라서 가장 저렴한 금액은 19,500+10,000=29,500원이다.

34

정답 ①

은행별 2,000달러를 창구를 이용하여 송금할 경우 총송금수수료를 구하면 다음과 같다.

- A은행 : 10,000원(수수료)+8,000원(전신료)×0.6 =14,800원
- B은행 : 10,000원(수수료)×0.8+8,000원(전신료)=16,000원
- C은행 : [(10,000원(수수료)+8,000원(전신료)]×0.9 =16,200원
- D은행 : 10,000원(수수료)+7,000원(전신료)−3,000원 =14,000원
- E은행 : 10,000원(수수료)×0.7+8,000원(전신료)=15,000원
- F은행 : 7,000원(수수료)+7,500원(전신료)=14,500원

따라서 총송금수수료가 가장 비싼 은행은 C은행이고, 가장 저렴한 은행은 D은행이다.

35

정답 ②

K씨가 원화로 환전했다고 했으므로 '현찰 팔 때'의 환율로 계산해야 한다. 엔화 환율 차이로 얻은 수익은 다음과 같다.

$(1,004.02-998)\times800,000\times\dfrac{1}{100}=6.02\times8,000=48,160$원

미국 USD 달러도 똑같은 수익이 났다고 했으므로, 2주 전 현찰 살 때의 환율을 x라고 하면 다음 식이 성립한다.

$(1,110.90-x)\times7,000=48,160$

$\rightarrow 1,110.90-x=6.88$

$\therefore x=1,104.02$

따라서 2주 전 미국 USD 환율은 1,104.02원/달러임을 알 수 있다.

36

정답 ③

(현금수수료)=(수수료 대상금액)×(수수료 적용환율)×(수수료율)

$=(2,400\times0.8)\times1,080.2\times0.02$

$=41,479.68$원

$≒41,480$원

37

정답 ①

설문지 회수 현황의 빈칸을 완성하면 다음과 같다.

구분	배포(부)	회수(부)	회수율(%)
A기업	240	198	$\dfrac{198}{240}\times100=82.5$
B기업	195	195×0.636≒124	63.6
C기업	106	106×0.679≒72	67.9
D기업	130	100	$\dfrac{100}{130}\times100≒76.9$

따라서 회수율이 두 번째로 높은 곳은 D기업이며, 미회수 수량은 30부이다.

38

정답 ②

자료에 따르면 설문지는 한 사람당 1부가 배부되기 때문에 ㉠에서 회수된 전체 설문지의 19.4%는 24부여야 한다(∵ 부서 W의 응답자). 회수된 전체 설문지 부수를 x라고 하면 다음 식이 성립한다.

$x\times0.194=24$

$\therefore x=\dfrac{24}{0.194}≒124$

따라서 ㉠에 들어갈 기업은 124부의 설문지를 회수한 B기업임을 알 수 있다.

39

정답 ④

설문지 응답자 현황의 ⓐ~ⓓ를 구하면 다음과 같다.

구분	해당 값
ⓐ	124×0.363≒45명
ⓑ	$\dfrac{124-56}{124}\times100≒54.8\%$
ⓒ	124−(41+48+27)=8명
ⓓ	$\dfrac{8}{124}\times100≒6.5\%$

ⓑ÷ⓒ<ⓓ → $\dfrac{54.8}{8}<6.5$ → 6.85>6.5이므로 등식이 옳지 않다.

오답분석

① ⓐ+ⓒ<ⓑ+ⓓ → 45+8<54.8+6.5 → 53<61.3

② ⓐ+ⓒ+ⓓ=ⓑ+4.7 → 45+8+6.5=54.8+4.7=59.5

③ ⓑ>ⓒ×ⓓ>ⓐ → 54.8>8×6.5>45 → 54.8>52>45

40

ⓛ 일반국도의 개통 미포장 도로는 2020년 대비 2022년에 약 34% $\left(\frac{37,093-56,543}{56,543}\times100\right)$ 감소하였으므로 옳지 않은 설명이다.

ⓒ 특별광역시도 관할의 도로와 고속국도는 포장률이 100%로 동일할 뿐, 둘 간의 포함관계 등의 관련성은 도출할 수 없다. 또한 특별광역시도 관할의 도로 수가 고속국도의 수보다 많으므로 특별광역시도 관할의 도로 중 고속국도 외의 도로도 있다는 것을 추론할 수 있다.

오답분석

㉠ 2020년 일반국도의 개통 포장률은 99.6%로, 개통률인 98.4% $\left(\frac{13,726,776}{13,947,945}\times100\right)$ 보다 높다.

㉣ 지방도의 개통 포장률과 시군도의 개통 포장률은 매년 증가하고 있으므로 증감 추이는 매년 동일하다.

41
정답 ④

2020년부터 2022년까지 미개통 지방도는 꾸준히 감소하였지만, 지방도는 2021년에는 전년 대비 증가하였으며, 2022년에는 전년 대비 감소하였으므로 옳지 않은 내용이다.

오답분석

① 2020년부터 2022년까지 전체 도로 수는 증가하고, 미개통 도로 수는 감소하고 있으므로 미개통률이 감소하고 있음을 알 수 있다. 따라서 개통률은 증가하고 있음을 알 수 있다.

② 2020 ~ 2022년 도로유형별 도로현황 자료를 통해 개통 미포장 일반국도가 감소하고 있음을 알 수 있다.

③ 특별광역시도 관할의 개통도로는 모두 포장이 완료된 상태임을 알 수 있다.

42
정답 ④

ⓛ 2022년 11월 운수업과 숙박 및 음식점업의 국내카드 승인액의 합은 159+1,031=1,190억 원으로, 도매 및 소매업의 국내카드 승인액의 40%인 3,261×0.4≒1,304.4억 원보다 적다.

ⓔ 2022년 9월 협회 및 단체, 수리 및 기타 개인 서비스업의 국내카드 승인액은 보건 및 사회복지 서비스업 국내카드 승인액의 $\frac{155}{337}\times100≒46\%$이다.

오답분석

㉠ 교육 서비스업의 2023년 1월 국내카드 승인액의 전월 대비 감소율은 $\frac{122-145}{145}\times100≒-15.9\%$이다.

ⓒ 2022년 10월부터 2023년 1월까지 사업시설관리 및 사업지원 서비스업의 국내카드 승인액의 전월 대비 증감 추이는 '증가 - 감소 - 증가 - 증가'이고, 예술, 스포츠 및 여가 관련 서비스업은 '증가 - 감소 - 감소 - 감소'이다.

43
정답 ③

각 금융기관의 연간 보험료 산정식에 따라 보험료를 계산하면 다음과 같다.

구분	연간 보험료
A사	(25.2억+13.6억)/2×15/10,000=291억/10,000원
B사	21.5억×15/10,000=322.5억/10,000원
C사	12.9억×15/10,000=193.5억/10,000원
D사	5.2억×40/10,000=208억/10,000원

따라서 A ~ D사 중 연간 보험료가 가장 낮은 곳은 C사이다.

44
정답 ①

조사기간 동안 취약계층의 평균수준은 2022년에 디지털정보화 접근 수준이 디지털정보화 역량 수준보다 $\left(\frac{91.0-51.9}{51.9}\right)\times100≒75.3\%$ 높으므로 매년 80% 이상 높다는 설명은 옳지 않다.

오답분석

② 2022년에 장·노년층의 디지털정보화 역량 수준은 34.9 → 41.0, 디지털정보화 접근 수준은 82.5 → 89.9, 디지털정보화 활용 수준은 52.2 → 59.9로 모두 전년 대비 증가하였다.

③ $\frac{41.2}{67.2}\times100=61.3\%$이므로 옳은 설명이다.

④ 2021년 장애인의 디지털정보화 접근 수준은 88.1%로 장·노년층의 디지털정보화 접근 수준보다 5% 높은 82.5×1.05 ≒86.6%보다 높다.

45
정답 ②

㉠ 2020년 장·노년층의 디지털정보화 역량 수준은 29.6%로 저소득층의 40%인 67.2×0.4≒26.9%를 초과한다.

㉣ 저소득층 디지털정보화 활용 수준의 전년 대비 증가폭은 2021년에 76.9-71.5=5.4%p, 2022년에 77.7-76.9=0.8%p이다.

따라서 $\frac{5.4}{0.8}=6.75$배이므로 옳지 않은 설명이다.

오답분석

ⓛ 저소득층 - 장애인 - 농어민 - 장·노년층으로 매년 동일했다.

ⓒ 장애인과 저소득층의 2021년 대비 2022년 디지털정보화 접근 수준의 증가율은 다음과 같다.

• 장애인 : $\frac{(91.6-83.5)}{83.5}\times100=9.7\%$

• 저소득층 : $\frac{(94.7-87.8)}{87.8}\times100=7.6\%$

따라서 장애인이 저소득층보다 높았다.

46

정답 ④

2020년 강수량의 총합은 1,529.7mm이고, 2021년 강수량의 총합은 1,122.7mm이다.

따라서 전년 대비 강수량의 변화를 구하면 1,529.7−1,122.7＝407mm로 가장 변화량이 크다.

오답분석

① 조사기간 내 가을철 평균 강수량은 $\frac{1,919.9}{8}$≒240mm이다.

② 여름철 강수량이 두 번째로 높았던 해는 2020년이다. 2020년의 가을·겨울철 강수량의 합은 502.6mm이고, 봄철 강수량은 256.5mm이다. 따라서 256.5×2＝513mm이므로 봄철 강수량의 2배 미만이다.

③ 강수량이 제일 낮은 해는 2023년이지만 가뭄의 기준이 제시되지 않았으므로 알 수 없다.

47

정답 ④

㉠ 2022년 농산물 10개 품목의 1kg당 가격을 구하면 다음과 같다.

구분	1kg당 가격
쌀(20kg)	59,400÷20＝2,970원
보리쌀(1kg)	5,210원
찹쌀(1kg)	6,540원
배(500g)	4,210×2＝8,420원
사과(400g)	2,400×2.5＝6,000원
포도(500g)	2,820×2＝5,640원
단감(500g)	1,920×2＝3,840원
감자(1kg)	2,600원
고구마(1kg)	5,200원
당근(1kg)	4,590원

따라서 1kg당 가격이 가장 높은 품목은 배이다.

㉡ 2022년과 2021년 농산물 10개 품목의 1kg당 가격과 순위는 다음과 같다.

구분	2022년 가격	2022년 순위	2021년 가격	2021년 순위
쌀	2,970원	9	2,970÷1.123 ≒2,645원	9
보리쌀	5,210원	5	5,210÷1.021 ≒5,103원	5
찹쌀	6,540원	2	6,540÷1.086 ≒6,022원	2
배	8,420원	1	8,420÷1.036 ≒8,127원	1
사과	6,000원	3	6,000÷1.032 ≒5,814원	3
포도	5,640원	4	5,640÷1.042 ≒5,413원	4
단감	3,840원	8	3,840÷1.146 ≒3,351원	8
감자	2,600원	10	2,600÷1.162 ≒2,238원	10
고구마	5,200원	6	5,200÷1.078 ≒4,824원	6
당근	4,590원	7	4,590÷1.038 ≒4,422원	7

따라서 2022년 농산물 10개 품목의 1kg당 가격순위는 2021년과 동일하다.

㉢ 2021년 감자의 가격은 2,238원이고, 전년 대비 가격변동 비율은 12.4%이므로 2020년 감자의 가격을 구하면 2,238÷1.124≒1,991원이다. 따라서 2020년 감자의 가격은 2,000원 미만이다.

48

정답 ①

감자, 찹쌀, 고구마, 당근, 보리쌀의 2020년 1kg당 가격을 구하면 다음과 같다.

- 감자 : 2,238÷1.124≒1,991원
- 찹쌀 : 6,022÷1.112≒5,415원
- 고구마 : 4,824÷1.098≒4,393원
- 당근 : 4,422÷1.092≒4,049원
- 보리쌀 : 5,103÷1.076≒4,743원

따라서 2021년 농산물 상위 5개 품목 중 2020년에 가격이 가장 높은 품목과 가장 낮은 품목은 각각 찹쌀과 감자이다.

49

정답 ④

제시된 명제에 따르면 수연 − 철수 − 영희 순서로 점수가 높아진다. 영희는 90점, 수연이는 85점이므로 철수의 성적은 86점 이상 89점 이하이다.

50

정답 ④

제시된 명제를 정리하면 다음과 같다.

- 자유시간이 많음 → 책을 많이 읽음 → 어휘력이 풍부함 → 발표를 잘함
- 끝말잇기를 잘하는 사람 → 어휘력이 풍부함 → 발표를 잘함

따라서 '자유시간이 많으면 끝말잇기를 잘한다.'는 옳지 않다.

51

정답 ②

제시된 명제를 기호화하여 정리하면 다음과 같다.

- p : 밤에 잠을 잘 잔다.
- q : 낮에 피곤하다.
- r : 업무효율이 좋다.
- s : 성과급을 받는다.

첫 번째 명제는 $\sim p \to q$이고 세 번째 명제는 $\sim r \to \sim s$, 마지막 명제는 $\sim p \to \sim s$이다.

따라서 $\sim p \rightarrow q \rightarrow \sim r \rightarrow \sim s$가 성립하기 위해서 필요한 두 번째 명제는 $q \rightarrow \sim r$이므로, 빈칸에는 '낮에 피곤하면 업무효율이 떨어진다.'가 들어가는 것이 적절하다.

52
정답 ④

B와 C의 말이 모순되므로, B와 C 중 1명은 반드시 진실을 말하고 다른 1명은 거짓을 말한다.

ⅰ) B가 거짓, C가 진실을 말하는 경우
B가 거짓을 말한다면 E의 말 역시 거짓이 되어 롤러코스터를 타지 않은 사람이 E가 된다. 그러나 A는 E와 함께 롤러코스터를 탔다고 했으므로 A의 말 또한 거짓이 된다. 이때 조건에서 5명 중 2명만 거짓을 말한다고 했으므로 이는 성립하지 않는다.

ⅱ) C가 거짓, B가 진실을 말하는 경우
B가 진실을 말한다면 롤러코스터를 타지 않은 사람은 D가 되며, E의 말은 진실이 된다. 이때 D는 B가 회전목마를 탔다고 했으므로 D가 거짓을 말하는 것을 알 수 있다. 따라서 거짓을 말하는 사람은 C와 D이며, 롤러코스터를 타지 않은 사람은 D이다.

53
정답 ③

B는 오전 10시에 출근하여 오후 3시에 퇴근하였으므로 처리한 업무는 4개이다. D는 B보다 업무가 1개 더 많았으므로 D의 업무는 5개이고, 오후 3시에 퇴근했으므로 출근한 시각은 오전 9시이다. 가장 늦게 출근한 사람은 C이고, 가장 늦게 출근한 사람을 기준으로 오전 11시에 모두 출근하였으므로 C는 오전 11시에 출근하였다. 가장 늦게 퇴근한 사람은 A이고, 가장 늦게 퇴근한 사람을 기준으로 오후 4시에 모두 퇴근하였으므로 A는 오후 4시에 퇴근했다. A는 C보다 업무가 3개 더 많았으므로 C의 업무는 2개이다. 이를 정리하면 다음과 같다.

구분	A	B	C	D
업무 개수	5개	4개	2개	5개
출근 시각	오전 10시	오전 10시	오전 11시	오전 9시
퇴근 시각	오후 4시	오후 3시	오후 2시	오후 3시

따라서 C는 오후 2시에 퇴근했다.

오답분석
① A는 5개의 업무를 하고 퇴근했다.
② B의 업무는 A의 업무보다 적었다.
④ 팀에서 가장 빨리 출근한 사람은 D이다.

54
정답 ②

㉠ 회사가 가지고 있는 신속한 제품 개발 시스템의 강점을 활용하여 새로운 해외시장의 소비자 기호를 반영한 제품을 개발하는 것은 강점을 통해 기회를 포착하는 SO전략에 해당한다.
㉢ 공격적 마케팅을 펼치고 있는 해외 저가 제품과 달리 오히려 회사가 가지고 있는 차별된 제조 기술을 활용하여 고급화 전략을 추구하는 것은 강점으로 위협을 회피하는 ST전략에 해당한다.

오답분석
㉡ 저임금을 활용한 개발도상국과의 경쟁 심화와 해외 저가 제품의 공격적 마케팅을 고려하면 국내에 화장품 생산 공장을 추가로 건설하는 것은 적절한 전략으로 볼 수 없다. 약점을 보완하여 위협을 회피하는 전략을 활용하기 위해서는 오히려 저임금의 개발도상국에 공장을 건설하여 가격 경쟁력을 확보하는 것이 더 적절하다.
㉣ 낮은 브랜드 인지도가 약점이기는 하나, 해외시장에서의 한국 제품에 대한 선호가 증가하고 있는 점을 고려하면 현지 기업의 브랜드로 제품을 출시하는 것은 적절한 전략으로 볼 수 없다. 약점을 보완하여 기회를 포착하는 전략을 활용하기 위해서는 오히려 한국 제품임을 강조하는 홍보 전략을 세우는 것이 더 적절하다.

55
정답 ④

조건에 따라 최고점과 최저점을 제외한 3명의 면접관의 평균과 보훈 가점을 더한 총점은 다음과 같다.

구분	총점	순위
A	$\dfrac{80+85+75}{3}=80$점	7위
B	$\dfrac{75+90+85}{3}+5 \fallingdotseq 88.33$점	3위
C	$\dfrac{85+85+85}{3}=85$점	4위
D	$\dfrac{80+85+80}{3} \fallingdotseq 81.67$점	6위
E	$\dfrac{90+95+85}{3}+5=95$점	2위
F	$\dfrac{85+90+80}{3}=85$점	4위
G	$\dfrac{80+90+95}{3}+10 \fallingdotseq 98.33$점	1위
H	$\dfrac{90+80+85}{3}=85$점	4위
I	$\dfrac{80+80+75}{3}+5 \fallingdotseq 83.33$점	5위
J	$\dfrac{85+80+85}{3} \fallingdotseq 83.33$점	5위
K	$\dfrac{85+75+75}{3}+5 \fallingdotseq 83.33$점	5위
L	$\dfrac{75+90+70}{3} \fallingdotseq 78.33$점	8위

따라서 총점이 가장 높은 6명의 합격자를 면접을 진행한 순서대로 나열하면 'G – E – B – C – F – H'이다.

56 정답 ③

A씨의 등급을 선정하기 위해 평가점수를 구하면 다음과 같다.

항목	기준	배점
거래기간	2007년 3월 ~ 2024년 5월 : 17년 2개월	17×5=85점
수신	입출식 예금 평균잔액 : 152만 원	7×15=105점
	적립식 예금 평균잔액 : 200만 원	1×20=20점
급여이체	최근 3개월 연속 급여 이체, 급여액 평균 300만 원 이상	200점
결제계좌	신용카드 자동이체 2개	50점 (∵ 최대 50점)
고객정보	고객정보 중 6개 등록	2×6=12점
외환	지난달 $500 환전	2×5=10점

이때 가계대출은 최근 3개월에 포함되지 않으므로 제외한다. 따라서 평가점수는 85+105+20+200+50+12+10=482점이고, 금융자산은 152+200=352만 원이므로, A씨는 실버 등급에 해당한다.

57 정답 ④

56번 해설에 따르면 A씨의 등급은 실버이다.
따라서 최대 2천만 원의 무보증 대출과 송금 수수료 면제, 신용카드 연회비 면제, 환율 우대 50%를 혜택으로 받을 수 있다.

58 정답 ②

원금 및 이자금액 그래프를 연결하면 4가지 경우가 나오며, 그에 대한 설명은 다음과 같다.

원금 그래프	이자금액 그래프	대출상환방식
A	C	원금을 만기에 모두 상환하고, 매월 납입하는 이자는 동일하다. 이는 '만기일시상환' 그래프이다.
B	D	원금을 3회부터 납입하고, 2회까지 원금을 납입하지 않는다. 이자금액은 1회부터 3회까지 동일하며 4회부터 이자는 감소하므로 2회까지 거치기간임을 알 수 있다. 3회 이후 납입금이 동일하기 때문에 원금균등상환방식이 된다. 따라서 거치기간이 있는 '거치식원금균등상환' 그래프이다.
A	D	원금을 만기에 일시상환하므로 이자는 만기까지 일정해야 한다. 따라서 두 그래프는 연결될 수 없다.
B	C	거치기간이 끝나고 매월 상환하는 원금이 같을 경우 그에 대한 이자는 줄어들어야 한다. 따라서 두 그래프는 연결될 수 없다.

따라서 그래프와 대출상환방식이 가장 적절하게 연결된 것은 ㉠, ㉣이다.

59 정답 ④

- 갑 : 최대한 이자를 적게 내려면, 매월 원금과 이자를 같이 납입하여 원금을 줄여나가는 방식을 택해야 한다. 거치식상환과 만기일시상환보다 원금균등상환 또는 원리금균등상환이 원금을 더 빨리 갚아나가므로 이자가 적다. 따라서 갑에게 가장 적절한 대출상환방식은 이자가 가장 적게 나오는 '원금균등상환'이다.
- 을 : 매월 상환금액이 동일한 것은 '원리금균등상환'이다.
- 병 : 이자만 납입하다가 만기 시 원금 전액을 상환하는 '만기일시상환'이 가장 적절하다.
- 정 : 지금 상황에서는 이자만 납입하는 거치기간을 갖고 추후에 상황이 안정되면 매달 일정금액을 상환할 수 있는 '거치식상환'이 가장 적절하다.

60 정답 ②

각 지원자의 영역별 점수를 산정하면 다음과 같다.

(단위 : 점)

구분	나이	평균 학점	공인 영어점수	관련 자격증 점수	총점
A지원자	3	2	9.2	6	20.2
B지원자	5	4	8.1	0	17.1
C지원자	4	1	7.5	6	18.5
D지원자	1	3	7.8	9	20.8
E지원자	2	5	9.6	3	19.6

따라서 C지원자는 4번째로 높은 점수이므로 중국으로 인턴을 간다.

61 정답 ②

변경된 조건에 따라 점수를 산정하면 다음과 같다.

(단위 : 점)

구분	나이	평균 학점	공인 영어점수	관련 자격증 점수	총점
A지원자	–	4	9.2	4	17.2
B지원자	–	4	8.1	0	12.1
C지원자	–	4	7.5	4	15.5
D지원자	–	4	7.8	6	17.8
E지원자	–	5	9.6	2	16.6

따라서 가장 낮은 점수를 획득한 B지원자가 탈락하므로 희망한 국가로 인턴을 가지 못하는 사람은 B지원자이다.

62

승자	갑	을	병	정	무
갑		갑	갑	갑	갑
을	갑			을	을	을
병	갑	을		병	병
정	갑	을	병		정
무	갑	을	병	정	

갑 ~ 무의 점수를 구하면 다음과 같다.
- 갑 : 2+2+2+2=8점
- 을 : 2+2+2+0=6점
- 병 : 2+2+0+0=4점
- 정 : 2+0+0+0=2점
- 무 : 0+0+0+0=0점

따라서 갑 ~ 무의 점수를 모두 합하면 8+6+4+2+0=20점이다.

63

갑은 을, 병, 정, 무와 가위바위보를 하므로 4번, 을은 병, 정, 무와 3번, 병은 정, 무와 2번, 정은 무와 1번 한다.

따라서 가위바위보를 4+3+2+1=10번 해야 결과가 나온다.

64

고독사 및 자살 위험이 크다고 판단되는 경우 만 60세 이상으로 하향 조정이 가능하다.

오답분석

② 노인맞춤돌봄서비스 중 생활교육서비스에 해당한다.
③ 특화서비스는 가족, 이웃과 단절되거나, 정신건강 등의 이유로 자살, 고독사 위험이 높은 취약 노인을 대상으로 상담 및 진료 서비스를 제공한다.
④ 안전지원서비스를 통해 노인의 삶의 안전 여부를 확인할 수 있다.

65

노인맞춤돌봄서비스는 만 65세 이상의 기초생활수급자, 차상위계층, 기초연금수급자의 경우 신청할 수 있다. F와 H는 소득수준이 기준에 해당하지 않으므로 제외되며, J는 만 64세이므로 제외된다. 또한 E, G, K는 유사 중복사업의 지원을 받고 있으므로 제외된다. 따라서 E, F, G, H, J, K 6명은 노인맞춤돌봄서비스 신청이 불가능하다.

오답분석

A와 I의 경우 만 65세 이하이지만 자살, 고독사 위험이 높은 우울형 집단에 속하고, 만 60세 이상이므로 신청이 가능하다.

66

1	2	3	4	5	6	7	8
빨간색 꽃	백합	분홍색 꽃	백합		분홍색 꽃		빨간색 꽃

- 세 번째 조건에 의해 빨간색 꽃을 양 끝에 배치한다.
- 다섯 번째 조건에 의해 분홍색 꽃 사이에는 두 칸이 있다.
- 마지막 조건에 의해 백합은 왼쪽에만 심을 수 있고, 두 번째 조건에 의해 같은 색이나 종류의 꽃을 연속해서 심을 수 없으므로 3번째 칸과 6번째 칸에 분홍색 꽃을 심고, 2번째 칸과 4번째 칸에 백합을 심는다.
- 경우 1 : 주황색 백합 – 2번 칸, 흰색 백합 – 4번 칸에 심을 경우

1	2	3	4	5	6	7	8
빨간색 꽃	주황색 백합	분홍색 꽃	흰색 백합		분홍색 꽃		빨간색 꽃

- 두 번째 조건에 의하여 같은 색의 꽃은 연속해서 심을 수 없으므로 흰색 튤립을 7번 칸에, 노란색 튤립을 5번 칸에 심는다.
- 두 번째 조건에 의하여 같은 종류의 꽃은 연속해서 심을 수 없으므로 6번 칸과 8번 칸에 심을 꽃은 장미이다.

1	2	3	4	5	6	7	8
빨간색 튤립	주황색 백합	분홍색 튤립	흰색 백합	노란색 튤립	분홍색 장미	흰색 튤립	빨간색 장미

- 경우 2 : 흰색 백합 – 2번 칸, 주황색 백합 – 4번 칸에 심을 경우

1	2	3	4	5	6	7	8
빨간색 꽃	흰색 백합	분홍색 꽃	주황색 백합		분홍색 꽃		빨간색 꽃

- 네 번째 조건에 의해 주황색 꽃 옆에는 노란색 꽃을 심을 수 없으므로 흰색 튤립을 5번 칸에, 노란색 튤립을 7번 칸에 심는다.
- 두 번째 조건에 의하여 같은 종류의 꽃은 연속해서 심을 수 없으므로 6번 칸과 8번 칸에 심을 꽃은 장미이다.

1	2	3	4	5	6	7	8
빨간색 튤립	흰색 백합	분홍색 튤립	주황색 백합	흰색 튤립	분홍색 장미	노란색 튤립	빨간색 장미

따라서 경우 1에 의하여 노란색 튤립 옆에 흰색 백합을 심을 수 있다.

67

학생회관에 위치한 것이므로 '다', 2인 이상이므로 'b, c, d', 개방형이므로 '2', 1년 이상이므로 '44', 선착순식이므로 '2c'이다.
따라서 선택지의 고유번호 중 '다b2442c'가 정답이다.

68
정답 ④

사용권한 획득방식의 기호가 2c이므로 양도식이 아니라 선착순식으로 배정되는 사물함이다.

69
정답 ③

구관에 위치한 2인용 자물쇠형 사물함으로, 6개월 이상 1년 미만의 기간 동안 이용 가능하며 경매식 사물함이다.

70
정답 ④

사용기간이 00인 고유번호는 존재하지 않는다.

71
정답 ②

제시문은 오픈뱅킹에 대한 설명이다. 오픈뱅킹은 OS나 웹브라우저에 관계없이 사용할 수 있는 인터넷뱅킹 서비스이다.

> **오픈뱅킹(Open Banking)**
> 은행이 보유한 결제 기능과 고객 데이터를 타 은행과 핀테크 기업 등 제3자에게 공유하여 이용하도록 허용하는 제도이다. 기존의 인터넷뱅킹 서비스는 윈도우 OS에서 익스플로러가 있어야 했고, 여러 보안 프로그램이 설치되어 있어야 가능했다. 그러나 태블릿PC나 스마트폰의 발전으로 금융환경 변화의 필요성이 대두되었고, 신생 핀테크 기업이 성장하면서 은행의 위기감이 커졌다. 이에 따라 금융 서비스를 한 곳에 집중할 수 있는 오픈뱅킹 서비스가 개발되었다.

72
정답 ①

워드 클라우드(Word Cloud)란 많은 양의 데이터 속에서 중심이 되는 단어를 한눈에 알아볼 수 있도록 표시하여 해당 데이터의 특성 파악을 용이하게 하는 기술이다.

오답분석

② 태그 클라우드(Tag Cloud) : 작성된 데이터와 관련한 태그들로 한눈에 알아볼 수 있도록 표시되어진 태그 전체를 말한다.
③ 퍼블릭 클라우드(Public Cloud) : 기업이 불특정 다수에게 인터넷을 통하여 자사의 서비스를 빌려주는 것을 말한다.
④ 커뮤니티 클라우드(Community Cloud) : 둘 이상의 상관관계가 있는 조직에 의해 관리되는 문서 및 사진 등의 저장시스템을 말한다.

73
정답 ④

블로그젝트(Blogject)란 블로그(Blog)와 물체(Object)의 합성어로, 사람뿐만 아니라 모든 사물이 온라인상에서 블로그와 같은 소셜미디어를 통해 데이터를 확산시키는 것을 말한다.

오답분석

① 스플로그(Splog) : 이득을 취하기 위한 목적으로 사람들을 유인하는 블로그를 말한다.
② 올블로그(Allbolg) : 모든 블로그 이용자의 연결을 목적으로 만들어진 사이트의 명칭이다.
③ 메타블로그(Meta Blog) : 전체 블로그의 연결을 위해 만들어진 사이트로, 특정 블로그에 글이 올라오면 메타블로그에도 해당 글이 올라오기 때문에 특정 블로그에 방문하지 않더라도 메타블로그를 통해 해당 글을 볼 수 있다.

74
정답 ③

RSS는 풍부한 사이트 요약(Rich Site Summary), 초간편 배급(Really Simple Syndication)이라는 뜻으로, 최신 정보로의 변경이 잦은 웹사이트에서 사용자의 편의를 위해 해당 정보를 간략하게 보여주는 형태를 말한다.

오답분석

① Hoax : 통신기기를 이용하여 거짓 정보를 유통시키는 것으로, 가짜 바이러스라고도 불린다.

② API(Application Programming Interface) : 운영체제와 프로그램 간 상호작용을 도와주는 소프트웨어이다.

④ XML(eXtensible Markup Language) : 기존 웹페이지 제작 언어의 불편사항을 개선하여 개발한 웹페이지 제작 언어이다.

75
정답 ④

랜섬웨어(Ransomware)는 가장 대표적인 정보 침해 사례 중 하나이다. 몸값을 뜻하는 랜섬(Ransom)과 소프트웨어(Software)가 합쳐진 말로 시스템을 잠그거나 데이터를 암호화하여 사용할 수 없도록 만든 후, 이를 인질로 금전을 요구하는 악성 프로그램을 말한다. 따라서 주기적인 백신 업데이트 및 최신 버전의 윈도우와 보안패치를 설치하는 것이 예방에 도움이 된다.

76
정답 ④

2000년대부터 시작된 블렌디드러닝(Blended Learning)은 온라인 교육과 오프라인 교육을 병행하여 진행하는 교육방식으로, 학습효과의 증강은 물론 시간과 비용을 효율적으로 관리할 수 있다는 장점이 있다.

오답분석

① 이러닝(E-Learning) : 컴퓨터와 인터넷만 있으면 시간과 장소의 구분 없이 학습할 수 있는 교육방식을 말한다.

② 플립러닝(Flipped Learning) : 과거의 수업방식과는 달리, 수업 전 온라인을 통해 학생들이 학습한 내용을 토대로 실제 오프라인 수업에서는 이와 관련한 내용으로 토론 등 다양한 방식을 통해 진행하는 수업을 말한다.

③ 스마트러닝(Smart Learning) : 이러닝에서 발전된 형태로, 모바일 기기 등을 통해 다양한 스마트 기술을 학습할 수 있는 서비스를 말한다.

77
정답 ②

블랙피싱(Blackfishing)은 백인 여성이 단순히 이익을 위해 흑인 여성처럼 변장하는 행위를 말한다.

오답분석

① 스몸비(Smombie) : 스마트폰 화면에 푹 빠진 나머지, 화면을 보면서 걸어 다니는 사람을 말한다.

③ 팝콘브레인(Popcorn Brain) : 스마트 기기에 장시간 노출되면서 주변 상황이나 사람에 대해 무신경해지는 현상을 말한다.

④ 유령진동증후군(Phantom Vibration Syndrome) : 휴대폰에 지나치게 의지하며 생활함에 따라 실제적으론 휴대폰에 진동 또는 소리가 발생하지 않았음에도 불구하고 이를 느끼는 현상을 말한다.

78
정답 ③

데이터 다이어트(Data Diet)는 저장된 데이터를 압축하고 중복된 데이터를 제거한 뒤 일정한 기준에 따라 효율적으로 데이터를 정리하는 방법을 말한다.

오답분석

① 데이터 와이핑(Data Wiping) : 기존의 저장매체에 저장되어 있는 데이터가 파괴되어 복원될 수 없도록 기존 데이터에 계속하여 많은 양의 데이터를 덮어씌우는 방법을 말한다.

② 데이터 클리닝(Data Cleaning) : 목적에 맞는 분석을 하기 위해서 데이터를 그에 맞게 정리하는 작업을 말한다.

④ 안티포렌식(Anti-forensic) : 디지털포렌식을 이용하여 데이터를 찾지 못하도록 기기를 이용하여 하드디스크를 망가뜨리거나 소프트웨어를 이용해 데이터 자체를 삭제하는 방법을 말한다.

79
정답 ②

폭소노미(Folksonomy)란 전통적인 방법으로 분류하는 택소노미와는 달리 사람 또는 인공지능에 의한 키워드를 기반으로 항목을 분류하는 방법을 말한다.

오답분석

① 태그(Tag) : 데이터 작성자가 해당 데이터와 관련하여 사전에 작성한 키워드들을 말한다.

③ 택소노미(Taxonomy) : 이미 결정된 일정한 기준에 따라 분류하는 방법을 말한다.

④ K-택소노미(K-Taxonomy) : 기후변화에 대한 대책으로 등장한 한국의 친환경 경제활동제도이다.

80
정답 ②

㉠ 인포그래픽스(Infographics)는 정보제공자가 아닌 정보를 뜻하는 Information과 삽화를 의미하는 Graphics의 합성어이다.

㉡·㉢ 인포그래픽스(Infographics)는 이해하기 어려운 정보를 그래프나 이미지를 활용하여 이해하기 쉽게 전달하기 위해 사용하는 방법이다.

오답분석

㉣ 영상으로 표현하는 방법을 모션그래픽스(Motion Graphics)라 하며, 인포그래픽스의 한 방법에 해당한다.